Charlemagne

Empereur et Roi

Du même auteur
aux Éditions J'ai lu

Les rois qui ont fait la France :
Clovis, *J'ai lu* 6082
Henri IV, *J'ai lu* 6106

Napoléon, *J'ai lu* 6288

Georges Bordonove

Charlemagne
Empereur et roi

Les rois qui ont fait la France

J'AI LU

LA LÉGENDE DE CHARLEMAGNE

« Sous un pin, auprès d'un églantier,
Un trône est dressé, tout d'or pur.
C'est là que siège le roi qui tient douce France.
Il a la barbe blanche et le chef tout fleuri,
Son corps est beau et fier son maintien :
À qui le demande nul besoin de le désigner…
Bien me puis émerveiller :
Charlemagne est vieux et chenu,
À mon avis il a plus de deux cents ans.
Il a épuisé son corps par tant de pays,
Reçu tant de coups de lance et d'épieu,
Réduit tant de puissants rois à mendier !
Quand donc sera-t-il las de guerroyer ? »

TUROLD
La Chanson de Roland

« Il ne gisait pas, mais se tenait assis sur un trône, comme s'il était vivant, la tête ceinte d'une couronne d'or ; il tenait un sceptre dans ses mains couvertes de gants que les ongles, continuant à pousser, avaient troués... Aucune partie du corps de Charlemagne n'avait subi l'atteinte de la corruption ; seul un petit morceau du haut de son nez, qui s'était brisé, fut remplacé par une plaquette d'or ; Otton enleva en outre une dent, puis referma le sépulcre et se retira. »

OTTON DE LOMELLO
Chr. Noviliacense

Tradition reprise par Primat dans *Les Grandes Chroniques de France* :

« À Aix-la-Chapelle fut son corps enseveli en l'église Notre-Dame qu'il avait fondée. Vidé fut, embaumé, oint et rempli de parfums de précieuses épices. En un trône d'or fut assis, l'épée ceinte, le texte des Évangiles entre ses mains, appuyé sur ses genoux. En telle manière, fut assis en son trône qu'il a les épaules un peu inclinées par-derrière et la face fièrement dressée. Dans sa couronne, attachée à sa tête par une chaînette d'or, est un morceau du bois de la sainte croix. Il fut vêtu des ornements impériaux et sa face couverte d'un suaire pardessous la couronne. Son sceptre et son écu d'or, que le pape Léon sacra, sont posés devant lui. Sa sépulture est aussi remplie de trésors et de richesses... »

CHARLES L'EUROPÉEN

Ce fut trente ans après sa mort que son petit-fils, Nithard, comte et abbé de Saint-Riquier, lui décerna le qualificatif de Grand. De Charles le Grand (Karolus Magnus), nous avons fait Charlemagne : j'adopterai cette dénomination afin d'éviter les confusions, et bien qu'elle ne lui ait jamais été appliquée de son vivant.

Que Charlemagne ait été de cette poignée d'hommes supérieurs sans lesquels l'histoire du monde serait différente, cela est d'évidence. Mais il eut le rare privilège de commencer une seconde vie dès qu'il eut cessé d'être. Non seulement ses peuples le pleurèrent, y compris, paraît-il, ses ennemis de la veille, mais il entra de plain-pied dans la légende. Sa disparition entraîna tant de malheurs que son règne apparut comme un âge d'or, en dépit de ses inachèvements. La paix romaine avait duré quatre siècles. La paix carolingienne n'excéda pas quatre décennies, mais elle laissait d'ineffaçables traces, en tout cas une nostalgie d'autant plus vivace qu'elle était confuse, surtout dans le cœur des humbles. Quant aux princes, sa grandeur abolie les fascinait. Insensiblement, Charlemagne devint l'empereur à la barbe fleurie : celui de *La Chanson de Roland* et des autres chansons de geste. Il était dès lors et pour jamais l'empereur assis sur un trône d'or, à l'ombre d'un pin, au milieu de ses preux, parmi lesquels l'orgueilleux Roland, le sage Olivier et l'archevêque Turpin, tel que le décrivit le vieux trouvère Turold. On lui prêta des victoires imaginaires. Sa gloire était désormais plus scintillante que les joyaux de sa couronne. Est-ce à dire que l'admirable *Chanson de Roland* dénatura sa personnalité ? Elle fut plutôt comme la dorure qui ajoute à une statue un éclat précieux.

D'ailleurs Charlemagne restait, d'une certaine manière, assis sur son trône impérial, car sa destinée posthume ne ressemble à nulle autre ! Les empereurs allemands se réclamèrent de lui, se voulurent ses continuateurs, en tout premier lieu Otton III. Il fit exhumer l'illustre dépouille, prit la croix d'or pendant au cou de celle-ci et remplaça le suaire qui l'enveloppait par une superbe pièce de soie byzantine. Au témoignage du comte Lomello, il eût aussi retiré une dent ! De surcroît Otton III voulut reposer aux côtés de son « aïeul ». Le grand empereur devint alors l'objet d'un véritable culte de la part des habitants d'Aix-la-Chapelle. Frédéric Barberousse fit encore mieux. Il obtint du pape Pascal Ier (à la vérité un antipape) la canonisation de Charlemagne ! À la fin de 1165, le corps fut enlevé de son sarcophage de marbre et placé dans un reliquaire. En 1215, Frédéric II et les habitants d'Aix substituèrent à la châsse précédente un somptueux reliquaire en forme de basilique. Mais Charlemagne n'en avaitpas fini avec ces macabres remuements ! On lui enleva un bras pour le placer dans un autre reliquaire. On l'exhuma en 1843 sur ordre de Frédéric-Guillaume de Prusse, puis en 1861, en 1871, en 1906 sur ordre du Kaiser Guillaume II. On mesura ses ossements. Les médecins les scrutèrent, établirent leurs rapports, opinèrent gravement. Tout ce remue-ménage ne pouvait déplaire aux mânes du vieux chef dont l'existence n'avait été qu'une succession de voyages, de campagnes militaires, de colloques, d'assemblées, au point qu'on lui attribuait le don d'ubiquité.

Les Français ne pouvaient être en reste ! Leurs rois se réclamaient eux aussi de Charlemagne. Ils se voulaient même « empereurs en leur royaume » et portaient volontiers leur candidature au Saint Empire. Philippe Auguste, Philippe le Bel, Charles V invoquaient fièrement le souvenir du grand aïeul. Les Capétiens directs se donnèrent un mal infini pour démontrer leur ascendance carolingienne, fût-elle de complaisance. C'était une statuette de Charlemagne qui surmontait le sceptre de Charles V conservé à Reims. Aux heures noires de la guerre de Cent Ans, Jeanne d'Arc apaisait les craintes de Charles VII en lui disant que saint Louis et saint Charlemagne priaient pour le salut du royaume. Saint Charlemagne était devenu le patron de nos écoliers et l'Université de Paris célébrait sa fête en grande pompe. Il en était de même des écoliers allemands. On attribua au vieil empereur un blason où l'aigle de Germanie s'accolait aux lys de France. Puis le culte décrut mais le souvenir de Charlemagne ne s'effaça pas pour autant. Il trouva, si je puis dire, un autre emploi. On l'utilisa à des fins politiciennes. Pour ne citer que cet exemple, ce fut l'Empire carolingien que Napoléon Ier prétendit ressusciter. « Je suis Charlemagne, écrivait-il en 1806 à l'intention du pape, parce que, comme Charlemagne, je réunis la Couronne de France à celle des Lombards. » De nos jours, si les esprits cultivés ont plaisir à humer dans la vieille *Chanson de Roland* l'âme épique de la France, les politiques voient, au-delà de la légende de Charlemagne, l'œuvre qu'il a réalisée et les moyens qui furent les siens. Ce n'est point par hasard que les promoteurs de l'Europe se réfèrent à lui, consciemment ou non, ostensiblement ou discrètement ! La confédération qu'ils élaborent a plus d'un point de ressemblance avec l'Empire carolingien. Puissent-ils ne pas oublier que Charlemagne, conscient des différences entre les peuples soumis à son autorité, sut créer un idéal commun, une civilisation commune et, surtout, le premier sentiment d'une fraternité sans frontières ! Le fait que l'édifice impérial se soit disloqué trente ans après la mort de son architecte ne doit pas être un constat d'échec, non plus que le signe d'une fatalité inexorable. Il montre seulement que Charlemagne en était la clef de voûte. On ne saurait le tenir pour responsable des insuffisances de ses successeurs. L'union harmonieuse entre l'humanisme, le rationalisme et la spiritualité qui caractérisa son règne prend aujourd'hui un relief saisissant. Cette union apparaît comme la meilleure chance de l'Europe, peut-être du monde s'il veut toutefois garder visage humain.

PREMIÈRE PARTIE

LES PREMIERS PAS

768-772

I

LE LIGNAGE DE CHARLEMAGNE

Charlemagne n'était pas un homme nouveau, mais un continuateur. Il sortait d'une lignée déjà illustre. Ses aïeux, son père lui léguèrent non seulement un royaume et d'immenses richesses, mais les instruments de sa réussite, je veux dire une pensée politique, une méthode de gouvernement et des ambitions clairement définies. Les lignes de force de son règne étaient déjà tracées. Il fut assez intelligent pour les suivre et assez heureux pour « dilater » son royaume aux dimensions d'un empire. De même que, plus tard, Hugues Capet récoltera les fruits des travaux des Robertiens, Charlemagne récolta ceux des Pipinnides. Il est presque dommage que sa personnalité et sa gloire occultent celles de ses ancêtres, surtout de Pépin le Bref, son père.

J'ai évoqué dans un précédent ouvrage[1] les causes et les étapes de la désagrégation du pouvoir des Mérovingiens et, simultanément, de l'ascension des maires du palais et de l'aristocratie ; je n'y reviendrai pas. Je rappellerai simplement que, faute de budget d'État, les descendants de Clovis s'étaient appauvris en payant les services de leurs leudes par des donations de terres ; qu'en même temps la funeste coutume franque de partager le royaume à la mort de chaque roi affaiblissait

1. Voir *Clovis,* J'ai lu n° 6082.

le pouvoir royal et engendrait de sanglantes querelles. L'aristocratie profitait, abusait de l'émiettement de la puissance publique, et ne cessait d'augmenter sa fortune foncière. Elle se donna pour chefs les maires du palais, naguère simples intendants, lesquels se haussèrent promptement au rang de vice-rois, avant d'assumer seuls la totalité du pouvoir. Les rois dits « fainéants » n'étaient que des captifs, si l'on veut des symboles, que l'on utilisait artificieusement. Il va sans dire que leur déchéance suscita des luttes d'influence ; que les grandes familles se disputèrent la mairie du palais.

Les Pipinnides étaient l'une de ces familles.

Deux noms émergent de la sinistre chronique du VIIe siècle : Arnoul de Metz et Pépin de Landen. Les aïeux de Charlemagne sont sortis du mariage de Begga, fille d'Arnoul, et d'Ansegisel, fils de Pépin. Arnoul possédait des domaines considérables situés dans la Woëvre et dans la région de Worms. Il fut « nourri » à la Cour du roi d'Austrasie et devint intendant des domaines royaux. Il avait une foi très vive et rêvait de se faire moine. Sa famille s'empressa de le marier et il eut plusieurs enfants, dont Begga. Pépin – qui fut tardivement nommé Pépin de Landen et qu'il est plus exact d'appeler Pépin l'Ancien ou Pépin Ier – avait lui aussi une grosse fortune foncière. Ses terres se trouvaient dans la Husbaye, le Namurois et le Brabant. De plus il avait épousé une riche héritière, Itta, fille de Modoad (qui devint évêque de Trèves).

Deux reines mérovingiennes se disputaient alors le pouvoir : Frédégonde et Brunehaut, l'une ancienne servante, l'autre princesse de Tolède. Après la mort de Frédégonde, Clotaire II, son fils, poursuivit la lutte ; régnant sur la Neustrie, il cherchait à s'emparer de l'Austrasie. Brunehaut tentait désespérément de sauver l'héritage de ses petits-fils, mais elle avait trop longtemps humilié les aristocrates austrasiens. Ils se liguèrent contre elle et s'allièrent à Clotaire II en 613.

Brunehaut ayant été abandonnée par ses troupes, capturée et suppliciée affreusement, Clotaire II était désormais maître de la Neustrie et de l'Austrasie. Il lui fallait cependant récompenser ceux qui avaient permis sa victoire sur Brunehaut, au premier rang desquels figuraient Arnoul et Pépin. Il donna à Arnoul l'évêché de Metz qui était vacant. À cette époque, les évêques étaient également administrateurs et agents du roi. Or Metz était la capitale du royaume d'Austrasie, de sorte qu'Arnoul assuma les fonctions de maire du palais. Lorsque, pour calmer l'opposition austrasienne, Clotaire II envoya à Metz son fils Dagobert, Arnoul fut tout naturellement chargé d'éduquer le jeune prince. Il fut son maître à penser et son guide politique. Évêque, maire du palais, précepteur, Arnoul n'avait guère le temps de méditer. Sa foi, de plus en plus vive, le tourmentait et il ne suffisait plus à la tâche. Pépin devint donc maire du palais, avec l'assentiment plus ou moins forcé de Clotaire II. Arnoul tenta vainement de résilier sa charge. Il dut attendre la mort de Clotaire pour renoncer à l'évêché de Metz et se retirer dans un monastère. Quand il mourut, on le considérait déjà comme un saint. À l'avènement de Dagobert, Pépin Ier perdit la mairie du palais d'Austrasie. Le nouveau roi connaissait trop bien les méthodes et l'ambition de son ancien maître ! Mais, comme son père, il se heurta au particularisme des Austrasiens et se résigna à leur donner un roi en la personne de son fils Sigebert. Il crut pouvoir exploiter les rivalités entre les grandes familles austrasiennes et, par là, tenir Pépin en lisière. Il partagea la mairie entre Cunibert, évêque de Cologne, et Adalgésil, rival des Pipinnides. En outre il choisit l'un de ses fidèles, Otton, comme précepteur de Sigebert. Mais, lorsque Dagobert mourut, en 639, Pépin Ier refit surface. Il s'empressa de réclamer, au nom de Sigebert, une partie du trésor royal à la régente Nantilde et obtint gain de cause. Aega, maire du palais de Neustrie et conseiller de la reine mère, estimait impossible d'administrer également l'Austrasie. Pépin put donc recouvrer la mairie de Metz sans coup férir, mais il mourut en 640.

Il laissait un fils, Grimoald. Si fragile que fût alors le pouvoir royal, la charge de maire du palais n'était pas encore héréditaire. Sigebert, roi d'Austrasie, ne choisit pas comme maire du palais le fils de Pépin Ier, au grand désappointement de Grimoald et de ses amis, mais Otton, son précepteur. Peu après, le duc de Thuringe se révolta. Grimoald participa loyalement à la campagne contre les Thuringiens. L'expédition tourna mal et Sigebert ne dut son salut qu'à l'intervention de Grimoald. Ce dernier gagna la faveur du jeune roi, fit discrètement assassiner Otton et s'empara de la mairie du palais. Ce crime politique ne l'empêchait point d'être religieux. Il comprit en tout cas l'importance du mouvement monarchiste et mesura parfaitement l'influence politique de l'Église. Il peupla donc les évêchés et les abbatiats de membres de sa famille et de sa clientèle. Il s'assurait ainsi de leur soutien, mais, en même temps, il comptait sur l'efficacité de leurs prières. Ces dignitaires ecclésiastiques qui lui devaient leur promotion étaient en somme ses intercesseurs auprès du Roi des rois. Il en sera de même de ses successeurs, y compris de Charlemagne. Leur politique religieuse aura pareillement un double but : soutien temporel et, par le biais des prières, assurance de salut.

Le roi Sigebert n'avait pas d'enfants. Grimoald manœuvra si bien qu'il persuada le jeune roi d'adopter son propre fils sous le nom bien mérovingien de Childebert ! Mais, comme il arrive parfois en pareil cas, la reine mit au monde un fils, le futur Dagobert II. Quand Sigebert mourut, en 656, Dagobert II aurait dû lui succéder. Grimoald le fit tondre et conduire dans un monastère irlandais. Son fils, Childebert l'Adopté, devint roi d'Austrasie. Grimoald conserva évidemment sa charge de maire du palais. Ce coup de force était prématuré. Il lui aliéna les sympathies, réveilla les rivalités et surtout émut les Neustriens. Ces derniers attirèrent Grimoald et Childebert l'Adopté dans un piège. Le père et le fils furent massacrés.

On crut que c'en était fait des Pipinnides. Le chef de leur Maison était désormais Pépin de Herstal, ou Pépin le Moyen, ou plutôt Pépin II, neveu du défunt Grimoald. Il eut la sagesse de rentrer dans l'ombre, d'attendre le moment propice pour réapparaître et reconquérir les positions perdues. À vrai dire, il gardait toutes ses chances. La confusion était extrême et générale. Sur le trône de Neustrie, les enfants-rois se succédaient. La régente Bathilde avait investi son fils cadet, Childéric II, du royaume d'Austrasie avec pour maire du palais un certain Wulfoad. Le terrible Ébroïn était alors maire du palais de Neustrie, mais il gouvernait de fait l'Austrasie. Il évinça la reine Bathilde dont l'influence contrecarrait ses plans et l'enferma au monastère de Chelles. Son despotisme suscita bientôt l'opposition des grands. Il fut déposé, mais parvint à reprendre le pouvoir. De leur côté, les Austrasiens secouaient le joug ; ils rappelèrent d'Irlande Dagobert II, naguère tonsuré sur ordre de Grimoald, et en firent leur roi. Dagobert fut assassiné dans la forêt de Woëvre. Pépin II devint alors maire du palais d'Austrasie. Mais Ébroïn travaillait à unifier le royaume franc ; il ne pouvait souffrir d'autre autorité que la sienne. Le conflit était inévitable entre les deux maires. La première rencontre entre Austrasiens et Neustriens eut lieu près de Rethel, à Lucofao. Pépin II eut le dessous, mais parvint à s'enfuir, cependant que son frère Martin était pris et mis à mort (680). Ébroïn ne profita pas longtemps de sa victoire. Il fut assassiné peu après. Son meurtrier trouva refuge auprès de Pépin. Ce dernier entama des pourparlers avec Waraton, nouveau maire du palais de Neustrie. Ils échouèrent, d'où un nouveau conflit armé et une seconde défaite de Pépin II, à

Namur. Mais les Neustriens se lassèrent de la tyrannie de Waraton et de celle de Gislemar, son fils. Ils appelèrent les Austrasiens à l'aide. Pépin II remporta enfin une éclatante victoire à Tertry, près de Saint-Quentin, en 687. Il captura Thierry III, roi de Neustrie, et fit main basse sur le trésor royal. Il était désormais le seul maître des trois parties composant le royaume franc : l'Austrasie, la Neustrie et la Burgondie. Il assuma la réalité du pouvoir sous le nom des enfants-rois. Le centre politique s'était, par voie de conséquence, déplacé de la Seine à la Meuse, puisque Pépin résidait de préférence en Austrasie. Il n'était officiellement que maire du palais d'Austrasie. Il avait trop d'habileté pour ne pas ménager les susceptibilités et ne pas tenir compte des particularismes. Il donna aux Burgondes un maire du palais en la personne de Drogon, son fils aîné. Norbert, un de ses parents, devint maire de Neustrie. Drogon comme Norbert étaient assujettis à son autorité. Poursuivant la politique de Pépin Ier, il attribua les évêchés les plus importants aux membres de sa famille, ce qui lui permit de séculariser une partie des biens d'Église pour récompenser ses fidèles, sans s'appauvrir lui-même. Simultanément une astucieuse politique matrimoniale lui gagna l'adhésion de plusieurs grandes familles, supprimant par là même d'éventuels compétiteurs.

L'ordre régnait à l'intérieur, bien que l'Aquitaine évoluât vers l'indépendance. C'étaient les frontières de l'Est qui donnaient le plus de tablature à Pépin II. Poursuivant leurs progrès, les Frisons occupaient Utrecht et Vechten, entraînés par un chef ambitieux et énergique, Radbod. Pépin II dut conduire plusieurs expéditions avant de parvenir à les vaincre. Afin de faciliter la christianisation des vaincus, il soutint l'action de Willibrord, missionnaire anglo-saxon, qui devint évêque d'Utrecht. Cet exemple fit tache d'huile dans toute la région du Rhin. Il est aussi la préfiguration de ce que sera la politique de christianisation systématique des successeurs de Pépin II.

Le duc des Alamans manifestait des velléités d'indépendance. Pépin agit avec souplesse, puis contraignit les Alamans à rentrer dans l'obéissance. Vis-à-vis des ducs bavarois, il s'abstint d'intervenir militairement, mais resserra par des mariages ses liens avec la puissante famille des Agilolfinges, au surplus d'origine austrasienne. Notons au passage que la Bavière jouira d'une autonomie de fait jusqu'à son annexion par Charlemagne.

Pépin II vieillissait. Son fils aîné, Drogon, était mort depuis quelques années. Son fils cadet, Grimoald (II), avait été assassiné. Il pouvait désigner comme successeur l'un des fils naturels qu'il avait eus d'une concubine : Childebrand ou Karl. Et, sinon, l'un des fils de Drogon. Ce fut un bâtard de ce dernier qu'il choisit : Théudoald, un enfant de six ans. Il avait fait ce choix à l'incitation de son épouse Plectrude, laquelle espérait régenter le royaume franc. Pépin II mourut le 16 décembre 714.

Il est probable que la maladie avait affaibli ses qualités intellectuelles. Comme il était prévisible, la solution qu'il avait adoptée s'avéra désastreuse. Plectrude s'était flattée de gouverner l'Austrasie et la Neustrie. Elle faillit connaître le sort tragique de la reine Brunehaut. Les Neustriens se rebellèrent contre son autorité. Ils battirent son armée en forêt de Cuise, près de Compiègne, en 715, se donnèrent un nouveau maire du palais, Ragenfeld, puis un simulacre de roi, en tirant Chilpéric II de son monastère. Dans sa haine des Austrasiens, Ragenfeld s'allia à leurs adversaires les plus dangereux : les Saxons et les Frisons. Il envahit l'Austrasie, s'avança jusqu'à Cologne, où résidait Plectrude. Il s'empara même d'une partie du trésor laissé par Pépin II.

Ce fut alors que Karl (dont nous avons fait Charles Martel) entra dans l'histoire. Plectrude le redoutait au point qu'elle l'avait fait jeter en prison pour le mettre hors d'état de nuire. Charles Martel s'évada, ramassa quelques partisans et contre-attaqua. Les Frisons l'ayant refoulé dans les Ardennes, il harcela sans répit les Neustriens, qui évacuèrent Cologne. Ces premiers succès lui gagnèrent des appuis. Il put reprendre l'offensive en 718 et écrasa les Neustriens à Cambrai. Ragenfeld s'enfuit à Paris, mais resta maire du palais. Charles Martel s'empara de la mairie d'Austrasie et se fit remettre ce qui restait du trésor des Pipinnides. Pour lui, ce n'était qu'une étape. Se sentant incapable de résister à son rival, Ragenfeld s'allia avec Eudes d'Aquitaine, trop heureux de profiter de cette occasion pour faire reconnaître l'indépendance de sa principauté. Les Aquitains rejoignirent les Neustriens à Soissons. Leur but commun était d'envahir l'Austrasie. Charles Martel les balaya. Ragenfeld s'enfuit à Angers. Eudes se replia sur l'Aquitaine, avec le roi Chilpéric II et son trésor. Charles n'abusa pas de la victoire. Le rude guerrier fit place au négociateur. Il laissa Ragenfeld se constituer un duché dans la région du Mans. Il traita avec Eudes d'Aquitaine qui restitua le petit roi Chilpéric et le trésor. Le roi fictif d'Austrasie étant mort, Charles reconnut Chilpéric comme roi des deux royaumes, ce qui simplifiait les choses ! Quant à lui, il était devenu le véritable maître, nommant les comtes et les évêques de son choix, reprenant à son compte la politique de ses devanciers, s'emparant aussi, par personnes interposées, des sièges ecclésiastiques et accentuant la sécularisation des biens d'Église pour agrandir sa clientèle ! Ce qui ne l'empêchait pas de créer des monastères et de soutenir les missionnaires.

Doué d'une vitalité que l'on retrouvera dans Charlemagne, il déployait une activité débordante. La frontière de l'Est restait fragile. Charles attaqua les Frisons à la fois par la terre et par la mer – ce qui était une innovation ! –, les écrasa et détruisit leurs temples païens. Il rétablit vigoureusement la domination franque sur l'Alémanie. En revanche et malgré deux expéditions militaires, il ne put soumettre la Bavière. De même ne put-il que contenir les Saxons en érigeant quelques places fortes. Son plus beau titre de gloire est évidemment sa victoire sur les Arabes à Poitiers, en 732. J'ai exposé, dans l'ouvrage déjà cité, les circonstances de cette mémorable bataille dont le moins que l'on puisse dire est qu'elle stoppa l'avance des Arabes. L'aide que Charles Martel avait apportée au duc Eudes d'Aquitaine avait été décisive. Elle mettait fin au prurit d'indépendance des Aquitains. Après la mort d'Eudes, Charles contraignit le nouveau duc Hunald (le légendaire Huon de Bordeaux) à lui jurer fidélité. Après la bataille de Poitiers, les Arabes n'avaient point lâché prise. Charles Martel descendit la vallée du Rhône, les chassa de Provence, les battit sur la Berre et, ne pouvant s'emparer de Narbonne, dévasta la Septimanie.

Le roi Thierry IV, succédant à Chilpéric, mourut en 737. Charles Martel ne le remplaça pas ; cependant il s'abstint de se faire reconnaître roi : il se souvenait de l'échec de Grimoald ! Bien qu'il fût maître absolu des Francs, il restait attentif et prudent. Le pape Grégoire III se tourna vers lui. Il savait que les campagnes d'évangélisation du futur saint Boniface et de Pirmin (moine d'origine espagnole) dans la région du Rhin n'auraient pas été possibles sans son appui et sans sa protection. Il savait aussi que le vice-roi des Francs s'était ouvert la route des Alpes, les passages vers l'Italie ! Le Saint-Siège se trouvait alors dans une situation périlleuse. D'une part, l'iconoclastie des empereurs de Byzance avait provoqué une rupture avec Rome. D'autre part, l'ambition du roi des Lombards, Liutprand, constituait une menace sérieuse pour l'État pontifical. Grégoire III n'avait en somme pas le choix. Ne pouvant plus tabler sur la protection du basiléus, il joua la carte de Charles Martel et sollicita son aide contre le roi des Lombards. Ce fut en vain qu'il multiplia lettres et présents, envoya même au vice-roi des Francs les clefs de Saint-Pierre, distinction flatteuse. Charles Martel reçut l'ambassade pontificale avec de grands honneurs, mais s'abstint de s'engager. Il était l'allié du roi des Lombards : Liutprand l'avait en effet aidé à chasser les Arabes de Provence. Toutefois l'appel au secours de Grégoire III, le rapprochement entre le Saint-Siège et Charles Martel étaient significatifs.

Charles Martel approchait de la soixantaine. Il régla sa succession par un partage selon la coutume franque et mourut en octobre 741. On l'inhuma à Saint-Denis, près des rois mérovingiens. Il laissait deux fils légitimes, Carloman et Pépin, et un fils naturel, Griffon. L'œuvre qu'il avait accomplie était déterminante. Non seulement il avait transformé en vice-royauté héréditaire les deux mairies du palais, mais il avait réunifié le *Regnum Francorum*[1], reconquis la Provence, assujetti l'Aquitaine et consolidé la frontière de l'Est. Pourtant cette œuvre n'était à bien des égards qu'une esquisse. Dans une certaine mesure le partage du royaume risquait de la ruiner. Seule, une bonne entente entre Carloman et Pépin préserverait l'unité si chèrement acquise.

Le lecteur mesurera le chemin parcouru par les aïeux de Charlemagne depuis Pépin de Landen, en passant par la mésaventure de Grimoald, par la remontée hardie de Pépin de Herstal, jusqu'au bond prodigieux de Charles Martel. Quand on regarde de près le comportement des Pipinnides, on ne peut s'empêcher de discerner, ici et là, des traits de caractère qui seront précisément ceux du grand empereur : l'activité incessante, la vaillance, l'habileté, la prudence, le réalisme. Le plus extraordinaire est surtout

1. Le royaume des Francs.

dans la persistance d'une volonté politique évidente, de l'ambition non dissimulée de conquérir la première place. Ces princes mirent deux siècles à la réaliser. Pareille continuité donne à rêver ! On pense à la lente croissance d'un arbre qui pousse ses rameaux à toutes les aires de l'horizon, avant de se couvrir de fleurs bientôt métamorphosées en fruits.

II

LE RÈGNE GLORIEUX DE PÉPIN LE BREF

Avec l'accord des grands, Carloman, en sa qualité d'aîné, avait reçu l'Austrasie, l'Alémanie et la Thuringe. Le lot de Pépin comprenait la Neustrie, la Burgondie et la Provence. Quant à Griffon, fils d'une concubine bavaroise, Charles Martel ne lui attribua que quelques domaines épars. Comme on pouvait s'y attendre, les premières difficultés vinrent de celui-ci. Il revendiqua la qualité d'héritier à part entière. Carloman et Pépin trouvèrent plus simple de l'incarcérer au château de Chèvremont et de reléguer sa mère dans un couvent. Sur ces entrefaites, leur sœur Hiltrude s'enfuit en Bavière pour épouser le duc Odilon. Ce fut le signal d'un remuement général. Odilon de Bavière commença à s'agiter, puis se rebella ouvertement avec l'appui d'Hunald, duc d'Aquitaine. Il fut promptement imité par le duc d'Alémanie. Pépin et Carloman s'en prirent d'abord à Hunald, le plus isolé. En 742, ils envahirent l'Aquitaine, incendièrent les environs de Bourges, détruisirent le château de Loches, et par un pacte signé au Vieux-Poitiers, se partagèrent (un peu vite!) le duché d'Aquitaine. Ils se retournèrent ensuite contre Odilon de Bavière qui se fit battre et perdit une de ses provinces. En Alémanie, la résistance fut plus coriace. Carloman s'imposa par la terreur (Charlemagne procédera de même à l'encontre des Saxons). Les deux frères divisèrent l'Alémanie dont ils confièrent l'administration à des comtes francs. En 744, mettant leur éloignement à profit, Hunald d'Aquitaine avait repris les armes, forcé le passage de la Loire et brûlé Chartres. Pépin et Carloman accoururent, dès qu'ils eurent les mains libres. Vaincu, Hunald dut abdiquer en faveur de son fils Waïfre (745). Il se retira dans un monastère de l'île de Ré. Le nouveau duc prêta serment de fidélité.

Pépin et Carloman n'étaient en droit que maires du palais. Les révoltes qu'il leur avait fallu réprimer après la mort de leur père les incitèrent à consolider leur pouvoir. Ils recoururent donc à la fiction bien connue d'un roi de complaisance, au nom duquel ils seraient censés agir. Ils exhumèrent d'un cloître un prince supposé mérovingien et le firent reconnaître pour roi sous le nom de Childéric III. Désormais les édits furent promulgués en son nom. Sa position ne différait en rien de celle des autres rois « fainéants ». Cependant la race exsangue des Mérovingiens conservait, en dépit de sa déchéance, cette valeur magique qui l'avait naguère portée au pouvoir.

Carloman se signalait par sa piété. Il déplorait les désordres de l'Église consécutifs aux spoliations pratiquées par son père, aux nominations de laïcs à la tête de grandes abbayes, d'évêques ignares ou sans vocation. Saint Boniface l'exhorta à remédier à cette situation. C'était, comme on l'a dit, l'apôtre de l'évangélisation dans la région du Rhin. Mais à quoi servait de convertir les païens et de créer des monastères, si l'on recrutait de mauvais prélats et si on laissait les prêtres sans direction ? Carloman accepta de réunir un concile dans ses États afin de rechercher les moyens de rétablir la loi de Dieu et la religion de l'Église « anéanties au temps des anciens princes ». En 744, Pépin réunit également un concile. L'année suivante s'assembla le concile général de l'Église franque. Agissant ainsi, Pépin et Carloman répondaient aux désirs du nouveau pape, Zacharie. Le rapprochement avec le Saint-Siège, amorcé sous le

« règne » de Charles Martel, s'accentuait. Il prenait même la couleur d'une étroite collaboration, avant de devenir une alliance fondée sur la communauté des intérêts. La réforme décidée par le grand concile de 745 visait à rétablir la hiérarchie et la discipline ecclésiastiques, à subordonner les évêques à des archevêques, le clergé régulier et séculier aux évêques, à restaurer les mœurs et, dans une certaine mesure, le patrimoine foncier de l'Église. Boniface s'y employa avec l'appui de Carloman et de Pépin. Le pape créa pour lui l'archevêché de Mayence.

En 747, Carloman quitta le siècle. Il résilia ses charges, confia sa famille et ses États à Pépin et partit pour Rome. On suppose qu'il voulait expier les massacres qu'il avait ordonnés en Alémanie et cédait au remords. C'est oublier qu'en ces époques véhémentes il n'était point rare de se retirer dans un monastère afin d'y préparer son salut. Le silence des couvents attirait les grandes âmes. Carloman fut ordonné prêtre par le pape Zacharie. Il fonda ensuite un monastère au mont Soracte. Bientôt les visites des seigneurs francs venus en pèlerinage ou en mission à Rome l'importunèrent. Il gagna le monastère du Mont-Cassin pour y trouver enfin la paix.

Son frère Pépin le Bref, ou Pépin III, « régnait » désormais seul sur le royaume des Francs. Cette situation nouvelle amena quelques troubles. Drogon, fils aîné de Carloman, revendiqua l'héritage de son père. Pépin passa outre sans rencontrer d'obstacles et sans éprouver le moindre scrupule. Il crut pouvoir libérer son demi-frère Griffon de la prison de Neuf-Château. C'était mal le connaître. Griffon en profita pour s'enfuir. Il souleva les Saxons et une partie des Alamans. Puis il passa en Bavière. Pépin réagit vigoureusement. Il battit les Saxons auxquels il imposa un tribut annuel de cinq cents vaches ! Ayant capturé Lantfred, duc des Alamans, et le comte de Nordgau, il envahit la Bavière. Griffon y avait usurpé le titre ducal, en évinçant le jeune Tassilon III, fils du défunt duc Odilon. Les Bavarois demandèrent la paix. Pépin les obligea à reconnaître Tassilon pour duc. Le jeune prince était son neveu. Il avait pour mère cette Hiltrude qui s'était enfuie naguère pour épouser Odilon. Quant à Griffon, Pépin lui pardonna. Il lui octroya même quelques comtés neustriens. Pour autant il n'en avait pas terminé avec lui.

Ayant ainsi montré sa puissance, Pépin fut à même de se consacrer au projet qui lui tenait à cœur. L'occasion lui paraissait favorable de substituer sa race à celle des Mérovingiens. Ce n'était point que le pauvre roi Childéric contrariât ses décisions, ou qu'il manifestât des velléités d'indépendance ! Il n'était rien de plus qu'une image, un symbole, un souvenir vidé de sa substance. Il n'avait point de partisans, ou si peu ! Apparemment, il semblait facile de le détrôner. Pourtant Pépin n'avait pas oublié la tragédie de Grimoald et de Childebert l'Adopté. Il prit le maximum de précautions. Une propagande discrète mais efficace prépara l'opinion. Puis, avec l'assentiment des grands, une ambassade fut envoyée à Rome. Elle était composée de Fulrad, abbé de Saint-Denis, et de Burchard, évêque de Würzburg. Ces deux prélats étaient chargés de consulter le pape Zacharie sur l'opportunité de maintenir en place « les rois qui alors étaient en France et qui n'en possédaient que le nom sans en avoir en aucune façon la puissance[1] ». Zacharie était d'origine grecque ; l'esprit de finesse ne lui faisait pas défaut. Il considéra les services rendus à l'Église par les princes francs et ceux qu'ils pourraient rendre en cas de nécessité. Il répondit « qu'il valait mieux appeler roi celui qui en avait le pouvoir, que celui qui en était dépourvu ». Peut-être donna-t-il officiellement son accord à l'éviction de Childéric III et au couronnement de Pépin. En

1. *Annales Regni Francorum*.

tout cas, fort de l'assentiment du pape, Pépin réunit une grande assemblée, à Soissons, en novembre 751. Il fut élu roi sans difficulté. On tonsura Childéric qui fut envoyé au monastère de Saint-Bertin, et son fils Thierry qui fut conduit à celui de Saint-Wandrille. Le rédacteur des *Annales* est étrangement discret sur ces événements, dont il laisse entendre qu'ils résultaient moins de l'initiative de Pépin que de l'ordre de Zacharie ! Il ajoute : « Pépin fut appelé roi des Francs, oint pour cette haute dignité de l'onction sacrée par la sainte main de Boniface, archevêque et martyr d'heureuse mémoire, et élevé sur le trône selon la coutume des Francs, dans la ville de Soissons. »

Les rois mérovingiens étaient simplement couronnés, non sacrés. Il faut insister sur ce point. Le sacre, dont la tradition remontait à l'Ancien Testament, était pratiqué en Espagne et en Angleterre. Il ajoutait à la fonction royale de chef de guerre et de justicier un caractère quasi divin. C'était Dieu qui l'administrait par l'intermédiaire de l'officiant. Mais Pépin voulait davantage. Et il sut, une fois de plus, profiter des circonstances !

On se souvient que le pape Grégoire III, menacé par Liutprand, roi des Lombards, avait demandé l'aide de Charles Martel, d'ailleurs en vain. Zacharie avait succédé à Grégoire, puis, en 752, Étienne II remplaça Zacharie. En Lombardie, Ratchis avait pris la suite de Liutprand. Son règne avait procuré un répit au Saint-Siège. Mais Ratchis, pacifique et pieux, abdiqua et se retira, comme Carloman, au Mont-Cassin. Son frère, Astolf, le remplaça. Il était résolu à unifier l'Italie et commença par s'emparer de l'exarchat de Ravenne. Il voulait faire du Saint-Siège un simple évêché lombard. Étienne II ne pouvait accepter cette éventualité qui eût affaibli, sinon dénaturé, sa position de chef spirituel de la chrétienté. Or le roi Pépin devait son trône à la bienveillance du Saint-Siège. Étienne II estima qu'il ne pouvait lui refuser son aide, ni même se dérober poliment à la façon de Charles Martel. Au lieu de lui écrire, il décida de le rencontrer. Pépin – qui avait une idée derrière la tête – accueillit favorablement cette proposition. Il envoya à Rome deux de ses conseillers : l'évêque de Metz Chrodegang et le duc Audgar. Le pape se rendit à Pavie, pour tenter de convaincre le roi Astolf de changer de politique. Astolf restant sur ses positions, Étienne II s'achemina vers les Alpes, avec une partie de la Curie. Bravant la mauvaise saison (on était en décembre 753), il franchit le col du Grand-Saint-Bernard. Il rencontra à Saint-Maurice en Valais l'abbé de Saint-Denis Fulrad et le duc Rothard, envoyés par Pépin pour escorter le pontife jusqu'à la résidence royale de Ponthion. À Langres, ce fut le jeune Charles (futur Charlemagne) qui, député par son père, souhaita la bienvenue à l'illustre visiteur. Le cortège arriva à Ponthion le 6 janvier 754, jour de l'Épiphanie. Le roi Pépin s'était porté à trois milles du palais pour accueillir le pape. Dès qu'il l'aperçut, il descendit de cheval et se prosterna. Puis il marcha à côté de la monture d'Étienne comme un simple écuyer. Après les hymnes et les cantiques, le pape se rendit dans l'oratoire et, là, il se jeta aux pieds du roi et le supplia de défendre « la cause de Saint-Pierre et de la République romaine ». Pépin jura de les délivrer des Lombards. Étienne se rendit ensuite à Saint-Denis, où il s'installa. Des négociations s'engagèrent, dont on ne connaît que les résultats. Il semble que Pépin ait accepté d'intervenir en Italie, mais il se heurtait à l'opposition des grands peu désireux de combattre les Lombards. Il tenta donc une démarche auprès du roi Astolf. Ce dernier persista dans son attitude ; bien plus, il chargea le moine Carloman de plaider sa cause auprès de Pépin ! Carloman quitta le monastère du Mont-Cassin et se mit en route. Il fut intercepté par les hommes de Pépin et relégué dans un couvent. L'obstination d'Astolf, l'intervention inopportune de Carloman fournirent à Pépin des arguments décisifs.

À l'assemblée de Quierzy, en avril 754, il fit adopter par les grands le principe d'une expédition en Lombardie. Il put dès lors s'engager à secourir le pape et à lui restituer les villes et territoires dont les Lombards s'étaient emparés. En contrepartie, Étienne II consentit à le sacrer à nouveau roi des Francs. Ce renouvellement du sacre de 751 suggère que le changement de dynastie suscitait des mécontentements ; que certains le considéraient même comme une usurpation ! D'où le caractère particulier de la cérémonie qui se déroula à Saint-Denis le 28 juillet 754. Le pape ne se contenta pas de sacrer Pépin et sa femme, la reine Bertrade, mais il oignit également leurs deux fils, Charles et Carloman. Il fit encore plus, en interdisant aux Francs, sous peine d'excommunication, d'élire un roi en dehors de la famille de Pépin, « élevée par la divine piété et consacrée, sur l'intercession des saints apôtres, par les mains de leur vicaire, le souverain pontife ». Cette proclamation solennelle effaçait définitivement le droit des princes mérovingiens à régner. Pépin et ses successeurs ne seraient point de simples souverains, mais rois « par la grâce de Dieu ». Il s'ensuivait que, désormais, toute conspiration visant à les détrôner serait attentatoire à la divinité ; d'où la menace d'excommunication. Mais cette élévation impliquait une sorte de réciprocité, engendrait pour les rois des Francs des devoirs particuliers. L'alliance entre le trône et l'autel remonte à cette journée du 28 juillet. Le pape décerna en outre le titre de patrice des Romains à Pépin et à ses fils, ce qui faisait d'eux les protecteurs de la ville de Rome et renforçait les devoirs dont il est question plus haut. On aperçoit l'habileté de Pépin : de la mairie du palais (équivalant il est vrai à une vice-royauté), il avait accédé à la monarchie par un coup d'État cautionné par le pape. Il venait de modifier la nature même de cette monarchie et de fonder une nouvelle dynastie, celle des Carolingiens.

L'armée franque passa les Alpes au printemps de 755, bouscula les Lombards et vint mettre le siège devant Pavie. Le roi Astolf préféra traiter. Il promit de restituer au pape les villes de l'exarchat de Ravenne et de livrer des otages à Pépin. Ce dernier regagna la France et le pape rentra à Rome. Les Francs ayant évacué la Lombardie, Astolf s'empressa de violer ses promesses. Non seulement il ne rendit pas les villes de l'exarchat, mais il se mit en devoir d'assiéger Rome. Nouvel appel au secours d'Étienne II. Il envoya même à Pépin une lettre dans laquelle saint Pierre était supposé abjurer « les rois très chrétiens » (Pépin et ses deux fils) d'accomplir leurs devoirs envers l'Église en la libérant de l'oppression lombarde. L'armée franque reprit le chemin de l'Italie en 756 et reparut sous les murs de Pavie. Comme en 755, Astolf demanda la paix, livra des otages, jura de tenir ses engagements et de livrer au pape les villes dont il s'était emparé. Pépin exigea que les clefs de ces villes lui fussent immédiatement remises. Il chargea l'abbé Fulrad de les porter au pape. Il accordait ainsi la pleine propriété de l'exarchat de Ravenne au Saint-Siège, disposant à la vérité sans droit d'une possession des empereurs byzantins. Cette donation fut le point de départ de l'État pontifical, dont on sait qu'il perdurera jusqu'au XIXe siècle !

Astolf mourut la même année. Cette disparition procura au pape un répit providentiel. Il crut faire un coup de maître en facilitant l'élection de Didier, duc de Toscane, à la royauté lombarde. Didier promit tout ce qu'on voulut mais ne tarda guère à donner des inquiétudes. Étienne II mourut en 757 et fut remplacé par son frère Paul Ier. Ce dernier réclama une nouvelle intervention de Pépin en Lombardie. Pépin n'avait point d'illusions sur la « fidélité » du roi Didier, mais il préféra s'abstenir. Il avait au surplus d'autres préoccupations.

Les Saxons s'agitaient à nouveau. Ils ne tenaient aucun compte de leurs engagements et multipliaient leurs incursions en territoire franc. En 758, Pépin envahit la Saxe, imposa aux vaincus un tribut annuel de trois cents chevaux. Les Saxons se tinrent tranquilles pendant quelques années. Pépin savait que leur soumission était factice, mais il n'avait pas les moyens de conquérir leur vaste territoire. Il reviendra à Charlemagne d'en finir avec ces ennemis perpétuels des Francs.

À la vérité, un quart de la France échappait encore à l'autorité de Pépin. L'Aquitaine, qui s'étendait de la Loire aux Pyrénées, jouissait d'une autonomie de fait. Elle avait en la personne de Waïfre un duc plein d'énergie, résolu à se soustraire à la tutelle théorique de Pépin. Waïfre n'avait point hésité à donner asile à Griffon. Il avait confisqué les domaines qui appartenaient aux abbayes et aux évêchés du nord de la Loire. Bref il se comportait en prince indépendant, soutenu par une aristocratie et une population pour lesquelles les Francs restaient encore des Barbares. Pépin ne pouvait tolérer cette attitude. Il procéda méthodiquement. Loin de chercher à écraser les Aquitains en une seule grosse bataille, il préféra user les forces de Waïfre par des campagnes successives. Il commença par chasser les Arabes de Septimanie. La possession de cette contrée présentait de grands avantages au plan de la stratégie. Elle permettait de prendre les Aquitains à revers. Il fut aisé à Pépin de décider les grands à descendre dans le Midi : nul n'ignorait la richesse des villes d'Aquitaine, la prospérité des campagnes ! De son côté, conscient du péril auquel il s'exposait, le duc Waïfre agrégea des Basques à son armée. Cette race batailleuse et infatigable fournissait d'excellents soldats. Mais, semble-t-il, rien ne pouvait arrêter la progression franque. En 760, Pépin ravagea le Berry. L'année suivante, ce fut Waïfre qui prit l'offensive ; il fit brusquement irruption en Bourgogne. La riposte de Pépin fut immédiate. Il rasa les châteaux de Bourbon-l'Archambault et de Chantelle, prit Clermont. En 763, ce fut au tour de Bourges et du château de Thouars. Désormais, chaque année, il fit campagne contre Waïfre, s'avançant toujours plus au sud vers le centre du duché. Waïfre ne manquait pas de talents et il connaissait parfaitement la topographie. Ne pouvant enrayer l'avance des Francs, il démantelait les principales cités, afin de priver l'adversaire de points d'appui. Tel fut le cas de Poitiers, de Limoges, d'Angoulême, de Périgueux. Faute de pouvoir affronter les Francs en bataille rangée, il lançait des bandes dans le Lyonnais, en Septimanie et même en Touraine. La population continuait à le soutenir, malgré les représailles et les dommages, par haine des hommes du Nord. Il faut préciser que les Francs se conduisaient comme en pays conquis, bien que Pépin manifestât parfois quelque clémence. La guerre d'Aquitaine dura jusqu'en 768. Après avoir ravagé le Limousin, les Francs atteignirent Cahors. Waïfre ne put éviter l'affrontement décisif. Il fut vaincu, mais parvint à s'enfuir. L'un de ses familiers l'assassina, probablement sur ordre de Pépin. Sa famille fut capturée. Pépin ne déposséda pas l'aristocratie locale, mais confia à ses comtes les postes clefs. Il promulgua ensuite un édit de pacification. Cette mesure, relativement longanime, ne pouvait faire oublier l'atroce guerre à laquelle elle mettait un terme. Il est un point qui doit être souligné : si Pépin imposa aux vaincus l'administration de ses comtes, il maintint leur droit privé, inspiré du droit romain ! Plus tard Charlemagne se souviendra de cette leçon.

Tout porte à croire qu'associé de bonne heure aux affaires – comme on le verra au chapitre suivant – Charlemagne prit son père pour modèle. Il ne pouvait certes mieux choisir. Car Pépin n'était pas exclusivement un conquérant, mais un organisateur de premier ordre, un réformateur et un diplomate, manifestant dans ses décisions et dans ses actes un pragmatisme certainement peu répandu à cette époque. C'était au plein sens du terme un chef d'État, une tête politique.

Soucieux de l'avenir de l'Église, en accord avec le pape, il réunit plusieurs importants conciles et rendit possible l'exécution des décisions qui furent prises par les Pères : accroissement des pouvoirs des évêques et de la discipline ecclésiastique, unification des liturgies jusqu'ici disparates, institution canoniale. Pépin n'avait point restitué à l'Église les biens sécularisés par Charles Martel. Il avait même poursuivi cette politique, quoique avec plus de modération. Cette situation s'accordait assez mal avec sa qualité de roi très chrétien. Pépin résolut ingénieusement le problème. Pour dédommager l'Église, il inventa le système de la dîme. Il prodiguait en toutes circonstances les plus grandes marques de respect au souverain pontife, mais il exerçait sur l'épiscopat franc un contrôle sévère. Le moins que l'on puisse dire est qu'il tenait bien en main les évêques et les grands abbés. Il assumait exactement son rôle de « défenseur de l'Église », mais, s'il laissait au pape la prééminence dans le domaine de la spiritualité, il s'intéressait de fort près au temporel.

Devenu le second personnage de la chrétienté d'Occident, après le pape, il était normal que Pépin entretînt des échanges diplomatiques avec l'empereur d'Orient. Le basiléus se prétendait toujours héritier des Césars romains et se donnait un droit de regard sur les affaires d'Occident. Ces prétentions ne correspondaient plus à la réalité et l'on peut être sûr que Pépin ne se considérait certes pas comme un roi vassal de ce lointain empereur ! La preuve en est qu'en donnant l'exarchat de Ravenne au pape, il n'avait pas hésité à défier Byzance. Le basiléus Constantin V protesta ; possédant encore Venise, Naples, le sud de la botte italienne et la Sicile, il était en droit de s'inquiéter. Des pourparlers s'engagèrent. L'éventualité d'un mariage entre le fils du basiléus et Gisèle, fille de Pépin, fut évoquée. La situation évolua de telle sorte que Pépin fut même choisi comme arbitre dans le conflit qui opposait le basiléus et le pape sur la querelle des images. Un concile bipartite se réunit à Gentilly, en 767... Mais Pépin entretenait aussi des relations diplomatiques avec le calife abbasside de Bagdad, non pour le plaisir d'échanger des cadeaux avec le chef des musulmans, mais pour faire pièce à l'émir de Cordoue. Ce dernier était l'unique survivant de la famille des Omeyyades évincée et massacrée par les Abbassides ; il ne reconnaissait pas l'autorité des usurpateurs. Cependant le fait que l'empereur d'Orient et le calife de Bagdad recherchassent l'amitié du roi des Francs montre assez bien quel était son prestige !

En été 768, ayant achevé la conquête de l'Aquitaine, Pépin fit une entrée triomphale à Saintes, où la reine Bertrade l'attendait. Il se sentait malade et voulut être transporté à Saint-Denis. Le mal empirant, il convoqua les grands et, en leur présence, partagea son royaume à la mode franque. Il mourut le 24 septembre, à cinquante-quatre ans. On l'ensevelit à Saint-Denis. La reine Bertrade (ou Berthe) lui avait donné trois enfants : le futur Charlemagne, Carloman et Gisèle qui, faute d'épouser le fils du basiléus, deviendra abbesse de Chelles.

Ainsi prit fin ce grand règne, dont on aperçoit bien que, non seulement il préfigure celui de Charlemagne, mais en est indissociable. La postérité s'est montrée passablement injuste envers Charles Martel et Pépin. Elle crédite le premier de la bataille de Poitiers ; le second, de la conquête de l'Aquitaine et de la Septimanie. Or la grandiose politique de Charlemagne a ses points de départ dans les règnes de Pépin et de son père : en Italie, en Germanie, aussi dans les domaines religieux et diplomatique. Pépin lui-même avait récolté les fruits des patients travaux de ses ancêtres, mais il était parvenu à transformer la vieille monarchie franque en monarchie de droit divin au seul profit de sa famille. Le moine de Saint-Gall[1] devait percevoir

---

1. Notker de Saint-Gall ; voir Bibliographie, p. 376.

quelque chose de cette réussite quand, dans son ouvrage, il qualifiait Pépin de « grand aïeul » et relatait cette anecdote que je cite par divertissement et parce qu'elle témoigne de l'esprit du temps :

« Instruit que les principaux de son armée ne manquaient aucune occasion de le déchirer en secret avec mépris, il ordonna d'amener un taureau d'une grandeur à inspirer l'effroi, et d'un courage indomptable, et de lâcher contre lui un lion d'une extrême férocité. Celui-ci, fondant sur le taureau avec la plus violente rapidité, le saisit au cou et le jeta par terre. "Allez, dit le roi à ceux qui l'entouraient, allez arracher le lion de dessus le taureau, ou tuez-le sur le corps de son adversaire !" Ceux-ci, se regardant les uns les autres, et le cœur glacé de frayeur, purent à peine articuler en sanglotant ce peu de mots : "Seigneur, il n'est point d'homme sous le ciel qui ose tenter pareille entreprise." Le roi plus hardi se lève alors de son trône, tire son épée, sépare des épaules la tête du lion et celle du taureau, remet son glaive au fourreau et se rassied en disant : "Vous semble-t-il que je puisse être votre seigneur ? N'avez-vous donc jamais entendu dire comment David enfant a vaincu le général Goliath, ni comment Alexandre, malgré sa petite taille, a traité ses généraux de la plus haute stature ?" Tous alors tombèrent à terre comme frappés de la foudre, en s'écriant : "Qui, à moins d'être fou, refuserait de reconnaître que vous êtes fait pour commander aux mortels ?" »

Le moine de Saint-Gall raconte ensuite avec la même complaisance le combat entre Pépin et un démon dans les thermes d'Aix-la-Chapelle. Ces histoires naïves appartenaient à la tradition carolingienne ; Notker ne les a pas inventées. On peut y voir l'expression de l'hostilité des grands au début du règne de Pépin, et de sa lutte pour défendre l'Église. Le lion, le taureau et le démon d'Aix-la-Chapelle ne sont que des symboles.

Il semble probable que Pépin fut de petite taille. D'où ce sobriquet de Pépin le Bref (le court) dont les chroniqueurs l'affublèrent beaucoup plus tard mais qui n'apparaît dans aucun texte contemporain.

III

CHARLES ET CARLOMAN

La carte reproduite page 375 permet d'apprécier le partage décidé par Pépin à son lit de mort. Charles, en sa qualité de fils aîné, reçut un ensemble de territoires affectant la forme d'un croissant et englobant la Frise, la Hesse, la Thuringe, le Nordgau confisqué aux Bavarois, autrement dit une partie de l'Austrasie, plus une partie de la Neustrie et la partie occidentale de l'Aquitaine jusqu'aux Pyrénées. Le royaume de Carloman était plus compact et plus facile à contrôler; il comprenait l'Alémanie, un morceau de la Neustrie (dont Paris et la vallée de la Seine), la Burgondie ou Bourgogne, la Provence et la partie orientale de l'Aquitaine, avec Limoges et Toulouse. Une fois de plus la coutume franque remettait en cause l'unité du *Regnum Francorum* et engageait l'avenir. Pépin n'avait pu s'y soustraire. On discerne ses regrets dans le fait qu'il n'avait point séparé, comme il était de tradition, l'Austrasie de la Neustrie, mais attribué à chacun de ses fils une part de l'une et de l'autre. Il y avait une raison précise à cela: les Carolingiens tiraient le principal de leurs ressources, en hommes et en argent, de la région située entre la Meuse et le Rhin. En ce sens, le partage paraissait équitable. De plus, il était logique de confier à Charles, qui était le plus expérimenté, la garde des frontières de l'Est et du Midi. Pour le reste, le roi Pépin faisait fond sur la bonne entente entre ses fils. En liant la Neustrie à l'Austrasie, au lieu de les séparer, il les incitait à gouverner en commun, autrement dit à préserver l'unité du royaume.

On se souvient qu'en 754 le pape Étienne II avait sacré Charles et Carloman à Saint-Denis, en même temps que leurs parents. Dans sa correspondance, Étienne les gratifiait du titre royal : ce n'était qu'une formule de courtoisie. Pour être rois à part entière, il leur manquait d'avoir été reconnus comme tels par les grands (les comtes et les évêques). La cérémonie de 754 avait consacré leur droit exclusif à régner. Les grands ne pouvaient élire de rois appartenant à une autre famille sans encourir la peine d'excommunication. L'élévation de Charles et de Carloman n'était donc qu'une formalité, toutefois nécessaire. Elle eut lieu le même jour pour les deux frères : le 9 octobre 768. Charles fut couronné à Noyon et Carloman à Soissons. Les deux rois organisèrent leurs palais respectifs et désignèrent leurs conseillers.

Le futur Charlemagne avait, semble-t-il, vingt et un ans et Carloman, dix-sept.

Le meilleur biographe de Charles, Éginhard, se borne à déclarer : « On n'a rien écrit sur sa naissance, sa première enfance et sa jeunesse ; parmi les gens qui lui survivent, je n'en ai connu aucun qui puisse se flatter de connaître le détail de ses premières années ; je croirais donc déplacé d'en rien dire, et, laissant de côté ce que j'ignore, je passe au récit et au développement des actions, des mœurs et des autres parties de la vie de ce monarque[1]. »

Laconisme de commande, car Éginhard avait vécu à la Cour ; il avait connu les témoins de la jeunesse de Charles ; il n'ignorait rien des traditions de la famille carolingienne. Comme il était logique, sa discrétion

1. Tous les textes cités sont traduits du latin.

parut suspecte aux historiens. Certains recoupements permettaient de situer la naissance de Charles en 742, c'est-à-dire avant le mariage de Pépin et de Bertrade. D'où la théorie selon laquelle le futur empereur eût été un enfant illégitime. On imagina que Pépin et Bertrade avaient contracté un « friedelehen », c'est-à-dire un mariage selon le rite germanique, puis qu'ils avaient régularisé par un mariage selon le droit canon. On expliquait ainsi la jalousie de Carloman à l'encontre de son frère aîné. On ne saurait entrer dans cette querelle. Au surplus il faut souligner qu'au VIIIe siècle on attachait fort peu d'importance à ces questions. Nombre de grands personnages ignoraient la date de leur naissance. Les hommes de cette époque n'avaient pas non plus notre conception de l'état civil. L'Église tolérait les friedelehen, tout en les déplorant. Elle s'efforçait de supprimer la polygamie, sans d'ailleurs y parvenir.

Le mutisme d'Éginhard touchant aux premières années de Charles suggère simplement que sa première enfance et sa jeunesse furent celles des autres princes et fils de l'aristocratie. Pépin et Bertrade étaient pieux. Ils donnèrent à leur fils des maîtres ecclésiastiques. On a souvent écrit que l'instruction de Charlemagne avait été négligée. Elle fut, je le répète, identique à celle des autres grands. Charles apprit assez de latin pour suivre les offices, auxquels il avait obligation d'assister. Ses maîtres tiraient de l'Ancien et du Nouveau Testament des principes moraux et des règles de conduite. Ils évoquaient certainement la glorieuse histoire de sa famille. Ils lui donnèrent aussi des notions élémentaires d'arithmétique. Charles parlait le tudesque et le roman, ces deux langues coexistant à la Cour de Pépin. Il fut ensuite initié à l'équitation, au maniement des armes, aux plaisirs de la chasse et de la natation qui restèrent ses sports favoris. Sans être illettré, tant s'en faut, les travaux de l'esprit n'avaient pas été la préoccupation majeure de Pépin. Les conquêtes, la restructuration de l'administration et de l'Église franque l'intéressaient davantage que les problèmes culturels. L'apprentissage de Charles fut donc essentiellement politique et fondé sur le vécu. Il fut également militaire. Si, par la suite, le futur empereur prit conscience de ses lacunes intellectuelles et s'appliqua à les combler avec une obstination touchante, Pépin lui enseigna son métier de chef de guerre et de roi à la perfection. La reine Bertrade était d'ascendance mérovingienne, fille de Caribert, comte de Laon. Que pensa-t-elle de l'éviction du pauvre Childéric et de sa relégation dans un monastère ? Quels propos furent échangés au sein de la famille à ce sujet ? Sans doute Charles était alors trop jeune pour comprendre, mais il dut garder le souvenir du premier sacre de son père en 751[1]. Il dut ensuite méditer sur la déchéance et la chute de la première dynastie et sur le triomphe de son père. Trois ans plus tard, celui-ci l'envoya au-devant du pape Zacharie. Ce n'était encore qu'un enfant et qui dut réciter le compliment qu'on lui avait appris. Il assista à la rencontre de Pépin et de Zacharie. Il vit son père se prosterner devant le souverain pontife et lui servir humblement d'écuyer, ce qui ne manqua pas de le surprendre. Puis il assista à la scène de l'oratoire, où les rôles étaient inversés : le pape à genoux et en larmes suppliant le puissant roi de sauver Rome. De même assista-t-il à l'assemblée de Quierzy : il entendit les déclarations des grands, perçut leurs réticences. Son admiration pour Pépin dut croître avec les années. Il ne l'accompagna pas en Lombardie, mais il prit part aux dures campagnes d'Aquitaine, fut témoin des ruses de Waïfre, des massacres, des incendies. Il n'apparaît pas que la violence des combats et les malheurs de la guerre eussent traumatisé son jeune esprit. Pépin lui confia la gestion de quelques comtés, le chargea de missions ponctuelles,

1. Il avait alors quatre ans, étant, probablement, né en 747.

mais ne lui confia pas de grandes responsabilités. Peut-être le jugeait-il insuffisamment préparé, ou manquant de maturité ? Peut-être aussi le savait-il trop ambitieux, redoutait-il d'aliéner une partie de son autorité ? Le lecteur aura compris que, pour cette période de la vie de Charlemagne, nous en sommes réduits aux supputations, aux déductions tant soit peu hasardeuses. Quoi qu'il en soit, on retiendra qu'en accédant au trône le futur empereur était au fait des problèmes de politique extérieure et intérieure. Il connaissait la marche à suivre dans les affaires de Saxe, de Lombardie, de Byzance et du califat de Bagdad. En admettant que, pour une raison ou pour une autre, Pépin l'ait cantonné dans un rôle de figurant, il ne lui avait pas ménagé ses conseils, ainsi qu'on le constatera ultérieurement.

La personnalité de Carloman nous échappe presque entièrement. Il est vrai que la brièveté de son règne lui retire beaucoup d'importance. Il était certainement différent de son frère aîné. Les chroniques font état de leur mésentente, sans en préciser la cause. Bien que le partage du royaume fût équitable, Carloman s'estimait-il désavantagé ? Et, sinon, ne pouvait-il supporter l'autorité naissante de Charles ? Il paraît certain qu'il n'entendait point être le subordonné de son frère, mais rester seul maître de son royaume et de sa politique. Les officiers de son palais, ses familiers et ses conseillers n'avaient aucune envie de recevoir des ordres de leurs homologues de la Cour rivale. Ils jetèrent de l'huile sur le feu, comme il est de règle en pareil cas. La discorde ne tarda pas à éclater.

Mettant à profit la disparition de Pépin, les Aquitains relevaient la tête. Ils étaient menés par un certain Hunald. On confondit longtemps ce dernier avec le vieil Hunald, ci-devant duc d'Aquitaine, devenu moine à l'île de Ré. Le rebelle de 768 était en réalité fils ou proche parent du défunt Waïfre, ce qui explique l'adhésion massive à sa cause de l'aristocratie et des populations locales. Waïfre avait été un héros de l'indépendance, et un martyr ! Hunald marchait sur ses traces. Le roi Charles savait que l'Aquitaine était épuisée. Il décida de tuer le germe dans l'œuf. En agissant sans retard, il enlevait aux Aquitains la possibilité de s'organiser. Hunald eut cependant le temps de contracter alliance avec Loup, duc de Gascogne. Charles comptait sur l'aide de son frère Carloman. La révolte des Aquitains concernait aussi ce dernier. Les deux frères se rencontrèrent à Moncontour. Carloman refusa son aide. Les chroniqueurs insinuent qu'il avait cédé aux mauvais conseils. Charles ne renonça pas pour autant à son projet. Il rassembla son armée à Angoulême et fonça vers le sud. Hunald était bien incapable de livrer une bataille rangée, voire de freiner l'avance de son adversaire. L'armée de Pépin avait laissé de tels souvenirs en Aquitaine que le pauvre Hunald fut promptement abandonné par ses partisans. Il s'enfuit en Gascogne. Loup lui donna asile ; il ne pouvait moins faire ! Charles le mit en demeure de livrer le fugitif, faute de quoi il envahirait la Gascogne. En attendant la réponse de Loup, il fit construire une forteresse sur une colline dominant la Dordogne, au lieu dit Fronsac. Loup comprit la menace et, tenant à conserver son duché, viola son pacte d'alliance et livra Hunald pieds et poings liés. C'en était fini de la rébellion d'Aquitaine. Quant à Loup de Gascogne, il fut trop heureux d'obtenir son pardon et de se reconnaître l'humble vassal du jeune roi.

Le succès de Charles irrita Carloman et aviva probablement ses craintes. Le différend qui les opposait trouvait un autre aliment. Carloman penchait pour l'alliance avec Didier, roi des Lombards, rompant ainsi avec la politique et les engagements de Pépin. Charles se déclarait du parti du Saint-Siège. Il s'intitulait dans ses capitulaires « Charles, par la grâce de

Dieu roi et gouverneur du royaume des Francs, défenseur dévoué de la Sainte Église et son auxiliaire en toutes choses ». À l'inverse de Carloman, il voulait continuer la politique paternelle à l'égard de la papauté. Mais il avait envers sa mère, la reine Bertrade, le plus grand respect et subissait son influence. Quand on considère l'esprit de décision et la vigueur qu'il avait montrés à l'encontre des Aquitains, cette docilité ne laisse pas de surprendre, quand bien même on peut l'expliquer par la déférence du fils envers sa mère.

Or la reine Bertrade (c'est la Berthe au grand pied des chansons de geste !) avait une politique personnelle opposée à celle de son époux. C'est en tout cas ce que l'on peut déduire de son attitude. Peut-être s'était-elle trouvée plus d'une fois en désaccord avec Pépin et essayait-elle d'exercer une sorte de revanche posthume. Ou bien, longtemps réduite au silence par son impérieux époux, se donnait-elle le plaisir d'exprimer librement son opinion et d'assumer enfin le premier rôle ! Une fois de plus, nous en sommes réduits aux conjectures. Tout ce que l'on peut dire, c'est que, partageant les vues de Carloman, elle commit une lourde erreur tactique et engagea le royaume dans une mauvaise voie.

IV

LA TUTELLE DE BERTRADE

Didier, roi des Lombards, devait son élection (757) au pape Étienne II. Il avait à cette occasion renouvelé les engagements souscrits par son prédécesseur envers le Saint-Siège. De plus il avait promis de livrer un certain nombre de villes, parmi lesquelles Ancône, Bologne et Ferrare. Ces promesses n'avaient pas été tenues, ou très incomplètement. L'État pontifical, tel qu'il résultait de la donation de Pépin, fermait aux Lombards la route de l'Italie du Sud. Pendant le pontificat de Paul Ier (757-767), Didier ne bougea pas ; il redoutait une intervention du roi des Francs. Cependant l'ambition grandissait en lui de reconquérir, de façon ou d'autre, l'exarchat de Ravenne et la Pentapole. Ces deux provinces (voir la carte d'Italie page 356) séparaient de la Lombardie les duchés vassaux de Bénévent et de Spolète. Didier était un prince intelligent et habile. Il était aidé dans sa tâche par sa femme, la reine Ansa, et par son fils Adalgise qui avait l'affection des Lombards et qui était associé au trône depuis 759. Il n'ignorait pas qu'il existait chez les Francs un parti qui lui était favorable. Il agit en douceur, et sur deux plans ! Ses agents intriguèrent discrètement à Rome et dans l'entourage même du pape. En outre, pour prendre l'État pontifical à revers, il maria la princesse Adalperge, l'une de ses filles, au duc de Bénévent Arichis. Le duché de Bénévent, par ses dimensions, formait une véritable principauté. Simultanément, il négocia le mariage de sa fille Liutberge avec Tassilon de Bavière. Bien que vassal de Pépin, Tassilon l'avait lâché au cours de sa lutte contre Waïfre d'Aquitaine. Il avait compris que, tôt ou tard, le duché de Bavière risquait d'être traité comme la malheureuse Aquitaine ! Il avait donc intérêt à contracter l'union proposée avec la princesse lombarde et à embrasser le parti de Didier. Peu de temps avant la mort de Pépin, Paul Ier mourut et fut remplacé par Philippe Ier qui ne régna que quelques mois. Il eut pour successeur Constantin II. Didier aida les Romains à renverser ce dernier. Il comptait lui substituer un pape à sa dévotion. La manœuvre échoua. Ce fut Étienne III qui fut élu. Didier tablait toutefois sur l'esprit coopératif du primicier Christophe et de son fils Serge, qui étaient les principaux conseillers du nouveau pontife. La mort de Pépin le Bref le combla d'aise. Il ne douta plus désormais d'arriver à ses fins, faisant fond sur les difficultés que le changement de règne et le partage du royaume franc ne manqueraient pas de susciter ! Il est très probable que ses envoyés agirent sur Carloman, sur ses conseillers et sur la reine Bertrade. Didier s'était mis en tête de marier son fils Adalgise avec la princesse Gisèle, sœur de Charles et de Carloman, et la dernière de ses filles, Désirée, avec Charles. Le mariage de Charles avec une princesse lombarde était assurément le meilleur moyen d'éviter une intervention franque en Italie. Le fait que Charles fût déjà marié – sans doute selon le rite germanique – avec Himilitrude, qui lui avait donné un fils, n'arrêta pas Didier. Le pape Étienne III s'émut. Il avait perçu la menace qui pesait sur l'État pontifical. Il savait que, sans l'appui des Francs, cet État ne pourrait survivre. Il écrivit à Charles et à Carloman pour leur rappeler les promesses de leur père et les engagements qu'il avait souscrits envers le Saint-Siège. Il les mit en garde contre une alliance avec le perfide roi des Lombards, alliance qu'ils n'avaient point le droit de contracter, en leur qualité d'héritiers de Pépin. Il rappelait qu'il était contraire aux usages de leur famille d'épouser des étrangères; qu'au surplus ils étaient déjà mariés. Cette lettre dont la fermeté masquait à peine l'angoisse ne produisit aucun effet. La reine Bertrade était gagnée à la cause de Didier.

Elle voulait l'alliance lombarde, bien qu'elle dût à la papauté son élévation au trône avec Pépin. Elle voyait dans cette alliance le moyen de réconcilier ses fils et d'assurer la paix en Occident. C'est ce que l'on a dit parfois, mais le comportement de Bertrade est équivoque et l'on ne saurait rien affirmer. En tout cas, que Bertrade ait ou non voulu la paix entre les princes, elle servait indirectement les ambitions de Didier. Le roi des Lombards la « manipulait ». Elle sut convaincre Charles d'épouser la princesse Désirée, en lui montrant les prétendus avantages de cette union. Charles se laissa abuser et donna son accord. Il accepta de sacrifier Himilitrude à la raison d'État. Cependant il avait donné le nom de Pépin au fils qu'elle avait mis au monde. La tradition carolingienne voulait que le fils aîné reçût le nom de son grand-père. Il en avait été ainsi de Charles, dont le grand-père était Charles Martel. Ce qui tend à prouver que Pépin (qui sera plus tard Pépin le Bossu) était un enfant légitime et Himilitrude, plus qu'une simple concubine. Cédant aux instances de sa mère, Charles se rendait parfaitement compte qu'il rompait avec la politique de son père ! Bien plus, il consentit à se rapprocher de Tassilon, bien que l'attitude de celui-ci fût inacceptable et qu'il se méfiât de lui. Pouvait-il, intelligent comme il l'était, ne pas comprendre que Tassilon travaillait à l'indépendance de la Bavière ? Bertrade, mère abusive, sut endormir ses soupçons, l'abuser de promesses illusoires.

Ayant obtenu gain de cause, elle se mit en route pour l'Italie. Elle passa toutefois par l'Alsace et rencontra Carloman à Salz. Puis elle se rendit en Bavière, où elle eut une entrevue avec Tassilon. Au cours de l'été 770, elle était en Lombardie, à la Cour du roi Didier. Elle trouva même le temps d'aller à Rome prier sur le tombeau de saint Pierre. Elle rentra ensuite en France, ramenant dans ses bagages Désirée, la princesse lombarde. Himilitrude, victime des combinaisons politiques de la reine mère, fut répudiée. Charles épousa Désirée pour les fêtes de Noël (770). Dès lors Didier fut persuadé qu'il parviendrait à réunifier l'Italie à bref délai. L'État pontifical était encerclé ; il avait perdu l'appui des Francs et le pape Étienne III manquait de caractère. Didier était alors à son apogée ; il pouvait se permettre de jeter le masque. En mars 771, il se dirigea vers Rome sous le prétexte d'y faire ses dévotions, avec une armée ! Le primicier Christophe et son fils Serge avaient naguère servi les intérêts lombards, mais, décelant les véritables intentions de Didier, ils s'étaient repris. Quand l'armée lombarde fut signalée, ils rameutèrent leurs partisans et firent irruption dans le palais du Latran. Didier y avait un complice : le conseiller Afiarta. Christophe et Serge s'emparèrent de ce personnage. Cependant Didier était entré dans Rome, sans coup férir. Étienne III fut pris de panique. Il sacrifia Christophe et Serge qui furent livrés aux Lombards. Afiarta leur creva les yeux et leur trancha la langue. Leurs partisans furent enfermés dans des monastères. Didier put se croire maître de Rome. Étienne III osa écrire à Charles et à sa mère que ses conseillers Christophe et Serge avaient tenté de l'assassiner ; qu'ils étaient entrés au Latran les armes à la main et que, sans le prompt secours du roi des Lombards, il eût péri. Et il ajoutait que Didier avait promis de lui rendre les villes qu'il détenait encore.

Charles aperçut alors la faute politique qu'il avait commise. Il comprit qu'en épousant Désirée il avait non seulement trahi le pape mais sa propre cause. La reine Bertrade perdit tout crédit et, si Charles ne lui retira pas son affection, il s'abstint désormais de la consulter. Elle ne joua plus aucun rôle. Désirée fut répudiée et renvoyée à son père à la fin de 771. Éginhard feint d'ignorer les causes de cette répudiation. Le moine de Saint-Gall la met sur le compte de la stérilité. Elle fut une mesure politique. En congédiant Désirée, Charles signifiait clairement au roi des Lombards qu'il condamnait ses projets et prenait la défense du pape. Agissant de la sorte, il rejoignait la ligne politique de son père. C'était un coup d'arrêt pour l'ambition de Didier.

Deux événements imprévisibles survinrent coup sur coup: la mort de Carloman et celle du pape Étienne III. Carloman mourut quasi subitement le 4 décembre 771, dans les environs de Laon. On l'inhuma selon ses désirs à Saint-Remi de Reims. Il laissait une veuve, la reine Gerberge, et deux fils. Ces derniers, bien qu'ils fussent en bas âge, pouvaient prétendre à l'héritage de leur père et régner sous la tutelle de Gerberge. Leur oncle Charles se trouvait à Corbeny, lorsqu'il apprit la mort de son frère. Ce lui fut un jeu de rallier à sa cause les principaux conseillers de Carloman: les comtes Adalard et Warin, l'abbé Fulrad, l'archevêque Wachaire. Et, comme l'écrit Éginhard, « il fut fait roi du consentement de tous les Francs ». Ce qui veut dire qu'il se fit reconnaître roi par les officiers et les fidèles du défunt Carloman. La reine Gerberge parvint à s'enfuir avec ses deux fils. Elle gagna l'Italie sous la protection du duc Aucher (l'Ogier des chansons de geste) et trouva asile auprès du roi des Lombards. Certains historiens crurent qu'elle était proche parente de Didier, ce qui est faux: Gerberge était issue de la noblesse franque.

Étienne III mourut en janvier 772. Les Romains le méprisaient en raison de sa lâcheté. Ils le rendaient responsable de l'intrusion des Lombards dans la Ville éternelle. L'élection d'Hadrien Ier[1] les combla d'aise. Il

1. Orthographe ancienne.

appartenait à l'une des premières familles de Rome. On vantait sa piété et sa charité. On le savait surtout résolu à défendre l'État pontifical et à ne point laisser les Barbares occuper Rome, car on haïssait viscéralement les Lombards. Didier sous-estima le pape Hadrien. Il se flatta de le manœuvrer aussi aisément qu'il l'avait fait d'Étienne III. Feignant la soumission, il sollicita perfidement son alliance. Ses envoyés affirmèrent qu'il était prêt à tenir ses promesses. Hadrien connaissait les ruses des Lombards et l'absence de scrupules de leur roi. Il consentit pourtant à l'envoi d'une ambassade à Pérouse. Didier crut la partie gagnée. Il n'attendit même pas l'arrivée des députés pontificaux pour réoccuper Comacchio, Ferrare et Fuenza. Ses troupes ravageaient déjà les environs de Ravenne. Afiarta s'était engagé à lui livrer Hadrien, en cas de besoin ! Le nouveau pape conserva son sang-froid. Il fit arrêter Afiarta en raison de ses crimes, et mit le roi des Lombards en demeure d'évacuer l'exarchat de Ravenne et de restituer les villes qu'il détenait indûment. Mais Didier se moquait des menaces d'Hadrien et du sort d'Afiarta ! Il oubliait un détail : Charles venait de réunifier le royaume franc ; il était désormais le souverain le plus puissant d'Occident et se préparait à mériter le beau nom de Charlemagne (Charles le Grand).

Il faut reconnaître que, de 768 à 772, mis à part l'expédition d'Aquitaine, rien ne laissait présager le glorieux destin qui serait le sien. Il donnait au contraire l'impression de manquer de caractère, d'être incertain, influençable, quelque peu naïf. La mort de Carloman venait de le révéler à lui-même.

DEUXIÈME PARTIE

LA MARCHE VERS L'EMPIRE

773-799

I

LA COURONNE DE FER

Charlemagne déploya une telle activité pendant la plus grande partie de son règne, il mena simultanément tant d'actions dans les domaines militaire, diplomatique, législatif et culturel, que cette abondance est un embarras pour l'historien. S'il respecte systématiquement la chronologie, il court le risque de déconcerter le lecteur en lui infligeant une inévitable confusion. Il est donc nécessaire de désenclaver les faits – dont certains sont au surplus la conséquence directe ou indirecte des autres – et de les regrouper par thèmes et par périodes. Pour donner un exemple : la guerre contre les Saxons dura de 772 à 804, cependant que Charlemagne était amené à combattre par ailleurs les Lombards, les Maures d'Espagne, les Avars, les Slaves, les Danois, les Bretons, mais trouvait aussi le temps de réformer l'administration, la justice, l'Église, l'enseignement des clercs et des laïcs, de parfaire sa propre culture, de débattre des questions théologiques avec les « académiciens » du palais, et de recevoir les ambassadeurs ! C'est cet homme extraordinaire – dont je souligne dès à présent la vitalité et le génie multiforme – qu'il faut tenter de saisir dans sa complexité, dans son ubiquité, endossant chaque année sa tenue de guerre, en voyage quasi perpétuel, ne s'accordant qu'un peu de repos pendant les mois d'hiver, mû par l'ambition du conquérant, mais aussi par une insatiable curiosité d'esprit, tour à tour et parfois tout ensemble longanime, cruel, bonhomme, majestueux, dévot, amateur de femmes, tendre avec celles-ci et avec ses enfants, ami chaleureux, bref étreignant la vie à pleines mains pour lui faire rendre tout ce qu'elle peut donner à un mortel : la gloire, la puissance et l'amour, avec le paradis au bout ! Un roi qui devient empereur, un empereur qui rivalise avec les basiléus, pour finir dans le calendrier des saints ! Il est vrai qu'en le canonisant l'Église acquittait une dette de reconnaissance : elle oublie rarement ses zélés serviteurs.

Que seraient devenus l'État pontifical et l'indépendance du pape si, dans les années 772-773, le roi des Lombards était parvenu à ses fins ? Qu'en eût-il été de la prééminence spirituelle de l'évêque de Rome ? Le roi Didier ne respectait même pas la donation consentie naguère par Pépin. Ses troupes occupaient l'exarchat de Ravenne et la Pentapole. Elles envahissaient à nouveau le duché romain. Ses avant-gardes approchaient de la Ville éternelle et Didier sommait le pape Hadrien Ier de lui ouvrir les portes, faute de quoi il la prendrait d'assaut. Le défunt Étienne III se fût affolé, mais Hadrien était d'une autre trempe, il ne perdit pas la tête. Il parvint à rameuter les soldats du duché de Rome et mit la ville en état de défense. En même temps, il expédiait, par mer, un envoyé à Charlemagne. Cet envoyé se nommait Pierre. Il était chargé de rejoindre le roi des Francs en toute hâte et de l'exhorter à secourir le Saint-Siège, en rappelant les interventions de Pépin le Bref.

Didier ne redoutait pas les Francs. Depuis la répudiation de Désirée, il affectait une attitude de défi à l'encontre de Charlemagne. Donnant asile à la veuve de Carloman et à ses fils, il avait essayé d'obtenir du pape le couronnement des deux enfants comme successeurs de leur père. Hadrien comprit que le roi des Lombards voulait dresser les neveux contre l'oncle et brouiller le Saint-Siège avec Charlemagne ; il opposa un refus. En agissant ainsi, Didier perdait toute chance d'obtenir la neutralité du roi des Francs. Mais il méconnaissait ses talents de chef de guerre. De plus il avait une confiance excessive en sa propre armée. Elle comptait, il est vrai, un grand nombre de cavaliers, l'élevage des chevaux prospérant en Lombardie. Elle était aussi disciplinée qu'on pouvait l'être à cette époque. Didier n'avait pas à craindre les désertions : quiconque s'abstenait de répondre à la convocation du roi s'exposait à de dures sanctions. Les guerriers lombards étaient bien armés, en majorité dotés de cuirasses. Leurs épées et leurs lances étaient de bonne qualité. Partout où ils avaient combattu, ils s'étaient signalés par leur bravoure : les Byzantins en savaient quelque chose ! Par surcroît, la barrière des Alpes protégeait la Lombardie de toute incursion : il suffisait de fortifier les « cluses », c'est-à-dire les passages. Enfin le roi Didier détenait de grandes richesses, lui permettant de récompenser les guerriers les plus valeureux et d'acheter du matériel.

Pierre, l'envoyé du pape, avait atteint sans encombre Marseille. Il rencontra Charlemagne à Thionville, en mars 773, et lui exposa la situation en termes pathétiques. Il l'invita à imiter son père. Il lui rappela que le pape Étienne II l'avait jadis sacré à Saint-Denis et qu'il lui avait décerné le titre de patrice de Rome, c'est-à-dire de défenseur des Romains et de l'État pontifical. Il évoqua aussi les intrigues de Didier relatives aux fils du défunt Carloman et la ferme réponse du pape Hadrien. Charlemagne l'écouta avec bienveillance et promit son aide. Toutefois, rendu prudent par l'expérience et ne sous-estimant nullement les forces de l'adversaire, il envoya trois émissaires en Italie : à la fois pour vérifier les dires de l'envoyé pontifical, étudier avec soin la situation et offrir à Didier un dédommagement de 14 000 sous d'or s'il consentait à lever le siège de Rome et à rendre les villes qu'il occupait. Didier rejeta cette offre avec mépris. Il se moquait de la menace franque.

Bien plus, il brûlait de régler ses comptes avec son ex-gendre.

L'armée franque se concentra à Genève en juillet 773. Charlemagne la divisa en deux corps, dont l'un fut placé sous le commandement de son oncle Bernard. Le franchissement des Alpes présentait les plus grandes difficultés, bien que l'on fût à la belle saison. L'armée composée de fantassins et de cavaliers portant de pesantes cuirasses était encombrée de chevaux de remonte, de lourds chariots chargés de bagages, de provisions et de matériel de siège. Les hommes récriminaient, encouragés par le « parti lombard ». Mais Charlemagne avait assez d'autorité pour empêcher les désertions. Les mécontents, les hésitants se résignèrent à le suivre. Il n'ignorait pas que Didier l'attendait au sortir des défilés et qu'il faudrait livrer bataille avant même d'envahir la Lombardie. Il savait aussi que les « cluses » avaient été fortifiées et bien pourvues de défenseurs. Il prit la route du Mont-Cenis avec le premier corps de bataille. Son oncle Bernard emprunta le chemin du Grand-Saint-Bernard. On imagine ces deux colonnes progressant lentement dans les défilés, avec les chevaux, les chariots, risquant par surcroît à tout instant d'être attaquées par l'ennemi. Charlemagne tenta une dernière démarche. Il invita à nouveau le roi des Lombards à rendre les villes qu'il détenait et à mettre fin au siège de Rome. Il maintenait son offre de dédommagement. Il se contentait même de la parole de Didier et de l'envoi de trois otages seulement en garantie. On peut se demander s'il n'abusait pas son adversaire en lui laissant croire qu'il redoutait un affrontement, ou s'il donnait une satisfaction toute théorique au « parti lombard ». Ce qui est certain, c'est qu'il avait déjà arrêté son plan. Ayant pris langue avec des montagnards, il connaissait l'existence d'un itinéraire détourné. Ces guides improvisés conduisirent une troupe d'élite, sans doute formée de volontaires, par des chemins jugés impraticables. Lorsque le gros de l'armée franque se trouva en face des Lombards, le corps de volontaires surgit brusquement et prit l'ennemi à revers. Plus tard Louis XIII aura recours à la même ruse de guerre et qui produira les mêmes effets! Les Lombards se crurent perdus et abandonnèrent la défense des « cluses ». Il fut impossible d'arrêter leur fuite, de les reformer. Les deux armées franques opérèrent leur jonction et s'avancèrent en Lombardie sans avoir à combattre. Renonçant, et pour cause, à livrer une bataille rangée, Didier s'était enfermé dans Pavie et son fils Adalgise dans la cité de Vérone. Ces deux villes, bien remparées et pourvues de fortes garnisons, étaient à même de soutenir un long siège. La capitale de la Lombardie passait même pour imprenable. Adalgise et Didier gardaient confiance, malgré la débandade de leur armée. C'était compter sans la duplicité bien connue des Lombards, « race fétide », écrivait naguère le pape Étienne II! Leurs « gastalds » (l'équivalent des comtes francs) se rendaient au lieu de résister à l'envahisseur. Ils préféraient conserver leur emploi. En outre Didier n'était pas un monarque héréditaire, mais élu: son pouvoir manquait d'assise. Les Francs arrivèrent devant Pavie en septembre 773. Charlemagne se contenta de bloquer étroitement la ville, espérant la réduire par la famine. Il se porta ensuite devant Vérone avec une partie de son armée. Le prince Adalgise y commandait. Il était résolu à se défendre. Les défections anéantirent ses efforts. Il parvint de justesse à fuir avant la reddition. La reine Gerberge et ses fils, leur protecteur Aucher tombèrent entre les mains de Charlemagne. Ce dernier retourna ensuite à Pavie. Mais, au lieu de tenter un assaut dont le résultat paraissait douteux, et qui eût saigné l'armée, il préféra achever la conquête de la Lombardie. En avril 774, le siège de Pavie durant toujours, il décida de faire ses Pâques dans la Ville éternelle. Ce fut du moins le prétexte qu'il invoqua, associant des motifs politiques précis à une indiscutable ferveur chrétienne. Le pape n'avait point invité le roi des Francs à se rendre à Rome, mais il ne pouvait empêcher un pèlerin de prier sur le tombeau de saint Pierre. Certes, il avait appelé Charlemagne au secours et ce dernier avait généreusement répondu à cet appel. Mais le pape Hadrien comprenait qu'après la chute de Pavie l'Italie aurait un nouveau maître, auréolé de surcroît par ses récentes victoires. Qu'adviendrait-il alors de l'affection zélée du roi très chrétien et de la donation de Pépin le Bref? De plus les cités du duché de Spolète et certaines villes de la Tuscie, secouant le joug lombard, venaient de se donner spontanément au Saint-Siège. Le duché de Spolète avait un nouveau titulaire, à la dévotion d'Hadrien. Le duc de Bénévent abandonnait la cause de Didier et regardait lui aussi vers Rome. Ce renversement de situation augmentait la perplexité du pape. Il était heureux d'être délivré de la menace lombarde, mais il redoutait de déplaire à Charlemagne et se méfiait de son ambition. Dès le 2 avril, avant d'autoriser le roi des Francs à entrer dans Rome, il exigea le renouvellement solennel de leur pacte d'alliance et d'amitié. Puis il mit tout en œuvre pour le séduire. Le *Liber pontificalis* rend compte de la réception fastueuse qu'il lui réserva. Charlemagne fut accueilli, à trente milles de Rome, par une escorte d'honneur de l'armée pontificale. Quand il fut à un mille, parurent les milices avec leurs officiers en tenue d'apparat, puis les écoliers de la ville agitant des palmes et des branches d'olivier, et chantant des cantiques. Quand s'approchèrent les porte-croix des sept provinces ecclésiastiques, Charlemagne descendit de cheval. Il n'était plus qu'un simple pèlerin. On le vit gravir lentement l'escalier qui conduisait à la basilique Saint-Pierre. Il baisa humblement chacune des marches. Le pape Hadrien l'attendait devant le triple porche de bronze. Il embrassa Charlemagne et, lui prenant la main, le mena vers la basilique séparée du porche par un vaste atrium. « Béni soit celui qui est venu au nom du Seigneur ! » entonnait le chœur. Pendant quatre jours Charlemagne assista aux offices de Pâques en compagnie d'Hadrien. Tout le cérémonial avait été réglé à la manière subtile et minutieuse des ecclésiastiques. Le pape tenait à honorer l'illustre pèlerin, autant que faire se pouvait. Il n'empêche que ce dernier était logé hors de la ville, à tout hasard ! Bien entendu, les journées n'étaient pas entièrement vouées à la prière et aux festins. On négociait. Les inquiétudes d'Hadrien s'apaisèrent. Le glorieux roi des Francs reconnaissait la suzeraineté pontificale sur le duché de Spolète. Il l'étendit même au duché de Bénévent et à la Vénétie. La donation de Pépin le Bref fut remplacée par un nouvel acte rédigé en bonne et due forme par le notaire royal Ithier. Charlemagne et ses grands jurèrent de le respecter. Une copie de l'acte fut solennellement placée sur le tombeau de saint Pierre. La possession d'un véritable État conférait au pape rang de souverain et, dans le contexte de l'époque, assurait sa prééminence sur la chrétienté. L'acte de 774, quand bien même on connaît les difficultés qu'il engendra par la suite, est capital dans l'histoire de l'Église. C'est à partir de cette date que Rome devint la vraie capitale de la chrétienté, et le pape, chef indiscuté de l'Église occidentale.

Ayant accompli ce « pèlerinage », Charlemagne regagna Pavie. Didier n'avait pu rompre le blocus. La faim et la maladie décourageaient les défenseurs. Les habitants étaient au bord de la rébellion. Le prince Adalgise battait la campagne avec une poignée de partisans ; il ne pouvait aider efficacement son père. Au début de juin (774), Didier se résigna à la capitulation. Il sortit de la ville avec la reine Ansa et implora la clémence du vainqueur. Charlemagne fit son entrée dans la ville. Il était accompagné par sa nouvelle épouse (la troisième !), la reine Hildegarde. C'était une toute jeune femme, issue d'une famille franque. Il l'aimait extrêmement et l'avait épousée, selon le droit canon, après la répudiation de Désirée. Le roi des Lombards s'étant rendu sans conditions, Charlemagne ne consentit pas à traiter avec lui. Didier avait trop souvent et trop gravement violé ses promesses pour que l'on pût croire à sa bonne foi. Lui laisser son trône, c'était exposer le pape à une nouvelle agression. Charlemagne l'estima déchu de ses droits, en raison même de la défaite qu'il venait de subir ! Le 5 juin, il coiffa donc ce qu'il est convenu d'appeler la couronne de fer[1]. Il était désormais roi de Lombardie, tout en conservant le titre sans équivoque de défenseur de Rome ! Adalgise mit bas les armes, mais, au lieu de se rendre, il s'enfuit à Byzance pour y attendre des jours meilleurs. Le basiléus le nomma patrice et le garda près de lui, dans l'espoir de l'utiliser contre le roi des Francs.

Charlemagne sut tempérer sa victoire par la modération. Il laissa leurs biens aux Lombards et leurs fonctions à ceux des galstads qui s'étaient abstenus de le combattre. Le trésor de Didier suffit à récompenser ses guerriers ! Il pardonna aux habitants de Pavie et de Vérone, mais laissa des comtes francs et des garnisons dans les principales villes. Ensuite il regagna triomphalement la France.

Ainsi la puissance lombarde s'était effondrée comme un château de cartes. Les pertes franques étaient insignifiantes. Charlemagne avait vaincu quasi sans combattre. Il n'avait pas livré une seule bataille rangée et Pavie avait succombé sans assaut. Cette facilité suggère que les Lombards n'avaient pas su se faire accepter par les autochtones, en dépit de leurs efforts ; qu'en outre le pouvoir de leurs rois était miné de l'intérieur. On aurait pu croire que, seuls, les Romains les haïssaient. Il était clair désormais que c'était le peuple italien tout entier qui les supportait difficilement et n'attendait qu'une occasion de secouer leur joug.

1. La couronne de fer qui subsiste et contient l'un des clous de la Croix est un travail postérieur au couronnement de Charlemagne comme roi des Lombards.

Quant à certains dignitaires lombards, ils ne pardonnaient pas à Didier, ci-devant duc de Toscane, son élévation à la royauté. Peut-être le prince Adalgise laissait-il cependant quelques regrets. En somme Charlemagne était considéré comme un libérateur. Il pouvait croire son nouveau royaume pacifié, et d'autant que le pape célébrait pompeusement ses louanges.

Mais la conquête avait été trop rapide, marquée par trop de soumissions suspectes. L'archevêque de Ravenne, Léon, supportait mal son assujettissement au pape. Il trouva un appui intéressé auprès de Rodgaud, duc de Frioul, et de la famille de celui-ci. Il fit fond sur le nationalisme d'Hildegaud, duc de Spolète, et d'Arichis, duc de Bénévent. L'éloignement de Charlemagne, dont on avait appris les difficultés avec les Saxons, l'enhardissait jusqu'à l'imprudence. Tenant pour nulle la donation faite par Charlemagne au pape Hadrien, il revendiqua l'indépendance de l'exarchat de Ravenne, dont il se prétendit le chef. Hadrien fit prévenir Charlemagne et lui demanda secours. Son envoyé fut assez habile pour convaincre le roi des Francs de la nécessité d'intervenir promptement: la révolte de l'archevêque de Ravenne et de Rodgaud risquait de faire tache d'huile. Charlemagne partit pour l'Italie dans les premiers mois de 776, avec une armée réduite mais composée de soldats d'élite. L'archevêque Léon n'avait pas attendu son arrivée pour se soumettre et solliciter son pardon. Le duc de Frioul s'opiniâtra, bien que sa situation fût sans espoir. Ni le duc de Spolète ni celui de Bénévent ne le soutinrent en quoi que ce fût. Une à une, ses villes tombèrent. Lui-même fut assassiné avec sa famille. Charlemagne confisqua les biens des rebelles et installa des comtes francs dans les cités du Frioul. Les Lombards venaient de comprendre qu'il ne leur restait plus qu'à obéir au nouveau roi d'Italie.

Didier et Ansa avaient été enfermés dans le monastère de Corbie. Le ci-devant roi y mourut « dans les veilles, les oraisons, les jeûnes, et en faisant beaucoup de bonnes œuvres ». Ansa fut alors autorisée à rentrer en Lombardie. On ignore ce que devinrent la reine Gerberge et les fils de Carloman. Il est probable qu'eux aussi disparurent dans l'ombre d'un couvent, où se perdirent leurs traces.

II

L'IRMINSUL

Ouvrons la *Vie de Charlemagne* par Éginhard: « Cette affaire finie[1], écrit-il, la guerre contre les Saxons, qui paraissait comme suspendue, recommença. Aucune ne fut plus longue, plus cruelle et plus laborieuse pour les Francs. Les Saxons, ainsi que la plupart des nations de Germanie, naturellement féroces, adonnés au culte des faux dieux, et ennemis de notre religion, n'attachaient aucune honte à profaner ou à violer les lois divines et humaines. Une foule de causes pouvaient troubler journellement la paix: à l'exception de quelques points où de vastes forêts et de hautes montagnes séparaient les deux peuples et marquaient d'une manière certaine les limites de leurs possessions respectives, nos frontières touchaient presque partout, dans le pays plat, celles des Saxons; aussi voyait-on le meurtre, le pillage et l'incendie se renouveler sans cesse tant d'un côté que de l'autre. Les Francs en furent si irrités qu'ils résolurent de ne plus se contenter d'user de représailles, et de déclarer aux Saxons une guerre ouverte. Une fois commencée, elle dura trente-trois ans sans interruption, se fit des deux parties avec une grande animosité, mais fut beaucoup

1. La guerre d'Italie et la révolte du duc de Frioul.

plus funeste aux Saxons qu'aux Francs. Elle aurait pu cependant finir plus tôt, si la perfidie des Saxons l'avait permis. Il serait difficile de dire combien de fois, vaincus et suppliants, ils s'abandonnèrent aux volontés du roi, promirent d'obéir à ses ordres, remirent sans retard les otages qu'on leur demandait, et reçurent les gouverneurs qu'on leur envoyait. Quelquefois même, totalement abattus et domptés, ils consentirent à abandonner le culte des faux dieux et à se soumettre au joug de la religion chrétienne ; mais autant ils se montraient faciles et empressés à prendre ces engagements, autant ils étaient prompts à les violer ; si l'un leur coûtait plus que l'autre, il serait impossible de l'affirmer ; et en effet, depuis le moment où les hostilités commencèrent contre eux, à peine s'écoula-t-il une année sans qu'ils se rendissent coupables de cette mobilité. Mais leur manque de foi ne put ni vaincre la longanimité du roi et sa constante fermeté d'âme dans la bonne comme dans la mauvaise fortune, ni le dégoûter de poursuivre l'exécution de ses projets. Jamais il ne toléra qu'ils se montrassent impunément déloyaux ; toujours il mena son armée ou l'envoya, sous la conduite de ses comtes, châtier leur perfidie et les punir comme ils le méritaient… »

Étrange façon de rendre compte d'une guerre de conquête travestie en « croisade » ! Cependant quel que soit le désir d'Éginhard de justifier Charlemagne, on le sent embarrassé. Il n'ose dissimuler la longueur exceptionnelle de cette guerre, ni les atrocités qui furent commises, et qu'il impute à la déloyauté des Saxons. Il loue Charlemagne de sa constance et de son obstination, puisqu'il écrit ce livre dans l'intention de le glorifier. Il lui faut donc expliquer tendancieusement la résistance héroïque de l'adversaire et les massacres qu'elle provoqua. Pourtant le commentaire d'Éginhard avait sa place au début du présent chapitre, car il traduit bien les difficultés auxquelles se heurta Charlemagne. À la vérité, la résistance saxonne était une hydre aux têtes sans cesse naissantes !

Il faut rappeler ici que le problème saxon faisait partie de l'héritage laissé par Pépin le Bref. Au temps de leur apogée, les Mérovingiens avaient eu déjà maille à partir avec ce peuple. Charles Martel l'avait combattu vigoureusement. Pépin le Bref avait fait de même. Cependant, jusqu'à Charlemagne, il ne s'était agi que d'opérations de représailles. Bien que les Saxons eussent accepté de payer à Pépin un tribut de cinq cents vaches, puis de trois cents chevaux, leur soumission était illusoire ; elle n'intéressait qu'en partie leur nation. Les incursions en territoire franc succédaient généralement aux expéditions punitives. Éginhard laisse entendre que les frontaliers francs ne valaient guère mieux que leurs indésirables voisins et que les incidents se multipliaient.

Le territoire saxon bordait en effet la Thuringe, la Hesse et la Rhénanie. Il s'étendait de la mer du Nord au massif du Harz. C'était une vaste et rude plaine qui s'élevait des marécages septentrionaux jusqu'aux plateaux du Midi, coupée de forêts compactes et de nombreuses rivières. Quatre peuples principaux composaient la population : les Nordalbingiens qui occupaient la région de l'Elbe et avaient pour voisins les Slaves ; les Westphaliens à l'ouest, voisins des Frisons et des Rhénans ; les Angrariens au centre, voisins des Hessois, et les Ostphaliens au sud-est, voisins des Thuringiens. Ces quatre peuples avaient la même organisation sociale, la même langue et le même culte, mais étaient autonomes. Ils n'avaient ni centre politique ni centre religieux. Les Saxons tenaient de toutes leurs fibres à l'ancienne Germanie. Ils étaient soldats de naissance et agriculteurs-éleveurs par nécessité. La société se divisait en trois classes : les nobles, les hommes libres et les lites dont le statut était intermédiaire entre celui des esclaves et celui des affranchis. En cas de conflit, les nobles encadraient les guerriers-paysans et élisaient leur chef. Les Saxons étaient résolument païens. Ils vénéraient les anciens dieux germaniques et leur cortège de demi-dieux, mais aussi les sources et les arbres. Ils pratiquaient des sacrifices humains. Ils sacrifiaient aussi des chevaux et des bœufs. Ils croyaient aux sorciers et aux devins. Autour de leurs frustes sanctuaires, ils enterraient des objets précieux, d'or ou d'argent, offrandes à la divinité dont ils demandaient la protection ou qu'ils remerciaient au retour d'une expédition fructueuse. Saint Willibrord et saint Boniface s'étaient vainement intéressés à eux. Les missionnaires qu'ils leur avaient envoyés revenaient découragés. Beaucoup d'entre eux périrent obscurément, martyrisés par ces féroces païens. Les conversions qu'ils obtenaient étaient éphémères. Pourtant les papes attachaient le plus grand prix à l'évangélisation de ces peuples. On peut penser qu'Hadrien Ier évoqua ce problème avec Charlemagne, lors de leurs entretiens de 774, et même qu'il lui traça la route à suivre. L'intérêt spirituel de l'Église coïncidait une fois de plus avec l'intérêt temporel du roi très chrétien. Il fut aisé de persuader Charlemagne de conquérir un vaste territoire, cependant que les missionnaires tireraient les âmes païennes des griffes du démon.

Il avait d'ailleurs lancé une première expédition en 772 (donc avant d'envahir la Lombardie). Les Saxons d'Angrarie avaient pillé et incendié l'église de Deventer, dans la Thuringe. Parti de Worms, où il avait tenu l'assemblée annuelle des Francs, Charlemagne envahit l'Angrarie, bousculant les Saxons, pillant et dévastant tout sur son passage. Il prit et brûla le château d'Eresburg, dans les parages duquel s'élevait un sanctuaire païen appelé l'Irminsul. Ce n'était qu'une colonne probablement consacrée au dieu de la Guerre. Les offrandes d'or et d'argent furent enlevées. L'Irminsul fut abattu. Les érudits disputent sur le point de savoir si cette colonne représentait vraiment le dieu de la Guerre ou le Germain Arminius, vainqueur des légions romaines commandées par Varus, et révéré comme un héros national. Le fait est que les lieux environnants portent des noms étranges : champ de la Victoire (Wintefeld), ruisseau de Sang (Rodenbach), ruisseau des Os (Knochenbach), camp des Romains (Feldrom). Ces détails échappèrent aux guerriers francs. La récolte effectuée au pied de l'Irminsul les comblait d'aise. Quant aux missionnaires qui suivaient l'armée, ils applaudissaient au renversement de cette idole. Charlemagne marcha ensuite vers la Weser. Une délégation de nobles saxons se présenta à lui. Ils offraient leur soumission et promettaient de respecter désormais le territoire franc et ses sanctuaires. Charlemagne exigea la remise immédiate de douze otages. Les Saxons y consentirent volontiers. Charlemagne sortit de Saxe, apparemment vainqueur.

Le sachant occupé en Italie, avec la plus grande partie de ses effectifs, les Saxons violèrent allégrement leurs promesses et reprirent leurs incursions dans la Hesse. En septembre 774, Charlemagne lança contre eux quatre fortes colonnes. Les Francs tuèrent tout ce qu'ils rencontrèrent, razzièrent les troupeaux, saccagèrent les cultures, incendièrent récoltes et maisons. Ce n'était là qu'un hors-d'œuvre.

En janvier 775, Charlemagne réunit les grands et la prélature du royaume dans sa résidence de Quierzy. La décision fut prise de mener une guerre implacable contre cette « race perfide et infidèle aux traités », et de la convertir au christianisme. On croyait, ou on voulait croire, que la foi chrétienne conforterait les promesses consenties par les ci-devant païens. Le roi très chrétien et ses guerriers devenaient en somme des croisés avant la lettre. Une fois de plus, il faut souligner que nous ne pouvons juger selon notre époque : si tant est que, jusqu'ici, elle nous en donne le droit ! Un formidable appétit de terre et de puissance habitait Charlemagne, mais, en conquérant la Saxe, il croyait en toute bonne foi servir le Christ. Ses guerriers n'étaient pas moins avides, mais ils se croyaient aussi les soldats de l'Église et, certes, d'une certaine manière ils l'étaient, puisque les missionnaires travaillaient à l'ombre des épées.

Charlemagne avait préparé avec soin l'expédition décidée à Quierzy, et réuni une armée considérable. La campagne de 775 ne devait ressembler à aucune de celles qui la précédaient. Il ne s'agissait plus de punition mais d'invasion. Les Francs entrèrent en Westphalie pendant le mois d'août et poussèrent droit devant eux jusqu'à la Weser. Ils avaient renversé l'armée saxonne au premier choc. Les massacres et les dévastations habituels jalonnèrent leur parcours. Charlemagne fit occuper par une garnison le château de Sigeburg, emporté d'assaut, et celui d'Eresburg. Il fit bâtir une église à Sigeburg. Les Saxons ne purent l'empêcher de traverser la Weser. Son avant-garde atteignit l'Ocker. Les Ostphaliens et les Angrariens, terrorisés, implorèrent la paix. Leurs chefs jurèrent fidélité à Charlemagne et lui livrèrent des otages. Cependant les Westphaliens, malgré les pertes qu'ils avaient subies, ne désarmaient pas. Ils surprirent l'arrière-garde franque dans son camp de Lübbecke et firent un grand massacre des soldats surpris dans leur sommeil. Charlemagne accourut et châtia impitoyablement les Westphaliens. Ces derniers demandèrent la paix pour éviter une extermination totale, prêtèrent eux aussi serment et livrèrent des otages. Charlemagne évacua la Westphalie en octobre, mais en laissant des garnisons dans les forteresses qui avaient été prises.

La Saxe paraissait soumise. Seuls, les Nordalbingiens, occupant un territoire au-delà de l'Elbe, n'avaient pas demandé la paix, mais ils se tenaient tranquilles. Charlemagne connaissait la mentalité des Saxons et se méfiait de leur apparente soumission. Ils pliaient devant l'adversité, mais relevaient la tête à la première occasion. Et, précisément, l'occasion se présentait! C'était le moment où l'archevêque de Ravenne et son ami, le duc de Frioul, se révoltaient contre le pape Hadrien, remettant en cause la donation de Charlemagne et la domination franque en Italie. On sait avec quelle facilité et avec quelle promptitude Charlemagne réprima cette tentative de rébellion. Pendant son absence, les Saxons se jetèrent sur la forteresse d'Eresburg et la reprirent. Ils mirent ensuite le siège devant le château qui protégeait l'église de Sigeburg, mais échouèrent. Charlemagne regagna la France en juillet 776. Il rassembla en toute hâte une armée et tomba comme la foudre sur les imprudents Saxons. Ils n'essayèrent même pas de résister. Le retour inattendu du roi des Francs les frappa de stupeur. Il put s'avancer jusqu'à la Lippe, au cœur du territoire angrarien, sans livrer un seul combat. La terreur qu'il inspirait aux populations suffit à provoquer des conversions massives. Les Saxons voyaient dans leur adhésion au christianisme le plus sûr moyen d'obtenir leur pardon.

L'année suivante (en juin ou juillet), il tint l'assemblée des grands à Paderborn, au centre de l'Angrarie. Il y convoqua les chefs saxons. Le choix de Paderborn était intentionnel. D'ores et déjà Charlemagne se considérait comme le maître de la Saxe. L'assemblée de Paderborn équivalait à une prise de possession. Les nobles saxons y participèrent en tant que vassaux du roi. Tous répondirent à la convocation, sauf un certain Widukind qui s'était par prudence réfugié chez les Danois. Le rédacteur des *Annales royales* écrit qu'« ils se remirent entre les mains du roi avec tant de soumission qu'ils méritèrent leur grâce, mais à cette condition toutefois que, s'ils rompaient leurs engagements, ils seraient privés de leur patrie et de leur liberté. Un grand nombre d'entre eux se firent baptiser en cette occasion; mais c'était avec des intentions bien peu sincères qu'ils avaient témoigné vouloir devenir chrétiens ». Ils avaient amené leurs femmes et leurs enfants.

La foule, impressionnée par l'appareil guerrier et le luxe de la Cour, se pressait autour des prêtres et des moines pour recevoir le baptême. Charlemagne apparaissait comme un surhomme, l'égal de ces héros-demi-dieux qui hantaient le panthéon germanique. On croyait aussi qu'il y avait beaucoup à gagner en servant le dieu dont il se disait le lieutenant et d'autant que les anciens protecteurs de la race saxonne, les démons des eaux et des bois, semblaient l'avoir abandonnée. De toute façon, ces conversions, pour suspectes qu'elles parussent, servaient la cause de Charlemagne. Car la guerre saxonne, il faut à nouveau insister sur ce point, était aussi religieuse que politique. C'était la lutte du paganisme contre le christianisme, d'autant plus acharnée et cruelle qu'il ne s'agissait pas seulement d'intérêts matériels.

Charlemagne avait trop de réalisme pour se bercer d'illusions. Il savait que les bons effets de l'assemblée de Paderborn ne dureraient pas. Il transforma donc le sud de la Westphalie, en deçà de la Lippe et du Diemel, en camp retranché. Il fortifia les châteaux préexistants (Eresburg et Sigeburg), construisit une forteresse à Paderborn. Ainsi les régions de Hesse et de Thuringe, leurs églises et leurs monastères seraient-ils désormais à l'abri des incursions saxonnes. Ce n'était dans l'esprit de Charlemagne que la première étape d'une inéluctable conquête. Il avait parfaitement compris que les frontières orientales du royaume ne seraient pas assurées tant que la Saxe n'aurait pas été entièrement annexée. Regagnant son royaume, il laissait aux missionnaires, aux moines des couvents de Fulde et de Fritzlar le soin de conquérir les âmes, notamment à l'abbé Sturm, disciple de saint Boniface. C'était une besogne délicate et périlleuse, mais Sturm et la plupart de ses moines avaient l'étoffe des héros. Le martyre subi par leur saint patron exaltait leur courage.

Arrêtons-nous un instant pour examiner l'œuvre accomplie par Charlemagne en neuf ans de règne. Il a dompté la rébellion d'Aquitaine, délivré le pape de l'oppression du roi Didier, conquis la Lombardie, réduit à rien la révolte du duc de Frioul, conduit trois campagnes en Saxe, annexé le sud de la Westphalie, ouvert aux envoyés du Christ de vastes perspectives, accru son autorité par de constantes victoires et conquis la réputation de premier chef de guerre de son temps. Le plus admirable est qu'il reste identique à lui-même. Ni la gloire ni la puissance ne parviennent à l'aveugler, ne lui enlèvent son pragmatisme. Il sait que rien n'est jamais acquis, que tout est toujours à recommencer, s'agissant d'entreprises humaines. Il sait aussi que les réussites trop promptes, trop spectaculaires, sont les plus aléatoires. Il ne compte pas sur la fidélité des Saxons et se méfie des Lombards.

III

LE COL DE RONCEVAUX

Les Maures (ou Sarrasins) occupaient la péninsule Ibérique, à l'exception du petit royaume des Asturies à l'extrême nord-ouest, royaume où s'étaient réfugiés ceux des chrétiens qui avaient échappé à l'invasion arabe. Le roi des Asturies luttait pied à pied pour défendre l'indépendance de son État. Charlemagne n'avait pas oublié la victoire de Poitiers ni la difficile libération de la Provence. Il révérait la mémoire de Charles Martel, son grand-père. Pépin le Bref avait reconquis Narbonne et la Septimanie. Cependant, malgré la barrière des Pyrénées, la frontière avec l'Espagne (ou plutôt avec l'émirat de Cordoue) restait exposée aux razzias. Charlemagne savait que les émirs de Cordoue n'avaient point renoncé à occuper cette province, non seulement en raison de sa prospérité, mais parce qu'elle formait une tête de pont dans le royaume franc, une base logistique à partir de laquelle il était aisé de lancer des colonnes de pillards. Mais il n'ignorait pas non plus les rivalités politiques qui affaiblissaient militairement l'émirat. Or, à l'assemblée de Paderborn, se présenta une délégation sarrasine, conduite par le gouverneur de Barcelone, Soliman ben Alarabi. Ce dernier était en rébellion ouverte contre l'émir de Cordoue. Il se mit sous la protection de Charlemagne et s'engagea à lui livrer les principales places fortes du nord de l'Espagne, dont Pampelune et surtout Saragosse. On dut trouver étrange que le roi très chrétien consentît à recevoir les pires ennemis du catholicisme et s'abaissât à négocier avec eux. Mais, jadis, Pépin le Bref n'avait-il pas reçu les envoyés du calife de Bagdad ? Charlemagne vit dans la proposition de Soliman une occasion inespérée de consolider la frontière d'Aquitaine. Il conçut le projet d'établir une marche dont les points d'appui seraient Pampelune, Saragosse et Barcelone. L'opération semblait réalisable, à condition toutefois que Soliman tînt ses promesses. La campagne fut donc rapidement décidée. Les guerriers avaient toute confiance dans les talents de stratège de Charlemagne. En outre la perspective de régler leurs comptes avec les Maures d'Espagne et de faire main basse sur leurs richesses ne leur déplaisait pas. Ils se souvenaient eux aussi des sinistres razzias, des pillages et des massacres en terre franque !

Charlemagne célébra les fêtes de Pâques à Chasseneuil (en Charente) et, laissant la reine Hildegarde qui était enceinte du futur Louis le Pieux, partit pour l'Espagne. On était à la fin d'avril 778. Charlemagne avait rassemblé une armée considérable, composée d'Austrasiens, de Neustriens, de Bourguignons, de Provençaux, de Lombards, et bien entendu d'Aquitains. Il avait convoqué ses vassaux les plus importants. Il emmenait aussi plusieurs des grands officiers de son palais. Ce qui tend à prouver que, tout en faisant fond sur les promesses de Soliman, il ne sous-estimait pas les difficultés. Il avait divisé son armée en deux corps, dont l'un devait entrer en Espagne par la Navarre et l'autre, par la Septimanie. Le franchissement des cols pyrénéens était alors aussi malaisé que celui des cols alpins. En direction de la Navarre, les défilés présentaient un danger supplémentaire. C'était en effet la contrée que les Basques habitaient. Ils n'étaient pas sûrs. Leur soumission à l'autorité franque n'était que de surface. Ils avaient été les meilleurs soldats de Waïfre d'Aquitaine, les derniers fidèles d'Hunald. Ils virent, sans plaisir, Charlemagne entrer en Espagne, mais les Francs étaient trop nombreux pour être attaqués, fût-ce au détour d'une gorge ! Ils s'abstinrent donc, provisoirement, de manifester leur hostilité.

Charlemagne arriva sous les murs de Pampelune, qui ouvrit ses portes sans opposer la moindre résistance. De son côté, Soliman s'était emparé de Saragosse ; il avait même battu une armée de l'émir de Cordoue. Huesca fit sa soumission. À l'ouest, Girone et Barcelone s'étaient pareillement rendues. Les deux armées franques purent alors faire leur jonction et marcher de conserve vers Saragosse. Charlemagne comptait y entrer sans combat, puisque Soliman en était désormais le maître. La possession de cette ville puissamment fortifiée était déterminante pour lui. Saragosse contrôlait le cours de l'Èbre et les routes vers les Pyrénées. Il comptait en faire le principal poste frontière. Ce fut alors que Soliman retourna sa veste, soit qu'il fût saisi de remords et répugnât à livrer la ville aux chrétiens, soit que ses partisans l'eussent abandonné. Charlemagne ne put prendre la ville. On ne sait pas d'ailleurs exactement ce qui se passa, si l'armée franque fut ou non battue. Le mutisme des chroniqueurs, ou leurs explications embarrassées autorisent toutes les hypothèses. Ce qui est certain, c'est que Charlemagne ne pouvait se permettre un siège en règle. Il venait de recevoir des nouvelles désastreuses des frontières de l'Est : la Saxe entrait à nouveau en combustion ; le pire était qu'elle venait de se donner un chef suprême ; toute la région du Rhin était à feu et à sang ! L'armée franque remonta vers le nord-ouest. Avant de s'engager dans les Pyrénées, Charlemagne fit démanteler les remparts de Pampelune. L'avant-garde et le principal corps de bataille passèrent sans difficulté. Les Basques ne s'intéressaient qu'à l'arrière-garde escortant les chariots chargés de matériel, de vivres et de butin. Ils s'embusquèrent de part et d'autre du col de Roncevaux et se ruèrent soudain sur les Francs. Ces derniers ne purent se déployer selon leur tactique habituelle ni utiliser leur cavalerie. Ils furent submergés par le nombre et périrent jusqu'au dernier, après une défense héroïque. Les Basques pillèrent les chariots et, à la faveur de la nuit, se dispersèrent. Cette bataille eut lieu le 15 août 778, si l'on se réfère à l'épitaphe d'Egghiard. C'était l'échanson de Charlemagne et l'un des commandants de l'arrière-garde. Anselme, comte du palais, et le préfet de la marche de Bretagne, Roland, s'étaient sacrifiés avec lui. Charlemagne fut, semble-t-il, alerté trop tard. Il put faire enterrer les morts, mais non châtier les Basques disséminés dans leurs repaires. D'ailleurs il ne lui était guère loisible de s'attarder. Mieux valait dans la conjoncture remettre à plus tard le châtiment des coupables et les projets touchant à la marche d'Espagne. À Saragosse, Soliman avait été tué. L'émir de Cordoue reprit la ville. Il en fut de même de Barcelone et de Huesca. Le bilan de la campagne se soldait donc par un échec.

L'épisode de Roncevaux fit grand bruit. L'orateur des *Annales royales* écrit : « Ce cruel revers effaça presque entièrement dans le cœur du roi la joie des succès qu'il avait obtenus en Espagne. » Curieuse manière de nuancer la vérité, mais le chroniqueur en question devait rédiger une histoire officielle du règne de Charlemagne... Le fait qu'Éginhard ait consacré un chapitre entier à l'affaire de Roncevaux souligne au contraire l'importance exceptionnelle qu'elle revêtit aux yeux des contemporains. Le voici dans son intégralité :

« Tandis que la guerre contre les Saxons se continuait assidûment et presque sans relâche, le roi, qui avait réparti ses troupes sur les points favorables de la frontière, marche contre l'Espagne à la tête de toutes les forces qu'il peut rassembler, franchit les gorges des Pyrénées, reçoit la soumission de toutes les villes et de tous les châteaux devant lesquels il se présente, et ramène son armée sans avoir éprouvé aucune perte, si ce n'est toutefois qu'au sommet des Pyrénées il eut à souffrir un peu de la perfidie des Basques. Tandis que l'armée des Francs, engagée dans un étroit défilé, était obligée, par la nature du terrain, de marcher sur une ligne étirée et resserrée, les Basques, qui s'étaient embusqués sur la crête de la montagne (car l'épaisseur des forêts dont ces lieux sont couverts favorise les embuscades), descendent et se précipitent tout à coup sur la queue des bagages, et sur les troupes d'arrière-garde chargées de couvrir tout ce qui précédait, et les culbutent au fond de la vallée. Ce fut là que s'engagea un combat opiniâtre dans lequel tous les Francs périrent jusqu'au dernier. Les Basques, après avoir pillé les bagages, profitèrent de la nuit, qui était survenue, pour se disperser rapidement. Ils durent, dans cette rencontre, tout leur succès à la légèreté de leurs armes et à la disposition des lieux où se déroula l'action. Les Francs au contraire, pesamment armés et placés dans une situation défavorable, luttèrent avec trop de désavantages. Egghiard, maître d'hôtel du roi, Anselme, comte du palais, et Roland, préfet des marches de Bretagne, périrent dans ce combat. Il n'y eut pas moyen, dans le moment, de tirer vengeance de cet échec, car, après ce coup de main, l'ennemi se dispersa si bien qu'on ne put recueillir aucun renseignement sur les lieux où il aurait fallu le chercher. »

Dans la merveilleuse *Chanson de Roland*, dont l'épisode de Roncevaux est le point culminant, Roland est devenu le propre neveu de l'empereur à la barbe fleurie. Il est fiancé à la belle Aude. Sous la plume du vieux Turold, les Basques félons se métamorphosent en Maures accourus d'Espagne. « J'ai vu les païens, s'écrie le sage Olivier. Jamais personne au monde n'a pu en voir plus ! Ils sont devant nous cent mille avec leurs écus, revêtus de leurs heaumes lacés et de leur armure blanche, droites leurs lances et luisants leurs sombres épieux ! Vous aurez bataille comme jamais vous n'avez eue, seigneurs français. Dieu vous donne sa force !

Tenez vos positions pour que nous ne soyons vaincus! Les Français répondent: Honte à qui fuira! Il n'en manquera pas un devant la mort!... »

Le parallèle avec la relation d'Éginhard est saisissant. Olivier adjure Roland de sonner du cor pour appeler à l'aide. « Je ferais folie, réplique Roland, et perdrais ma renommée en douce France. Durandal va frapper de grands coups et sa garde sera trempée de sang. C'est pour leur malheur que ces félons de païens sont venus dans ce défilé. Je vous promets que tous sont jugés à mort. »

Le combat s'engage. Roland voit mourir ses amis, les uns après les autres. Il est trop tard quand il se résigne à sonner du cor. Blessé à mort, il s'étend sous un pin et tourne son visage vers l'Espagne: « De plusieurs choses le souvenir lui revient: de toutes les terres qu'il a conquises, de la douce France, des hommes de son lignage, de Charlemagne, son seigneur qui l'a élevé. Il ne peut s'empêcher de soupirer et de pleurer, mais il pense à son salut, se repent de ses fautes et demande pardon à Dieu: "Vrai Père, qui jamais ne mentit, qui ressuscita saint Lazare et sauva Daniel des lions, sauve aussi mon âme de tous les périls auxquels les péchés que j'ai commis en ma vie l'exposent!" Et saint Gabriel vient prendre le gant que le moribond offre à Dieu.

« Charlemagne a entendu le son du cor. Il redoute le pire et marche en grande hâte. Il voit soudain l'herbe ensanglantée, les corps des guerriers privés de vie. Il trouve entre deux arbres celui de Roland. Il ne peut retenir sa douleur, met pied à terre, étreint le cadavre de son neveu et s'évanouit. Quand il reprend connaissance, il dit: "Roland, mon ami, que Dieu mette ton âme parmi les fleurs du paradis..." »

Cette belle histoire enchanta, que dis-je! exalta des générations. Elle devint une sorte de bible de la chevalerie et donna naissance à la légende de Charlemagne. Elle reste un mirage auquel il est facile de céder, par le cœur sinon par l'esprit, car elle recèle encore on ne sait quelle mystérieuse palpitation et garde trace de ce que fut la France de ce temps-là, une terre désormais lointaine, au large de notre vie quotidienne.

Pour en revenir à la marche d'Espagne, car la prose succède inéluctablement aux vers, Charlemagne différa sa vengeance pendant plus de trente ans, attendit jusqu'en 812 pour établir enfin une zone fortifiée entre l'Aquitaine et l'émirat de Cordoue.

IV

WIDUKIND

Pour Charlemagne, 778 fut une année de crise. L'échec de la campagne contre les Maures d'Espagne battait en brèche sa réputation d'invincibilité. L'Italie s'agitait : il apparaissait que les Lombards supportaient malaisément la domination franque. Appuyé par l'empereur byzantin, le prince Adalgise persistait à revendiquer le trône de son père et nouait d'obscures intrigues à Naples et à Venise. Ses agents secrets agissaient auprès du duc de Bénévent et du duc de Spolète. Le pape Hadrien réclamait les territoires qui lui avaient été promis, une indépendance que Charlemagne n'entendait pas lui accorder. Les Romains récriminaient. Bref, une remise en ordre s'imposait. Cependant Charlemagne, s'il percevait la nécessité de retourner en Italie afin de régler les problèmes quand il en était encore temps et d'imposer son autorité avec vigueur, se devait de différer ce voyage. La révolte saxonne l'avait contraint à abandonner le siège de Saragosse. Il importait de châtier les coupables le plus vite possible, sinon il eût perdu la face. À l'incitation de Widukind, les Saxons avaient envahi le territoire franc, incendié et pillé les villes et les villages de la rive droite du Rhin, de Deutz à Coblence. On sait peu de chose de ce Widukind, sinon que c'était un noble de Westphalie, dont la famille possédait de grands biens. Il était animé par un patriotisme farouche ; il haïssait les Francs non seulement parce qu'ils étaient les ennemis héréditaires des Saxons, mais parce qu'ils étaient chrétiens. Il vouait la même haine méprisante à ceux de ses compatriotes qui, par lâcheté ou par ruse, s'étaient convertis. J'ai écrit plus haut qu'avec lui la Saxe s'était donné un chef suprême. Il est plus exact de dire qu'il fut le chef et l'inspirateur de la résistance saxonne. Qu'il soit devenu par la suite un héros national, révéré comme tel, c'est un fait. Toutefois, dans la réalité, il ne parvint jamais à unir les quatre peuples saxons contre Charlemagne, ni même à rassembler de grandes armées. Ce n'est pas le Vercingétorix de la Germanie et il ne valait certainement pas le vainqueur du consul Varus au temps de la grandeur romaine ! Cependant on perçoit sa présence, on discerne son action, jusqu'à la reddition finale. Son opiniâtreté n'avait d'égale que sa duplicité.

Lorsque Charlemagne fut revenu d'Espagne, il était trop tard pour envisager une opération d'envergure. Il mobilisa seulement les Francs de l'Est et les Alamans, qui étaient en somme les principaux intéressés. Dès que ces derniers parurent sur la rive droite du Rhin, les Saxons s'enfuirent vers la Westphalie. Ils ne cherchaient point à conquérir un territoire, mais à butiner et détruire. Les Francs surprirent une de leurs bandes qui fut exterminée.

L'année suivante (779), Charlemagne prit lui-même la tête de l'armée et se rua sur la Westphalie. Ce fut en vain que les Westphaliens tentèrent de l'arrêter. Charlemagne traversa leur territoire, répandant la terreur et la destruction. Il poussa plus avant, atteignit les rives de la Weser. Les Angrariens et les Ostphaliens s'affolèrent. Pour éviter les représailles, ils oublièrent les exhortations de Widukind, s'empressèrent de renouveler leur soumission, de livrer des otages et de demander le baptême.

Une fois de plus la Saxe paraissait soumise, mais Charlemagne savait désormais ce que valaient les promesses de ce peuple. Il hiverna cette année-là, non dans l'une de ses résidences habituelles, mais à Worms. Se sentant surveillés, les Saxons se tinrent tranquilles. Néanmoins, au printemps de 780, le roi des Francs se dirigea vers la Lippe avec une puissante armée. Il franchit cette rivière et s'avança jusqu'à l'Elbe, c'est-à-dire jusqu'à la frontière slave. Sur son passage les mêmes scènes se renouvelaient: soumissions, serments de fidélité, remises d'otages et baptêmes en masse. Pareil succès pouvait faire illusion. Pourtant il est certain que le paganisme régressait peu à peu, si fragiles que fussent ces conversions quasi obligatoires. Les moines secondaient les soldats en répandant la bonne parole. Ils avaient alors pour chef Willehad, un Anglo-Saxon qui avait remplacé Sturm mort en 779. Partout, Willehad bâtissait des églises, même dans la partie la plus septentrionale de la Saxe.

La situation semblait si calme que Charlemagne put enfin se rendre en Italie[1]. Il y passa l'hiver de 780-781. Les Francs « se reposèrent » pendant l'année 781 ; le fait parut si exceptionnel que les chroniqueurs ne manquèrent pas de le mentionner. Charlemagne ne s'endormait pas dans une fausse sécurité. Il avait d'ailleurs pris une décision de grande importance. Il reparut en Saxe en 782, pour y tenir une assemblée analogue à celle de Paderborn. Il s'agissait cette fois d'organiser administrativement la conquête. Le territoire fut divisé en comtés. Ce furent des nobles saxons que choisit Charlemagne. Il les transforma en fonctionnaires royaux, leur octroyant des responsabilités et des pouvoirs analogues à ceux des comtes francs. Cette faveur avait sa contrepartie. Elle signifiait que Charlemagne considérait désormais la Saxe comme définitivement soumise. Il l'annexait, comme il l'avait fait de la Lombardie. Il comptait par là même agréger les Saxons à son armée. Cette initiative était prématurée.

1. Voir le chapitre V: Pépin d'Italie.

Dès que Charlemagne eut regagné la Gaule, la situation se retourna. Widukind avait à nouveau quitté son repaire danois. Il prêchait ce qu'il faut bien appeler « une guerre sainte » au nom des dieux germaniques. Il parvint de la sorte à recruter des partisans résolus et même à éveiller un semblant de patriotisme. Ses adeptes s'en prirent aux missionnaires, renversèrent les églises, châtièrent les Saxons convertis et les « collaborateurs ». Tout était à recommencer ! Bien plus, Widukind concentrait ses forces dans le massif du Süntal, sur les rives de la Weser. Une armée franque stationnait en Saxe. Sans attendre les ordres du roi, elle fonça vers le Süntal. Le comte Théodoric la commandait. Voici le récit de la bataille qui s'ensuivit, tel qu'il figure dans les *Annales royales* : « Le camp des Saxons était placé sur le versant septentrional de cette montagne[1]. Théodoric établit le sien du même côté, et ses lieutenants, comme ils en étaient convenus avec lui, afin de pouvoir plus facilement tourner la montagne, restèrent campés sur la rive même de la Weser qu'ils avaient traversée. Mais, ayant tenu conseil entre eux, ils craignirent de voir tous les honneurs de la victoire attribués au comte Théodoric s'il prenait avec eux part au même combat. En conséquence, ils résolurent d'attaquer sans lui ; et, prenant les armes, ils marchèrent à l'ennemi, non pas comme s'ils eussent affaire à des gens préparés à les recevoir, mais comme si déjà il n'eût plus fallu que poursuivre des fuyards et ramasser leurs dépouilles. Chacun s'abandonna donc à toute la vitesse de son cheval ; et ce fut avec cette fureur aveugle qu'ils fondirent sur les Saxons rangés en bataille devant leur camp. Comme on avait mal attaqué, on combattit mal : lorsqu'on fut aux prises, les Francs, entourés par les Saxons, furent presque tous exterminés. Ceux qui parvinrent à s'échapper arrivèrent en fuyant, non dans le

1. Le Süntal.

camp d'où ils étaient partis, mais dans celui du comte Théodoric placé de l'autre côté de la montagne. La perte des Francs fut considérable, moins encore par le nombre que par le rang de ceux qui succombèrent. Les deux lieutenants, Adalgise et Geilon, quatre comtes et vingt des officiers les plus distingués et les plus nobles de l'armée perdirent la vie dans cette action, sans compter ceux qui, les ayant suivis, aimèrent mieux périr avec eux que de leur survivre. »

Cette relation de la bataille du Süntal est intéressante à plus d'un titre. D'abord en raison de son exceptionnelle précision ; l'auteur des *Annales* a certainement recueilli un témoignage direct, peut-être celui du comte Théodoric (ou Thierry) qui était un proche parent du roi. Ensuite elle montre l'irréalisme des chefs, sinon leurs faibles capacités, en tout cas leurs rivalités. Elle souligne par voie de conséquence les mérites de Charlemagne et combien sa présence était nécessaire à la tête de l'armée. Apprenant cette défaite, ce dernier comprit qu'il devait en prévenir les effets sans retard. Il revint avec une nouvelle armée, convoqua les chefs saxons et leur intima l'ordre de livrer les rebelles. Widukind avait pris la fuite et s'était à nouveau retiré chez les Danois. Cependant quatre mille cinq cents Saxons furent amenés au camp de Charlemagne par leurs compatriotes, à Verden. Il les fit tous décapiter le même jour ! Cette cruauté n'était pas le fruit de la colère ; elle était calculée ; elle avait même les apparences de la légalité. En prenant les armes à l'appel de Widukind, ces malheureux avaient en effet violé les serments de fidélité prêtés à Charlemagne ; ils s'étaient rendus coupables de trahison. Cette exécution massive nous paraît monstrueuse. Il convient de la replacer dans son contexte. On peut aussi se souvenir des génocides de notre temps, perpétrés de sang-froid... Charlemagne estimait que ce terrible exemple anéantirait l'influence de Widukind et supprimerait toute velléité de résistance.

Il se trompait. Les martyrs sont un étrange levain. Charlemagne était à Thionville, où il passait l'hiver, quand on l'informa que les Saxons tenaient des assemblées suspectes et, à l'incitation de Widukind, se préparaient à la révolte. Il décida d'en finir, coûte que coûte! La mort de la reine Hildegarde, en mai 783, retarda son départ. Après les funérailles qui eurent lieu à Metz, l'armée se mit en marche. Avant même que sa concentration fût terminée, Charlemagne écrasa une colonne de Westphaliens à Detmold. Apprenant que les rebelles se reformaient sur les rives de la Hase, il ne leur laissa pas le temps d'achever leurs préparatifs, tomba sur eux et les extermina. Après quoi, il se dirigea vers l'Elbe, détruisant et saccageant tout ce qu'il rencontrait. Après cette campagne, il se rendit à Worms pour y épouser Falstrade. Il emmena la jeune femme dans sa résidence patrimoniale d'Herstal, où il hiverna. L'insaisissable Widukind soufflait encore le feu. Profitant de l'absence de Charlemagne, les Saxons préparaient une nouvelle révolte. Mais le roi des Francs n'était pas homme à se décourager. Au contraire, la résistance saxonne durcissait sa volonté. En 784, les rebelles le virent réapparaître à la tête de son armée. La terreur qu'ils ressentirent fut à peu près celle que Notker de Saint-Gall a tenté d'évoquer dans l'une des plus belles pages de son livre:

« ... On commença de voir au couchant comme un nuage ténébreux soulevé par le vent du nord-ouest ou Borée, qui convertit le jour le plus clair en ombres funestes. Mais l'empereur[1] approchant un peu plus, l'éclat des armes fit luire pour les gens enfermés dans la ville un jour plus sombre que toute espèce de nuit. Alors parut Charles lui-même, cet homme de fer, la tête couverte d'un casque de fer, les mains garnies de gantelets de fer, sa poitrine de fer et ses épaules de marbre protégées par une cuirasse de fer, la main gauche

1. Il n'était encore que roi des Francs.

armée d'une lance de fer qu'il soutenait élevée en l'air, car sa main droite, il la tenait toujours étendue sur son invincible épée. L'extérieur des cuisses que les autres, pour avoir plus de facilité à monter à cheval, dégarnissaient même des courroies, il l'avait entouré de lames de fer. Que dirai-je de ses bottines ? Toute l'armée avait accoutumé de les porter constamment de fer, et sur son bouclier on ne voyait que du fer. Son cheval avait la force et la couleur du fer. Tous ceux qui précédaient le monarque, tous ceux qui marchaient à ses côtés, tous ceux qui le suivaient, tout le gros même de l'armée, avaient des armes semblables autant que les moyens de chacun le permettaient. Le fer couvrait les champs et les grands chemins. Les pointes de fer réfléchissaient les rayons de soleil. Ce fer si dur était porté par un peuple d'un cœur encore plus dur. L'éclat du fer répandit la terreur dans la cité. "Que de fer, hé ! que de fer !" clamaient les citoyens... »

Le roi et ses escadrons de fer ravagèrent systématiquement la Westphalie. La Weser était en crue. Ils se rabattirent sur l'Ostphalie. Le fils aîné du roi, comme lui prénommé Charles, resta cependant en Westphalie, où il dispersa un parti de cavalerie. Il fit ensuite sa jonction avec son père. Ils marchèrent de conserve vers l'Elbe. Cette année-là, Charlemagne ne regagna pas son royaume. Il décida de passer l'hiver en Saxe. Après s'être avancé au-delà de la Weser, il établit ses quartiers dans la forteresse d'Eresburg. Il y fit venir la reine Falstrade, ses autres fils et ses filles. Il y bâtit une église. Bravant les intempéries, il lança plusieurs colonnes sur le malheureux pays. Ces colonnes étaient commandées par ses lieutenants, ou par lui-même, car il ne craignait ni le vent ni la neige ni le danger. Inutile de dire que ces expéditions hivernales étaient contraires aux usages militaires et prenaient l'ennemi au dépourvu. Les rebelles étaient impitoyablement traqués et exécutés, et sinon ils venaient grossir la multitude des prisonniers. Les villes, les hameaux, les simples fermes étaient pillés, parfois détruits par le fer et par le feu. On enlevait les récoltes, les réserves de vivres. Charlemagne voulait épuiser les ressources saxonnes en guerriers et en nourriture; mettre le pays à genoux! Cependant des régions entières furent volontairement épargnées et sinon, par suite de leur éloignement ou de la topographie, elles échappèrent à la destruction. La Saxe était exsangue et terrifiée. Charlemagne put entrer dans le territoire des Nordalbingiens, à l'extrême nord de la Germanie, entre l'Elbe et l'Eider. Il ne rencontra aucune résistance. Cependant, Widukind n'avait pas été capturé. Des Saxons, envoyés par Charlemagne, parvinrent à le rencontrer. Ils lui signifièrent qu'il aurait la vie sauve s'il acceptait de se rendre. Widukind exigea des otages en garantie de cette promesse. Il se présenta enfin devant le roi des Francs et accepta d'être baptisé. Charlemagne fut son parrain et le combla de présents. Dès lors Widukind ne fit plus parler de lui. Il vécut sur ses terres et mourut obscurément.

La reddition et la conversion du chef saxon eurent un retentissement énorme. Le pape félicita Charlemagne d'avoir « avec le secours du Seigneur et sur l'intervention de Pierre et Paul, princes des apôtres, plié sous sa puissance les cous des Saxons et conduit toutes les nations à la source sacrée du baptême ». Et il ordonna la célébration générale d'un triduum pour commémorer la victoire franque sur les païens. Hadrien croyait que le peuple entier des Saxons, entraîné par l'exemple de Widukind, avait abjuré le paganisme et s'apprêtait à se convertir. Il était loin du compte! Charlemagne le savait mieux que quiconque. Il savait aussi que les conversions obtenues jusqu'ici, de gré ou de force, restaient douteuses. Il y avait trop de siècles que les Saxons révéraient les dieux germaniques! Les rites païens, véhéments et sombres, s'accordaient à leur nature; ils en étaient le produit. Les racines étaient trop profondes pour être tranchées d'un coup. Il était évident que, seule, une christianisation progressive amènerait une pacification réelle et durable. Il fallait dans ce but faciliter les missions, rendre les édifices du culte inviolables, protéger le clergé, interdire les reniements. Tel fut le but du célèbre capitulaire *De partibus Saxonis,* promulgué en 785. Il instaurait un véritable terrorisme religieux. Qu'on en juge plutôt !

Les Saxons étaient désormais soumis à l'autorité des comtes nommés par Charlemagne. L'infidélité au roi, les complots fomentés contre sa personne, contre ses représentants, contre les chrétiens, étaient punis de mort. Les églises devaient être honorées, comme les temples païens l'avaient été naguère. Toute intrusion violente dans les sanctuaires, toute déprédation, tout vol commis dans leur enceinte étaient punis de mort. Tout attentat contre un membre du clergé (évêque, prêtre ou moine) était puni de mort. Toute pratique ressortissant au culte païen était punie de mort : par exemple l'incinération des morts. Tout converti consommant de la viande pendant le carême était puni de mort. Et il en était de même des païens se dissimulant au milieu des chrétiens et refusant le baptême. Les enfants devaient être baptisés dans le délai d'une année, et quiconque tenterait de se soustraire à cette obligation serait frappé d'une lourde amende, variant avec la classe sociale du coupable : 120 sous d'or pour les nobles, 60 pour les hommes libres et 30 pour les lites. Chaque église était dotée d'un patrimoine prélevé sur les terres confisquées. Enfin les Saxons devaient verser la dîme. C'était la conquête religieuse de la Saxe que Charlemagne organisait de la sorte !

Il va sans dire que ces dispositions draconiennes n'empêchèrent point les Saxons d'honorer secrètement leurs anciens dieux, de révérer les sources et les arbres sacrés. Pourtant l'ordre carolingien régnait. Il n'y eut aucun soulèvement pendant huit ans, jusqu'en 793.

V

PÉPIN D'ITALIE

J'ai indiqué plus haut que, profitant d'une accalmie pendant la guerre saxonne, Charlemagne avait séjourné en Italie pendant l'hiver et le printemps de 780-781. Les récriminations du pape quant aux restitutions promises, la situation passablement confuse, les intrigues d'Adalgise appuyé par les Byzantins, celles du duc de Spolète, rendaient ce voyage nécessaire. Charlemagne avait été contraint de le différer depuis 778. La reine Hildegarde (qui vivait encore), la famille royale l'accompagnaient, notamment Carloman, son fils cadet. Le 15 avril 781, pour la fête de Pâques, le pape Hadrien « baptisa » le jeune Carloman et lui attribua le prénom de Pépin. Il lui donna ensuite l'onction royale et le couronna roi d'Italie. Ainsi Charlemagne semblait renoncer à régner sur l'ancien royaume lombard. Il en confiait le gouvernement à son fils Pépin. Cette initiative inattendue apaisa l'opinion. On crut en avoir fini avec l'oppression des Francs ! Le couronnement de Pépin équivalait à une libération. Du moins on s'en persuadait. En réalité rien ne fut changé. Charlemagne laissa près de Pépin le conseiller Adalhard, son parent. Adalhard était connu pour son habileté et pour sa fermeté. Officiellement précepteur du jeune roi, il était en fait régent du royaume. Il était aussi aux ordres de Charlemagne ; c'était à lui qu'il devait rendre compte. D'ailleurs Charlemagne continua à s'intituler, comme par le passé, roi des Francs et roi des Lombards, à légiférer, à nommer et à révoquer les fonctionnaires. La seule différence fut qu'il associait le nom de son fils à ses décisions. Cependant les Italiens avaient l'impression d'être quasi indépendants, puisqu'on leur avait donné leur propre roi. De plus Pépin grandissant au milieu d'eux, parlant leur langue, apprenant leurs usages, s'imprégnant de leur mentalité, ils étaient en droit d'espérer que, plus tard, le jeune monarque deviendrait un véritable Italien. Pour l'heure, Charlemagne restait le maître.

Il l'était même doublement, car il avait réussi à subordonner le pape à son autorité. Apprenant sa venue à Rome, Hadrien manifesta la plus grande joie. « De même, avait-il écrit, qu'aux temps heureux du bienheureux Silvestre, pontife romain, la Sainte Église catholique, apostolique et romaine, fut élevée et exaltée par le grand, le très pieux empereur Constantin, de sainte mémoire, et jugée par lui digne de recevoir le pouvoir sur ces régions d'Occident; de même qu'en ces temps heureux, où vous et moi nous vivons, la Sainte Église de Dieu, c'est-à-dire celle du bienheureux apôtre Pierre, croisse et exulte, et qu'elle soit toujours exaltée davantage, afin que toutes les nations qui entendront cela puissent dire: Seigneur, conserve le roi et exauce-nous en ce jour où nous t'aurons invoqué, car voici qu'il a surgi un nouvel et très chrétien empereur Constantin, par lequel Dieu a jugé la Sainte Église du bienheureux Pierre, prince des apôtres, digne de recevoir toutes choses… »

Le pape Hadrien ne ménageait pas les flatteries à Charlemagne, mais ce n'était point fortuitement qu'il le comparait à l'empereur Constantin. Ces « toutes choses » que Dieu jugeait l'Église « digne de recevoir », c'étaient les villes dont la restitution à l'État pontifical avait été promise en 774, par acte notarié, mais n'avait pas été suivie d'effet! Pour faire bonne mesure, le pape rappelait à Charlemagne l'existence de la lettre fameuse par laquelle Constantin avait prétendument donné l'Italie au Saint-Siège et même une sorte de suzeraineté sur l'Occident. La lettre était un faux, Hadrien la croyait vraie. Lorsque Charlemagne fut arrivé à Rome, le pape le pria d'exécuter ses promesses. Il prétendait qu'une partie de la Toscane, les duchés de Spolète et de Bénévent, la Sabine et la Corse, appartenant jadis au patrimoine de saint Pierre, lui avaient été dérobés par les rois lombards. Charlemagne regrettait la donation souscrite en 774 ; il la jugeait imprudente et excessive. Il lui était cependant difficile de violer son serment, d'oublier qu'une copie de cette donation avait été solennellement déposée sur le tombeau de l'apôtre. De plus il venait quelque peu en quémandeur. Il ne pouvait exiger que le pape couronnât de force Carloman-Pépin. Il ne s'agissait pas en effet d'une simple cérémonie. En sacrant le jeune prince, Hadrien le reconnaissait pour roi d'Italie. C'était donc un appréciable service qu'il rendait à Charlemagne. Néanmoins ce dernier n'était nullement disposé à rétrocéder le sud de la péninsule au Saint-Siège. Il estimait, à juste raison, que le pape n'avait pas les moyens, en cas de conflit, de défendre un territoire aussi vaste, non plus que de tenir en lisière les ducs de Spolète et de Bénévent et, encore moins, d'affronter l'empereur byzantin. Mais il se devait de faire un geste. Il lui octroya la Sabine et un canton de la Toscane lombarde. C'était une mince satisfaction. Hadrien cessa, provisoirement, de se plaindre. Mais il n'était pas moins opiniâtre que son interlocuteur... Au surplus il n'était point réellement maître de l'État pontifical, ni même de Rome. Le roi des Francs restait patrice romain, c'est-à-dire défenseur de la Ville éternelle. Ce titre correspondait à des devoirs précis, mais aussi à un ensemble de droits. Charlemagne aimait sincèrement le pape Hadrien ; il avait pour lui un respect teinté d'affection. Pour autant la politique n'était pas perdue de vue. Le pape abreuvait d'éloges le roi des

Francs. Mais il était bel et bien devenu, malgré lui, une sorte de vassal, un auxiliaire de la politique royale. Certes, il ne pouvait se permettre d'indisposer son puissant protecteur. Celui-ci l'avait délivré de l'oppression lombarde; l'État pontifical n'était plus menacé par personne. L'Église bénéficiait de l'ordre carolingien, des avantages de la sécurité et de la paix. En revanche, le pape devait épouser en tout les vues de Charlemagne, l'aider dans l'administration de l'Italie, au besoin le renseigner. Il était devenu, au plan civil, « le comte de Rome ». Cela n'empêchait pas Charlemagne de glorifier en lui le chef de la chrétienté.

Alors qu'il se trouvait à Rome, il avait reçu une ambassade byzantine, envoyée par l'impératrice Irène. Ces ambassadeurs venaient demander la main de la princesse Gertrude (une des filles de Charlemagne) pour le jeune basiléus Constantin VI. Charlemagne chérissait tellement ses filles qu'il lui répugnait de les marier. Il consentit pourtant aux fiançailles de Gertrude. On convint même qu'elle apprendrait le grec, ainsi que les personnes de sa suite. L'initiative d'Irène comblait d'aise le roi des Francs, et pour plusieurs raisons ! D'abord, il se sentait honoré par cette demande en mariage. Jusqu'ici les empereurs byzantins dédaignaient les monarques d'Occident, tous plus ou moins issus du monde barbare. Héritiers des Césars romains, ils n'avaient point renoncé, comme on l'a dit, à leur ancienne suprématie. Les rois d'Occident n'étaient donc à leurs yeux que des usurpateurs. Les basiléus n'avaient guère apprécié la fulgurante ascension de Pépin le Bref et surtout la conquête de la Lombardie par son fils. Byzance possédait encore la Sicile et le sud de l'Italie, le duché de Naples, Venise et ses îles, ainsi que l'Istrie. Elle entendait conserver ces territoires, d'ailleurs protégés par des forteresses nombreuses et des troupes vigilantes. La subordination de la papauté à Charlemagne aggravait l'inquiétude des basiléus. Ils étaient alors en pleine querelle iconoclastique. Le basiléus Léon IV était mort en 780, laissant un fils en bas âge : Constantin VI. Sa veuve, l'impératrice Irène, assumait la régence. Son gouvernement n'était pas seulement de transition. Elle s'adjugeait les pouvoirs d'un véritable empereur et renversait la politique de ses prédécesseurs. Elle rétablit le culte des images. Les iconoclastes furent évincés et poursuivis. Par voie de conséquence, il lui fallait se rapprocher du pape et de son protecteur, l'illustre roi des Francs. D'où la demande en mariage de Gertrude !

Quant à l'acceptation de Charlemagne, elle s'explique aussi aisément. Elle privait le duc de Bénévent de l'appui éventuel de Byzance et mettait le patrice Adalgise (fils de l'ancien roi Didier) hors d'état d'entreprendre quoi que ce fût.

Le duc de Bénévent, qui se nommait Arichis, était pour Charlemagne un vassal incertain. Il n'avait reconnu la suzeraineté franque que du bout des lèvres. Le duché de Bénévent formait un État d'un seul tenant, fort ancien, fort peuplé, structuré à la façon lombarde, orné de belles églises et défendu par de solides places fortes dont Salerne était la principale. Arichis régnait depuis trente ans. Il avait épousé Adelperge, fille de Didier. Le prince Adalgise était donc son beau-frère. Arichis avait accueilli les dignitaires lombards dépossédés de leurs charges et de leurs biens. Il avait quelque peu trempé dans la rébellion du duc de Frioul, Rotgaud. Sans méconnaître l'autorité des Francs, il menait sa propre politique et entretenait avec Byzance des relations suivies, son beau-frère lui servant d'intermédiaire. Bref, il faisait figure de chef de l'opposition. Par surcroît, son titre de duc lui paraissant au-dessous de son rang, il s'était arrogé celui de prince et, s'il n'osait revendiquer l'héritage de Didier, il se posait en continuateur de l'ancien roi. Charlemagne n'ignorait rien de ses prétentions, de ses agissements. Il temporisait, redoutant qu'Arichis demandât l'appui des Byzantins. Privé de leur appui, le duc de Bénévent ne pouvait affronter l'armée franque. Les fiançailles de Gertrude avec Constantin VI ruinaient donc ses espérances. Charlemagne le laissa tranquille ; les Saxons lui donnaient assez de tablature ! Après la reddition de Widukind, il avait les mains libres. Il fit son entrée à Rome au début de janvier 787, avec le cérémonial habituel. Son fils, Pépin d'Italie, l'accompagnait, indispensable prête-nom ! Il offrit au pape Hadrien quelques territoires dans le duché de Bénévent, afin d'apaiser ses scrupules et se prépara à envahir la terre d'Arichis. Pour ce voyage, au lieu d'une simple escorte, il avait emmené une armée. Son but était évidemment d'abattre la puissance du duc de Bénévent, du moins de le contraindre à une entière soumission. Arichis ne manquait ni de vaillance ni de talents militaires. Il avait de bons soldats, des fils et des conseillers dévoués. Son peuple l'aimait. Mais que pouvait-il devant l'armée franque ? Il était isolé, sans alliés, sans amis. Il s'empressa d'envoyer à Rome son fils aîné, Romuald, avec des présents. Romuald supplia Charlemagne de ne pas envahir le Bénévent. Il déclara que son père était prêt à se soumettre. Le pape, les grands dissuadèrent Charlemagne d'ajouter foi aux promesses d'Arichis. L'armée se mit donc en marche. Elle établit son camp dans la région de Capoue. Arichis se jugea perdu. Il avait abandonné sa capitale de Bénévent et s'était réfugié dans la forteresse de Salerne. Mais il se sentait aussi peu capable de livrer une bataille rangée que de soutenir un long siège. Il réitéra son offre de soumission, implora le roi des Francs d'épargner son État, en clair d'empêcher les dévastations et les pillages ordinairement infligés aux pays conquis ! Il livra son second fils, Grimoald, et douze nobles en otages. Il demanda toutefois la faveur de ne pas comparaître en personne. Charlemagne y consentit. Les envoyés se rendirent à Salerne pour y recevoir le serment d'Arichis, lequel s'engagea à verser un tribut annuel de 20 000 sous d'or. Satisfait, Charlemagne regagna la Francie.

Comme on le constate, il pouvait se montrer clément, voire indulgent. Il est vrai que les Bénéventais étaient chrétiens, alors que les Saxons étaient païens. Il y avait une grande différence entre les uns et les autres aux yeux du roi des Francs. Cependant il s'était réjoui un peu trop vite. Après son départ, Arichis entra en pourparlers avec les Byzantins. L'impératrice saisit l'occasion. Elle accepta de céder le duché de Naples à Arichis, à condition qu'il se reconnût son vassal. Ce dernier s'empressa d'accepter. Ce fut alors que son fils aîné Romuald mourut, et qu'il mourut lui-même en août 787.

Pour Charlemagne, cette double disparition était opportune. Elle réduisait à néant l'alliance avec les Byzantins, d'autant qu'il détenait en otage Grimoald, second fils d'Arichis. Il envoya des délégués à Bénévent, pour y recevoir le serment de fidélité de la population. Les grands cédèrent à l'intimidation ou, craignant pour leur vie, s'enfuirent du duché. La régence était assurée par Adelperge, en attendant le retour de Grimoald. Adelperge était, et pour cause, hostile aux Francs. Elle n'avait aucunement l'intention de jurer fidélité à leur roi. Son frère Adalgise venait de débarquer à Salerne, à l'incitation de l'impératrice Irène. Il l'encourageait à résister. Le pacte d'alliance avec les Byzantins fut renouvelé. Pour donner le change, une députation du Bénévent vint demander à Charlemagne le retour de Grimoald. Le roi y consentit, bien que le pape l'eût informé du complot qui se tramait. Il exigea toutefois que Grimoald lui jurât fidélité avant de repartir et que, pour mieux marquer sa soumission, il inscrivît son nom sur les monnaies de Bénévent et datât ses actes de son propre avènement. C'était prendre un risque considérable, mais Charlemagne aimait faire confiance, fût-ce à ses adversaires. Il leur donnait en somme une chance ! Or, contrairement à son père et malgré les conseils de sa mère, Grimoald respecta scrupuleusement son serment. Il y eut quelque mérite ! L'impératrice Irène, voyant ses plans s'écrouler, expédia une flotte en Sicile. Le duc de Spolète vint au secours de Grimoald, lequel avait reçu par ailleurs un renfort franc. Les Byzantins tentèrent néanmoins d'envahir ses États. Grimoald remporta sur eux une victoire décisive, en novembre 788.

On ne parlait plus du mariage de Gertrude avec Constantin VI et les relations diplomatiques avec Byzance manquaient de cordialité. Qu'importait au roi des Francs ! Il avait atteint ses objectifs. L'Italie lui était définitivement soumise, y compris le duché de Bénévent. Le pape servait fidèlement la cause carolingienne ; il n'avait pourtant obtenu qu'une faible portion des territoires promis.

VI

LOUIS D'AQUITAINE

Le conquérant fait souvent oublier en Charlemagne le chef d'État à la fois administrateur et diplomate, l'homme politique si l'on veut. Vis-à-vis de ce qu'on appelait alors l'Aquitaine, il se heurtait, de même qu'en Italie, au particularisme des habitants, à un ensemble de coutumes et d'usages, à un état d'esprit qui différaient beaucoup de ceux du monde franc. Toutes proportions gardées, les Aquitains partageaient le dédain des Byzantins pour les comtes et les soldats de Charlemagne. Ils n'oubliaient pas non plus la lutte désespérée de Waïfre, leur dernier duc, la répression brutale de la révolte contre les hommes du Nord. Nombre d'entre eux gardaient la nostalgie de l'indépendance perdue, quand bien même ils paraissaient résignés. Or l'Aquitaine formait, au moins dans sa partie méridionale, une marche particulièrement difficile à défendre. Elle devait protéger le royaume contre les entreprises belliqueuses des Maures d'Espagne. L'échec de l'armée franque devant Saragosse, en 778, sa retraite à travers les Pyrénées avaient été célébrés comme une grande victoire par les émirs de Cordoue. On pouvait redouter une attaque massive en Septimanie, à tout le moins des razzias. En outre, l'épisode cruel de Roncevaux avait révélé la déloyauté haineuse des Basques. On sait pour quelles raisons Charlemagne n'avait pu les châtier et dans quelles circonstances il avait abandonné le siège de Saragosse. La terrible guerre contre les Saxons ne l'avait pas empêché de réfléchir aux problèmes posés par l'Aquitaine. Il décida de « motiver » les Aquitains comme il l'avait fait des Italiens. Comprenant qu'ils supportaient avec peine l'administration franque, il lui parut opportun de leur accorder un semblant d'indépendance, autrement dit de ménager leurs susceptibilités. Il érigea donc l'Aquitaine en royaume. Un royaume incluant la Gascogne, la Septimanie et l'Aquitaine proprement dite. Il lui donna pour roi son fils Louis, un enfant de trois ans, puisqu'il était né à Chasseneuil en Poitou, l'année même de la malheureuse expédition d'Espagne. Louis – qui deviendra plus tard l'empereur Louis le Pieux, ou le Débonnaire – fut couronné à Rome le 15 avril 781, en même temps que son frère Pépin d'Italie. Louis grandirait et serait élevé parmi ses sujets. Il s'habillerait à leur manière. Il assimilerait leur mentalité. Charlemagne pensait que son autorité serait d'autant mieux acceptée. Bien entendu l'Aquitaine restait sous sa propre domination. Il avait doté Louis d'Aquitaine d'un conseil, d'une Cour, de quatre résidences, et fixé sa capitale à Toulouse pour la réunion des assemblées annuelles. Les conseillers, dont le chef était Arnold, officiellement précepteur de l'enfant, avaient été choisis avec soin.

La Cour de Toulouse reproduisait à peu de chose près celle de Pavie. Louis d'Aquitaine n'était ni plus ni moins que Pépin d'Italie. Les méthodes de gouvernement étaient identiques. C'était Charlemagne qui légiférait et nommait les fonctionnaires, en associant au sien le nom de Louis pour sauvegarder les apparences. C'était à lui que l'on rendait compte de la situation ; lui qui continuait à prendre les décisions importantes. Le roi d'Aquitaine était donc sous la tutelle du roi des Francs. Au besoin Charlemagne envoyait une mission dans le royaume de son fils : par exemple lorsque certains seigneurs essayaient d'usurper les taxes du fisc royal. Charlemagne veillait avec le même soin à l'éducation du petit roi. Dans l'ensemble, l'érection de l'Aquitaine en royaume donna des résultats positifs, peut-être trop !

La frontière avec les Maures était mouvante. La population du nord de l'Espagne comptait de nombreux chrétiens : ils appelaient de leurs vœux l'occupation franque. Des luttes politiques affaiblissaient l'autorité d'Abd-er-Rahman, le vieil émir de Cordoue. Il existait même chez les Maures un parti relativement favorable aux Francs : l'expédition de 778 en avait apporté la preuve. Malgré l'échec de Saragosse, ce parti persistait. Ses adeptes ne songeaient point à abjurer l'islamisme ; ils agissaient par ambition personnelle ou cherchaient à régler leurs comptes avec le tyran de Cordoue. Abd-er-Rahman mourut en 788. Son fils, Hicham, lui succéda. Le vieil émir avait une sinistre réputation de massacreur. Son intolérance passait l'imagination. Les chrétiens, les juifs, les rebelles de tout poil fussent-ils musulmans, avaient été victimes de sa cruauté. Hicham renchérit encore. Il prêcha la guerre sainte. C'était à la vérité le plus sûr moyen d'en finir avec l'opposition et de refaire l'unité de l'Espagne. Il parvint de la sorte à réunir une puissante armée, dont il confia le commandement à Abd-el-Melek. Cette armée se rua sur la Septimanie en 791. Ne pouvant s'emparer de Narbonne, elle ravagea la région, pilla les fermes et les hameaux, capturant les hommes et les femmes, ou les massacrant. Elle se dirigea ensuite vers Carcassonne. Il apparaît que cette attaque soudaine et massive prit les Aquitains au dépourvu. Cependant, le comte de Toulouse, Guillaume au Court Nez, marchait à la rencontre des Maures, avec une troupe levée à la hâte. La rencontre eut lieu sur les rives de l'Orbieu. Malgré son courage, Guillaume fut vaincu. Plus exactement, les Maures restèrent maîtres du champ de bataille, car les Aquitains purent se retirer sans être poursuivis. Les Maures regagnèrent l'Espagne, chargés de butin, emmenant une foule de captifs qu'ils vendraient comme esclaves. Ce n'était pour Abd-el-Melek qu'une victoire à la Pyrrhus : l'élan de ses troupes était brisé. Mais pour Charlemagne, c'était néanmoins une humiliation malgré les faits d'armes du comte Guillaume et de ses soldats. Il ne pouvait laisser cet affront impuni, encore moins renoncer à la marche d'Espagne, mais il était occupé à de nouvelles conquêtes. Comme après Roncevaux, il lui fallait différer sa riposte. En 796, il envoya une armée piller le nord de l'Espagne, afin de tâter le terrain. Elle ne rencontra pas de résistance et revint chargée de butin sans être inquiétée. Ce n'était cependant qu'une expédition punitive, la simple répétition de la razzia d'Abd-el-Melek, en somme un avertissement. La même année, Hicham mourut. Le nouvel émir fut en butte aux rivalités habituelles. Les gouverneurs du nord de l'Espagne en profitèrent pour secouer le joug et, dans le but de se rendre indépendants, entrèrent en pourparlers avec les Francs. Dès lors, il fut aisé aux Aquitains de réoccuper Girone, Urgel et Vich et d'améliorer les fortifications de ces villes. Guillaume de Toulouse fut investi d'un vaste commandement militaire. Les comtes septimaniens et leurs lieutenants combattirent sous ses ordres. Ils conquirent de haute lutte un territoire joignant la Méditerranée à la Navarre. Ce fut la nouvelle marche d'Espagne. Elle mettait l'Aquitaine à l'abri des incursions sarrasines et devint pour les chrétiens espagnols le point de départ de la reconquête. Alphonse II, roi des Asturies, se reconnaissait quasi-vassal de Pépin d'Aquitaine et de Charlemagne. Entraîné par l'exemple des Francs, il venait de reconquérir Lisbonne. Les habitants des îles Baléares chassèrent leurs occupants arabes avec l'appui des Francs et se placèrent sous la suzeraineté de leur roi. Ce dernier n'avait pas ajouté foi aux promesses des dissidents maures révoltés contre l'émir. La leçon de 778 avait porté. Il exploita supérieurement leur félonie. La ténacité et la bravoure de Guillaume de Toulouse, la pugnacité des comtes de Septimanie firent le reste. Ce n'est point le lieu d'évoquer les combats de cette période. Ils inspirèrent les auteurs des chansons de geste et les chroniqueurs espagnols. Je dirai seulement que, sa besogne achevée, Guillaume de Toulouse se retira dans le monastère de Gellone, qui n'est autre que Saint-Guilhem-le-Désert.

Il était une autre marche qui retenait l'attention de Charlemagne, encore qu'elle lui donnât moins d'inquiétudes ! Je veux parler de la marche de Bretagne. Elle n'était pas peuplée de Francs, mais de Celtes venus de Grande-Bretagne avant l'avènement de Clovis. Elle avait ses propres chefs, naguère ses roitelets, et revendiquait hautement son autonomie. Les Bretons étaient encore plus chauvins que les Aquitains et farouchement particularistes. Les Mérovingiens, au temps de leur grandeur, avaient essayé en vain de les soumettre. Pépin le Bref leur avait imposé le versement d'un tribut annuel. Ils s'en acquittaient fort inexactement. La Bretagne était alors divisée en deux parties. Toute la région côtière protégée par de nombreuses forteresses et par des marécages restait aux mains des irréductibles. Les régions de Nantes et de Rennes étaient contrôlées par les Francs. Roland avait été marquis de cette marche. Charlemagne tolérait cette partition. Les Bretons prirent cette longanimité pour de la faiblesse. En 786, ils refusèrent catégoriquement de payer le tribut. La Bretagne occidentale passait pour inaccessible. Charlemagne confia une armée à son sénéchal, qui se nommait alors Audulf. Celui-ci n'eut aucune peine à franchir les zones marécageuses et à s'emparer des forteresses bretonnes. Les biens furent respectés. Les chefs locaux conservèrent leurs seigneuries. Audulf se contenta d'amener des otages au roi. Les Bretons se tinrent tranquilles pendant treize ans. En 799, choisissant bien mal leur moment, ils s'agitèrent à nouveau. Une armée franque, sous les ordres du marquis Guy, parcourut la Bretagne en tous sens. Les chefs se soumirent un à un, avec leurs hommes. Après quoi, ils furent conduits devant Charlemagne qui agréa leurs serments et leurs cadeaux. La Bretagne était pacifiée. On notera, une fois de plus, que Charlemagne avait simplement poursuivi la politique de Pépin le Bref. Ce que son père avait ébauché, en Germanie comme en Lombardie, en Aquitaine comme en Bretagne, il l'achevait.

Mais il était une autre marche qui le préoccupait depuis des années : la riche et vaste Bavière qui revendiquait, elle aussi, son indépendance et dont le duc, Tassilon III, menait une politique équivoque.

VII

TASSILON

La Bavière avait été rattachée au royaume franc dès le règne de Clovis. Mais ses ducs, tirant parti de l'émiettement du pouvoir mérovingien, s'étaient rendus quasi autonomes. L'avènement des Carolingiens avait modifié les rapports de force. Le duc Odilon avait dû se soumettre. Son fils et successeur, Tassilon, manœuvrait en secret pour se soustraire à la tutelle carolingienne. Il avait quelques années de plus que Charlemagne, dont il était parent par sa mère, sœur de Pépin le Bref. Il avait épousé Liutberge, une des filles de Didier, roi des Lombards. Elle ne pardonnait pas au roi des Francs d'avoir dépossédé sa famille du trône de Lombardie, enfermé son père et sa mère dans un monastère et réduit son frère à l'exil. Elle poussait son mari à rompre tout lien avec les Carolingiens. Dans la conjoncture, cette attitude était risquée !

La Bavière était un État bien organisé et d'une puissance non négligeable. Il était divisé en comtés dont les titulaires détenaient des pouvoirs civils, judiciaires et militaires identiques à ceux des comtes francs. Le duc était, comme Charlemagne, assisté de conseillers ecclésiastiques et laïcs. La Bavière, christianisée depuis longtemps, comptait six évêchés, d'importantes abbayes, une multitude d'églises. Le clergé y prospérait dans la tranquillité. On vantait la piété de Tassilon, sa connaissance des Écritures et du droit canon. Il ne manquait pas d'assister aux conciles tenus par les évêques et les abbés, et veillait scrupuleusement à l'application de leurs décisions. Il veillait aussi au versement de la dîme. Son peuple le révérait pour son esprit de justice et de charité. Quant au pape, il ne pouvait que bénir son zèle envers la Sainte Église. Bref, la Bavière était, à peu près sur tous les plans, un État aussi évolué que le royaume franc. Elle avait même ses lois propres, codifiées entre 744 et 748 sous le règne d'Odilon.

En 757, Tassilon avait juré fidélité à Pépin le Bref, reconnaissant par là la suzeraineté du roi franc. Néanmoins, pendant la campagne de Pépin contre Waïfre d'Aquitaine, il avait brusquement lâché l'armée royale et, sous prétexte de maladie, regagné son duché avec le contingent bavarois. Depuis lors il se comportait en prince indépendant, comptant sur l'alliance de Didier, son beau-père. Rien ne semblait alors menacer le royaume lombard. Tassilon obtint même du pape que son fils, Théodon, fût associé au « trône » de Bavière et reçût l'onction royale. Tout laissait penser que, tôt ou tard, il érigerait son duché en royaume, de sa propre initiative et sans rencontrer d'obstacles de la part du Saint-Siège. Par la suite il annexa la Carinthie, qui était une province slave et fut immédiatement christianisée. Le clergé chanta ses louanges et il bénéficia de prières publiques.

Charlemagne laissait faire, tout en ouvrant l'œil. Il n'ignorait rien des agissements de Tassilon, de ses prétentions de plus en plus affirmées, du rôle de Liutberge, car il avait ses espions en Bavière. Il feignait même d'oublier que Tassilon s'était abstenu de lui prêter serment. Son attitude changea, dès qu'il crut avoir pacifié la Saxe. Il résolut cependant d'agir avec douceur. Alors qu'il séjournait à Rome (781-782), pour y faire couronner Pépin d'Italie et Louis d'Aquitaine par le pape Hadrien, il persuada ce dernier d'intervenir auprès de Tassilon. Le pape accepta : c'est assez dire qu'il était aux ordres de Charlemagne ! Une ambassade se rendit en Bavière, composée d'envoyés d'Hadrien et de Charlemagne. Tassilon s'inquiéta. Il demanda que des otages lui fussent remis, pour répondre de sa sécurité. Quand arrivèrent les otages, il partit pour Worms, où Charlemagne tenait l'assemblée annuelle des Francs. Le duc de Bavière se reconnut spontanément vassal du roi des Francs et jura de lui être fidèle. Puis il regagna la Bavière, plus résolu que jamais à préserver l'indépendance de son duché. Il connaissait parfaitement la situation en Saxe, l'influence de Widukind, et misait sur les difficultés de Charlemagne. Il eût mieux fait d'essayer de comprendre le caractère de son redoutable cousin ! Il aurait alors prévu la conquête totale de la Saxe, l'inévitable chute de Widukind. Or, une fois que le territoire saxon serait annexé par Charlemagne, quel pourrait être le sort de la Bavière ? Elle serait totalement encerclée, puisque la Lombardie était elle-même réunie au royaume franc. Tassilon prit peur. Il envoya une ambassade à Rome. Invoquant sa qualité de prince chrétien et surtout son zèle à l'égard de l'Église, il demandait au pape d'intervenir auprès de Charlemagne. Hadrien lui rendit volontiers ce service. Il pria le roi très chrétien de se montrer bienveillant envers Tassilon, par surcroît son parent. Charlemagne venait de mater la révolte d'Arichis, duc de Bénévent. Il était encore en Italie. Il céda volontiers aux instances du pape et consentit à recevoir les envoyés de Tassilon. Il demanda à ceux-ci quelles garanties ils comptaient lui offrir pour appuyer leurs propositions de paix. « Mais ceux-ci répondirent qu'ils n'avaient aucune instruction à cet égard et qu'ils ne pouvaient faire autre chose que de rapporter à leur maître la réponse du roi et celle du pontife. Irrité d'une telle réponse et les soupçonnant de fraude et de perfidie, Hadrien résolut de les frapper du glaive de l'anathème, si jamais ils manquaient au serment de fidélité qui, déjà auparavant, avait été prêté entre les mains du roi. Ils s'en retournèrent donc, laissant en suspens toute négociation» (*les Annales royales*).

En menaçant le très pieux Tassilon d'anathème, Hadrien servait à nouveau la politique royale. Sa décision n'était même pas justifiée: Tassilon n'avait point dénoncé son serment de vassal; hormis un banal incident de frontière, il n'avait pas fait acte de belligérance. On ne sait si le pape éprouva quelque regret de prendre ainsi position contre un prince si dévot. Cette année-là (787), Charlemagne tint son assemblée à Worms. Il y informa les grands de «tout ce qu'il venait de faire en Italie, parla, en terminant, de l'ambassade envoyée à Rome par Tassilon, et résolut d'éprouver comment le duc de Bavière voudrait agir après les promesses de fidélité qu'il lui avait faites». Pieuse formule du rédacteur des *Annales* pour adoucir «l'épreuve» imaginée par Charlemagne. Ce dernier rassembla une armée et la divisa en trois corps, afin d'attaquer la Bavière simultanément par le nord, l'est et le midi. Il ne pouvait à la vérité tolérer l'enclave bavaroise entre la Germanie et l'Italie. Cette démonstration de force servait aussi d'avertissement à ceux dont la docilité était suspecte et qui conservaient la nostalgie des libertés perdues. Tassilon se trouvait dans la situation du duc de Bénévent. Il se sentit perdu et pour éviter l'invasion, vint trouver Charlemagne. Il reconnut ses fautes, s'en repentit publiquement et se déclara prêt à souscrire les engagements que l'on exigerait de lui. Charlemagne lui pardonna cette fois encore. Cependant Tassilon dut renouveler son serment de fidélité et remettre, avec son fils Théodon, douze otages choisis parmi les plus nobles des Bavarois.

Tassilon regagna la Bavière et Charlemagne hiverna dans sa résidence d'Ingelheim. La duchesse Liutberge poussa son mari à négocier une alliance secrète avec les Avars. Ce peuple habitait l'ancienne Pannonie romaine. Il était voisin des Bavarois et des Saxons. Charlemagne avait d'autant plus de raisons de s'assurer de la fidélité de Tassilon. Or, aux termes du traité passé avec les Avars, il fut convenu que ceux-ci envahiraient la Saxe en même temps que les Bavarois attaqueraient sur un autre point. Tassilon croyait que les Francs ne pourraient tenir sur deux fronts. Il avait confiance en son armée, qui était intacte et paraissait résolue à combattre. Il oubliait deux choses. L'armée bavaroise, si pugnace et disciplinée fût-elle, manquait de cavaliers. Il existait en outre un parti favorable aux Carolingiens. Ce parti s'était développé sous l'influence des agents de Charlemagne de plus en plus actifs et nombreux. Ils attisaient les mécontentements, avivaient les craintes, ne ménageaient pas les promesses. Charlemagne fût immédiatement informé du pacte passé avec les Avars, du plan qui avait été arrêté et probablement de la date fixée pour son exécution.

Il mit Tassilon en demeure de se présenter devant l'assemblée des grands, qui se tenait à Ingelheim, en juin 788, afin de se disculper des accusations portées contre lui. Tassilon ne pouvait se soustraire à cette convocation. Il espérait endormir à nouveau la défiance de Charlemagne et gagner le temps nécessaire en faisant quelque concession. Sans doute commença-t-il par opposer des dénégations aux faits qui lui étaient reprochés. Mais Charlemagne produisit des témoins. C'étaient les Bavarois favorables aux Carolingiens et, parmi eux, certains conseillers du palais ducal. « Ils déclarèrent que Tassilon, après avoir livré son fils en otage, avait cédé aux instigations de sa femme Liutberge, fille de Didier, roi des Lombards, qui était restée l'ennemie jurée des Francs depuis l'exil de son père, et qu'il s'était efforcé, pour nuire au roi, d'exciter la nation des Huns[1] à entreprendre une guerre contre les Francs. Et, en effet, dans la même année, l'événement prouva

1. On appelait ainsi les Avars.

combien cette accusation était fondée. Ils le chargeaient encore de plusieurs actions et paroles qui ne pouvaient provenir que d'un ennemi furieux. » L'auteur des *Annales* ne précise pas lesquelles. Il est probable que la Bavière servait d'asile aux réfugiés lombards ; que Liutberge facilitait les intrigues, finançait les complots contre les Francs d'Italie. Tassilon reconnut les faits. Il n'essaya même pas de se défendre. Coupable de lèse-majesté et de félonie, il fut condamné à mort par l'assemblée d'Ingelheim. Charlemagne eut cependant pitié de lui. Il ne voulait pas verser le sang de sa famille et fit grâce de la vie au condamné. Mais pour le mettre hors d'état de nuire, il le déposséda de la Bavière et le relégua dans un monastère. Tassilon demanda seulement la faveur de ne pas être tonsuré publiquement, comme il était de règle en pareil cas. Charlemagne accepta de lui épargner cette honte. Les deux fils de Tassilon (Théodon et Théodebert), sa femme et ses filles furent eux aussi enfermés dans des monastères. C'en était fini de l'illustre et très ancienne lignée des Agilolfinges qui tenait la Bavière bien avant que les ancêtres des Carolingiens ne fussent sortis de l'ombre. Il faut pourtant convenir que Tassilon avait tout fait pour provoquer cette catastrophe. La Bavière, après une rapide épuration, fut administrée par des comtes francs. Il semble que les Bavarois acceptèrent assez facilement l'ordre carolingien. Charlemagne avait d'ailleurs maintenu leur droit privé. Sans doute subsistait-il cependant un parti d'opposition, et regrettait-on le ci-devant duc. Quelques années s'écoulèrent. Puis Charlemagne tira Tassilon de son monastère et le fit à nouveau comparaître devant l'assemblée des grands. Tassilon consentit volontiers à implorer le pardon de ses crimes et se démit formellement, pour lui et sa famille, de toute prétention sur la Bavière. Il était devenu un moine plein de ferveur et ne se souciait plus des grandeurs de ce monde. Sa renonciation solennelle désamorçait l'opposition bavaroise.

Elle légalisait en quelque sorte l'annexion du duché. Désormais le royaume franc formait un bloc homogène, face aux Slaves et aux Avars, ses dangereux voisins.

VIII

LA CRISE DE 793

On verra plus loin dans quelles circonstances Charlemagne fut conduit à envahir le royaume des Avars, à la suite de quelles provocations et de quelles négociations restées sans effet. À mesure que le royaume franc se dilatait, il s'exposait inévitablement à de nouveaux dangers, car il entrait en contact avec des peuples inconnus, ou peu connus, restés pour la plupart au stade de la barbarie. C'était notamment le cas des Avars qui ressemblaient fort aux Huns d'Attila. Comme le roi des Francs se préparait à les anéantir, l'orage qui s'amoncelait sur lui depuis plusieurs années éclata soudain. La crise de 793 fut peut-être plus grave que celle de 778. Elle faillit compromettre la réussite de son règne, anéantir les victoires qu'il avait remportées, les combinaisons qu'il avait échafaudées, l'ordre carolingien tout entier et la christianisation de la Germanie. Ce fut à vrai dire l'ultime sursaut du paganisme.

Cette crise fut précédée (en 792) par une conjuration sur laquelle on sait peu de chose, mais dont on mesure la gravité en proportion des sentences qui frappèrent les coupables. Elle fut ourdie par Pépin le Bossu, ce fils que Charlemagne avait eu d'Himiltrude, sa première femme (ou concubine). Il jalousait ses demi-frères : Charles, Pépin et Louis, tous trois fils de la reine Hildegarde (troisième femme de Charlemagne, épousée après la répudiation de la Lombarde

Désirée). Charlemagne ne reconnaissait pour légitimes que les enfants d'Hildegarde. Il avait investi Pépin-Carloman de l'Italie et Louis de l'Aquitaine. Quant à l'aîné, il lui destinait le titre de roi des Francs et les principales de ses possessions. Pépin le Bossu n'avait rien reçu, peut-être en raison de la bosse dont il était affligé ou des faiblesses de son caractère. Il rameuta les mécontents, ceux qui se jugeaient mal récompensés de leurs services ou brûlaient d'accéder au premier rang. Ils complotèrent d'assassiner Charlemagne et de mettre à sa place Pépin le Bossu. On se demande d'ailleurs si ce dernier fut le véritable auteur du complot ou si les conjurés le placèrent à leur tête pour se donner bonne conscience. En ces sortes d'entreprises il est rare qu'il n'y ait pas un délateur. Ce fut un certain Fardulf, originaire de Lombardie. Il reçut en récompense l'abbaye de Saint-Denis. Les conjurés furent déclarés coupables de lèse-majesté. Ils prétendirent ne pouvoir supporter les cruautés de Falstrade, la nouvelle reine. On les condamna à la décapitation ou à la pendaison. Pépin le Bossu reçut sa grâce, mais fut tonsuré et expédié dans une prison conventuelle pour le reste de ses jours.

Peu après cette tragédie de palais, les Sarrasins d'Espagne se ruèrent sur la Septimanie. On a vu au prix de quelles pertes Guillaume de Toulouse était parvenu à briser leur élan sur les rives de l'Orbieu ! La même année (793), la Saxe entrait en ébullition. Charlemagne pouvait redouter le pire, mais, à son habitude, il garda son calme. Pourtant la situation en Saxe paraissait désespérée. Il ne s'agissait pas en effet de mouvements sporadiques comme au temps de Widukind, mais d'un soulèvement général et de nature essentiellement religieuse. Il existait à cela plusieurs causes. Tout d'abord le capitulaire *De partibus Saxonis* promulgué par Charlemagne accordait des pouvoirs dictatoriaux aux comtes francs et aux missionnaires. Or il s'agissait d'évangéliser le pays, non de le terroriser ! Les missionnaires allaient trop vite, manquaient souvent de doigté et d'indulgence. Ils ne percevaient point, dans leur exaltation, le peu de solidité des conversions. Ils faisaient fond sur les statistiques de baptêmes, si l'on peut se permettre cet anachronisme ! Au lieu de convaincre, de prêcher la paix, d'être réellement les envoyés du Christ, ils offensaient les âmes en tournant les vieilles croyances en dérision, et soufflaient la haine. Certains d'entre eux n'étaient guère plus que des comptables. Ils se préoccupaient surtout d'enrichir l'Église et de faire rentrer la dîme. Le capitulaire permettait tous les excès : il était pour les Saxons une menace permanente et intolérable. « Ah ! s'écrie Alcuin, si l'on avait prêché au peuple le joug léger du Christ et son suave fardeau avec autant de chaleur qu'on a exigé le paiement des dîmes et puni les plus petites fautes, peut-être ne se seraient-ils pas dérobés aux serments du baptême ?... Est-ce que les apôtres que le Christ avait envoyés prêcher à travers le monde levaient des dîmes et demandaient des cadeaux ? Certes, la dîme est une bonne chose, mais il vaut mieux la perdre que perdre la foi. »

Les Saxons recherchèrent l'alliance de leurs voisins : les Frisons du Nord encore païens, les Slaves et les Avars déjà en guerre avec les Francs. Ils abjurèrent massivement le christianisme, pillèrent et renversèrent les églises et les monastères, chassèrent les prêtres et les moines, ou les mirent à mort, traquèrent ceux de leurs compatriotes qui restaient catholiques. Partout le culte des idoles fut rétabli et l'on releva les sanctuaires païens. Une troupe franque commandée par le comte Théodoric fut surprise sur la Weser, et anéantie. C'était le moment où Charlemagne préparait contre les Avars une campagne qu'il voulait décisive. Force lui fut d'abandonner ce projet et de retourner son armée contre les Saxons. Les funérailles de la reine Falstrade (en août 794) retardèrent son départ. Il avait, selon sa stratégie habituelle, divisé l'armée en deux corps. Le premier, placé sous les ordres du prince Charles, entra en Westphalie par Cologne. Son père commandait le second et passa par la Thuringe. Les rebelles s'étaient rassemblés dans une plaine au sud de Paderborn, dans l'intention de barrer la route aux Francs. Mais, attaqués de face et de flanc par les deux corps d'armée, ils capitulèrent sans combat, livrèrent des otages et prêtèrent serment. La saison était trop avancée pour exploiter la situation. L'année 795, Charlemagne traversa la Saxe du sud au nord-est jusqu'à l'Elbe, en perpétrant les dévastations habituelles. Apprenant que des Saxons avaient surpris et tué l'un de ses alliés (le duc des Abodrites), il intensifia les représailles et se fit livrer des milliers d'otages. En 796, les saccages, les incendies et les exécutions recommencèrent. Charlemagne rentra en Francie avec une immense colonne de prisonniers: de tout rang, de tout âge, hommes, femmes et enfants. Un dernier nid de résistance subsistait, ou plutôt l'ultime refuge des rebelles. C'était la Wigmodie, un petit territoire bordant la mer du Nord, abrité par une large zone marécageuse. En 797, Charlemagne força ce réduit. La Saxe entière implorait son pardon. Lorsque la campagne eut pris fin, il ne regagna pas son royaume, mais hiverna dans le camp de Herstal avec son armée. Ce qui n'empêcha pas les Saxons de tendre une embuscade aux officiers qu'il avait envoyés en Nordalbingie, et de les tuer. L'année 798 fut marquée par la dévastation systématique de la région située entre la Weser et l'Elbe. Les rebelles livrèrent un dernier combat à Bornhöved et furent anéantis. En 799, Charlemagne revint à la charge et retourna en Francie avec une foule de captifs. La Saxe n'existait plus, parce qu'il l'avait anéantie, saignée à blanc, pillée de fond en comble, dépeuplée. De vastes contrées, naguère fertiles, étaient changées en déserts.

Charlemagne ne s'intitula pas roi de Saxe, comme il l'avait fait de la Lombardie. La Saxe n'avait jamais formé un État structuré. Elle n'était qu'un conglomérat de *pagi* subordonnés à des nobles, mais parlant la même langue et respectant le même droit coutumier. Charlemagne la réunit purement et simplement à son royaume. Il la divisa en comtés et la soumit au droit public des Francs. Le 28 octobre 797, il substitua le capitulaire saxon *(Capitulare Saxonicum)* au capitulaire de 787. Dans ce nouveau texte, le système des amendes pécuniaires remplaçait la peine de mort et les décisions collégiales freinaient l'arbitraire des sentences unilatérales pratiquées jusque-là. Charlemagne ne bouleversa pas la société saxonne. Les trois classes furent maintenues : elles coïncidaient d'ailleurs avec celles du monde franc. Les nobles, considérés désormais comme des vassaux, se virent confirmés dans les prérogatives attachées à leur rang et octroyer le droit de prendre part aux assemblées annuelles. En contrepartie, ils eurent obligation de répondre aux convocations du roi et de servir dans ses armées, avec leurs hommes. Certains d'entre eux, réputés « fidèles de la première heure », furent nommés comtes. Charlemagne s'efforça de faire coïncider ces comtés avec les anciens *pagi*.

Ces sages mesures furent accompagnées d'une réorganisation de l'Église saxonne ou de ce qu'il en restait après la terrible révolte ! Lors de la première pacification, les missionnaires avaient opéré isolément, au gré des circonstances, en proportion de leur audace le plus souvent. Charlemagne estima préférable de coordonner leur action et, dans cette perspective, de les subordonner à des évêques. Ce fut ainsi qu'il créa les évêchés de Paderborn, de Brême, de Münster, peut-être de Minden et de Verden. Il avait parfaitement analysé les causes de la révolte de 794, et compris l'erreur des conversions forcées. Il désirait ardemment que la Saxe devînt chrétienne, mais il admettait que l'évangélisation ne pût s'accomplir que par un travail en profondeur, au fil des années.

Les terres confisquées furent attribuées aux Francs et aux Saxons convertis. Les captifs reçurent en compensation des terres en Francie. Un amalgame se produisit. Éginhard crut pouvoir écrire que Francs et Saxons formaient désormais un même peuple. Des nids de résistance subsistaient cependant ici et là. Quatre ans après le couronnement de Charlemagne comme empereur d'Occident, on traquait encore des bandes de réfractaires. Des milliers de familles furent déportées en Francie et en Alémanie. La Saxe ne devint entièrement chrétienne que sous le règne de Louis le Pieux. Mais, païens ou chrétiens, les Saxons servirent fidèlement Charlemagne et combattirent avec loyauté aux côtés des Francs. Bien plus, ils révérèrent la mémoire du roi de fer, oubliant qu'il avait été le bourreau de leur nation.

IX

LE RING

Éginhard estime que la guerre contre les Avars fut la plus terrible de toutes les guerres que fit Charlemagne, si l'on excepte celle des Saxons : « Il y mit, écrit-il, plus d'acharnement et y déploya de plus grandes forces que dans les autres. » Les Avars, race turco-tartare, avaient la même origine que les Huns. Ils leur ressemblaient d'ailleurs par leur aspect, leur mentalité, leur mode de vie et leur organisation. Ce qui explique que les chroniqueurs les appellent Huns. Ils avaient le visage mongolique ; ils portaient les cheveux longs et tressés, la moustache tombante. C'étaient des pillards professionnels, d'une rare férocité, et des païens convaincus. Ils haïssaient les chrétiens, mais ils s'intéressaient surtout aux trésors des sanctuaires et des couvents. Anciens nomades, ils occupaient un vaste royaume de part et d'autre du Danube moyen, d'une superficie à peu près égale à la Bavière, avec laquelle ils avaient une frontière commune. Leur chef, ou leur roi, était le Khan, secondé par le jugur. Il n'habitait pas une ville forte, mais un camp militaire appelé Ring (anneau). Notker de Saint-Gall prétend avoir recueilli ce témoignage d'Adalbert et le reproduit sans hésiter : « Le pays des Huns, disait-il, était entouré de neuf cercles. Pour moi qui ne pouvais en imaginer d'autres que des cercles d'osier, je lui demandai : "Quel était donc ce miracle,

Seigneur ? — Il était entouré, me répondit-il, de neuf haies." Ne sachant pas davantage ce qu'étaient ces haies d'une autre espèce, et ne connaissant que celles dont on entoure les moissons, je le questionnai de nouveau, et il me dit : "Un de ces cercles avait une telle étendue qu'il renfermait un espace aussi grand que la distance de Zurich à Constance ; il était de plus tellement construit en troncs de chênes, de hêtres et de sapins, que, d'un bord à l'autre, cette palissade avait vingt pieds de largeur et autant de hauteur. L'intervalle était rempli de pierres très dures et d'une craie fort compacte, et la surface supérieure de ce rempart était couverte de buissons non taillés ; entre les divers cercles étaient plantés des arbustes qui, comme nous le vîmes souvent, quoique coupés et abattus, poussaient des branches et des feuilles ; là aussi étaient placés les bourgs et les villes, tellement rapprochés qu'on pouvait s'entendre de l'un à l'autre. En face de ces bâtiments et dans ces murs inexpugnables étaient ouvertes des portes étroites par lesquelles les Huns sortaient pour piller, non seulement du cercle extérieur, mais de tous les autres. Il en était de même du second cercle construit comme le premier. Vingt milles de Germanie, qui en font quarante d'Italie, le séparaient du troisième, et ainsi de suite jusqu'au neuvième, quoique ces cercles fussent beaucoup plus étroits les uns que les autres. D'un cercle à l'autre, les propriétés et les habitations étaient partout disposées de telle manière que, de chacune d'elles, on pouvait entendre les signaux donnés par le son des trompettes. Tandis que les Goths et les Vandales portaient partout la terreur, les Huns entassèrent, pendant deux cents ans et plus, dans leurs asiles ainsi fortifiés, toutes les richesses de l'Occident..." »

Ou bien Adalbert s'est moqué de Notker, ou bien ce dernier n'a rien compris à ses explications, et, sinon, il se moque lui-même du lecteur. Il reste néanmoins que le Ring était puissamment fortifié, sans doute entouré de plusieurs palissades concentriques. Il était de même exact – les faits le prouvèrent – que, depuis des siècles, les Avars entassaient dans ce camp le produit de leurs pillages.

À mesure que la frontière orientale du royaume franc se rapprochait de leur État, les Avars sentaient grandir leur inimitié à l'encontre de Charlemagne. Ils soutenaient systématiquement ses adversaires, les Lombards comme les Bavarois. Ils avaient contracté alliance avec Tassilon. Ignorant sans doute que le duc de Bavière avait été convoqué devant l'assemblée d'Ingelheim et condamné à mort, et respectant leurs engagements, ils attaquèrent simultanément au sud et à l'ouest. Ils furent battus sur les deux fronts : en Carinthie et dans le duché de Frioul. Ils se regroupèrent et furent à nouveau battus. Un grand nombre d'entre eux se noyèrent dans le Danube. Ce n'était que le prélude d'une implacable guerre. Charlemagne confia le commandement militaire de la Bavière et de la Carinthie à Gérold, son beau-frère et l'un de ses meilleurs lieutenants. Les circonstances l'obligèrent à différer ses projets de campagne. Les Avars tentèrent alors de négocier, mais le roi des Francs avait décidé de les châtier. Il partit de Ratisbonne en septembre 791, avec une puissante armée que devaient renforcer les troupes amenées par Pépin d'Italie. Il la divisa, comme toujours, en deux corps dont l'un progressa par la rive droite du Danube, l'autre par la rive gauche. Un convoi de bateaux montés par les Bavarois et commandés par Gérold descendait en même temps le fleuve. Les Avars avaient bâti des retranchements hâtifs, mais ils renoncèrent à les défendre, refluèrent en désordre vers le centre du royaume. Les Francs s'avançaient quasi sans combattre, perpétrant leurs dévastations habituelles, massacrant ou capturant les guerriers qui tombaient entre leurs mains. Il s'en fallut de peu que le royaume des Avars ne fût entièrement conquis en cette seule campagne. Une épidémie stoppa la progression des Francs. Elle tua neuf chevaux sur dix. Privé de cavalerie, Charlemagne dut ordonner la retraite. Malgré les succès remportés simultanément par les troupes de Pépin d'Italie, les Avars étaient provisoirement sauvés. Il ne restait plus à Charlemagne qu'à préparer une nouvelle expédition. Il s'y employa, mais la crise de 793 et surtout le soulèvement saxon l'obligèrent à remettre. Il eut cependant le temps de faire jeter un pont sur le Danube, afin de faciliter le passage des troupes et des approvisionnements.

Les Saxons en révolte avaient sollicité l'alliance des Avars. Mais ceux-ci avaient éprouvé de trop lourdes pertes en 791. En outre, la défaite les avait désunis. Ils contestaient le pouvoir du Khan, sans doute parce qu'il n'avait pas été capable d'arrêter l'invasion. L'un des principaux dignitaires du royaume, le tudun, vint offrir sa terre et ses hommes à Charlemagne. Désormais le roi des Francs avait son propre parti au sein du peuple avar. Il chargea Pépin d'Italie d'exploiter la situation. Le jeune roi disposait d'un excellent général en la personne d'Éric, duc de Frioul. Il lui confia son armée. Les Avars étaient en pleine révolution. Le Khan venait d'être assassiné et les grands se disputaient le pouvoir. Le duc Éric s'empara du Ring et fit main basse sur une partie du fabuleux trésor. L'année suivante (796), Pépin prit lui-même le commandement. Le désordre le plus total dressait les Avars les uns contre les autres. Le nouveau Khan tenta d'organiser la résistance. Le tudun le fit assassiner. Pépin reprit le Ring et le détruisit de fond en comble. Il ne fallut pas moins de quinze chariots tirés par quatre bœufs pour transporter ce qui restait du trésor. Cet immense butin était composé de vases, de plats, de bijoux, de calices, de croix, de pièces d'or et d'argent, produit des rançons, mais aussi du pillage des églises et des riches maisons. Il provenait des razzias conduites aussi bien en Occident que dans l'Empire byzantin. Charlemagne le partagea entre ses fidèles, en dota les églises et les monastères, put envoyer de somptueux objets d'art et des étoffes précieuses au Vatican. « De mémoire d'homme, s'écrie Éginhard, les Francs n'avaient pas encore soutenu de guerre qui les eût enrichis davantage et comblés de plus de dépouilles. Jusqu'alors ils avaient toujours passé pour un peuple assez pauvre : mais ils trouvèrent tant d'or et d'argent dans le palais du Khan, ils s'enrichirent dans les combats d'un butin si précieux qu'on est fondé à croire qu'ils enlevèrent avec justice aux Huns ce que les Huns avaient injustement enlevé aux autres nations. » Faut-il ajouter foi à ce qu'il écrit sur la dépopulation totale de la « Pannonie » ? Selon lui, « il n'est pas resté un seul habitant, la solitude du lieu où s'élevait la demeure royale du Khan, lieu qui n'offre pas aujourd'hui trace d'habitation humaine, atteste combien il y eut de combats livrés et de sang répandu. Toute la noblesse des Huns périt dans cette guerre, toute son influence fut anéantie ». Bien que décimés, les Avars se révoltèrent en 797, à l'incitation de ce tudun qui avait si bien servi Charlemagne. En 799, nouvelle révolte, mais qui fit long feu, comme la précédente. Il faut cependant admettre que les combats furent assez sérieux, puisque les ducs Éric de Frioul et Gérold de Bavière y laissèrent la vie. Pourtant le royaume avar avait d'ores et déjà cessé d'exister en tant que tel. Les missionnaires prirent la suite des soldats, avec un succès plus rapide qu'en Saxe. Ceux-là savaient « prêcher au peuple le joug léger du Christ et son suave fardeau ».

L'extension du royaume mettait à nouveau les Francs en contact avec des peuples inconnus. Il faut souligner que Charlemagne avait avancé ses frontières orientales d'environ 400 kilomètres. Cette progression continue l'avait contraint à entreprendre de nouvelles guerres, ne fût-ce que pour mettre les territoires conquis à l'abri des incursions. C'est ainsi qu'après avoir annexé la Bavière et la Carinthie, il avait dû soumettre les Avars. La réunion de la Saxe au royaume l'amenait pareillement à se préoccuper du voisinage slave. C'était un problème d'une extrême complexité, car les Slaves, s'ils formaient une apparente communauté linguistique et religieuse, n'étaient pas une nation. C'était au contraire un agglomérat de peuples autonomes. Il y avait les Abodrites joignant la mer Baltique et bordant la Saxe septentrionale ; plus au sud, les Wilzes ; puis, touchant à la Thuringe, les Sorabes ; puis les Bohémiens, voisins de la Bavière, et les Croates, voisins de la Carinthie. Ces peuples étaient partagés en clans dominés par une aristocratie. Ils vivaient de pêche, d'agriculture et d'élevage. N'ayant ni roi ni chef suprême, ils ne pouvaient avoir d'action concertée. De plus les rivalités opposaient fréquemment les clans entre eux. Pépin d'Italie et le duc Éric avaient aisément vaincu les Slaves du Sud, plus ou moins alliés des Avars dans les années 796-797. Charlemagne ne s'intéressa qu'aux Slaves du Nord. Pour être plus précis, il utilisa au mieux de ses intérêts les luttes tribales, semant au besoin la désunion entre les chefs. Les Abodrites et les Sorabes se donnèrent à lui par haine des Wilzes. Ils participèrent même à l'expédition punitive qu'il conduisit contre ces derniers en 789. Les Wilzes préférèrent se soumettre et livrer des otages. Les chroniqueurs célèbrent à l'envi les succès des Francs ; ils laissent entendre que Charlemagne conquit les territoires slaves comme il l'avait fait de la Saxe ou de la Lombardie, et que ces peuples abjurèrent le paganisme. Il faut en rabattre beaucoup. Malgré le silence de l'histoire, il est raisonnable de penser que l'influence carolingienne fut limitée et sporadique, ne concerna guère que les Abodrites, les Sorabes et les Wilzes, cependant suffisante pour consolider la frontière.

Un autre danger menaçait l'Europe. En 793, les

Danois ou Nortmans, montés sur leurs nefs rapides, avaient attaqué la Grande-Bretagne. Cependant ils n'osaient encore s'en prendre aux côtes du royaume franc.

TROISIÈME PARTIE

L'APOTHÉOSE

800

I

AIX-LA-CHAPELLE

Nous approchons de cette année 800 qui marque l'apothéose de Charlemagne. En trente-deux ans (768-800), il a réalisé ses principales conquêtes. Que l'on se reporte à la carte de la page 357 : on constatera la « dilatation » de l'Empire, les annexions réalisées. Cette extension quasi continue témoigne des vertus militaires de Charlemagne, mais aussi de son audace, mais encore de son incroyable ténacité. On perçoit à l'évidence qu'elle répond moins à l'ambition du conquérant qu'à une pensée politique précise et à d'impérieuses nécessités. Elle traduit également l'esprit de mesure, la pondération et la prudence d'un grand chef d'État. Nulle improvisation hâtive, mais une lente maturation, suivie d'une préparation méthodique, précédée d'une mise en condition quasi moderne de l'opinion et de tractations diplomatiques dans le but d'éviter le recours aux armes.

Avant d'évoquer les autres aspects de la personnalité de Charlemagne, de rendre compte de ses autres activités, il paraît utile de retracer brièvement les étapes de sa carrière jusqu'en 800. Il sied de rappeler tout d'abord que les trois premières années de son règne (768-771) ne laissaient guère prévoir la prodigieuse destinée qui sera la sienne, ni le grand roi qu'il a su devenir. Le partage du royaume entre lui et Carloman, son frère cadet, ruinait en partie l'œuvre de Pépin le Bref. Il ne permettait pas d'envisager des opérations de grande envergure, et d'autant moins que les deux frères ne s'entendaient pas. Charlemagne se trouva seul en face des Aquitains révoltés avec l'appui des Gascons. Cette révolte néanmoins domptée, il retomba sous la tutelle de la reine Berthe, sa mère. Il n'aperçut point le caractère offensant pour la mémoire de Pépin le Bref de la politique de Berthe, ni les dangers qu'elle présentait. Dans cette optique, il consentit à épouser Désirée, la fille de Didier, roi des Lombards, comme à se réconcilier avec Tassilon, duc de Bavière. L'alliance avec les Lombards, le pardon accordé à Tassilon rompaient avec la politique suivie par Pépin le Bref. Elle ouvrait au roi Didier la possibilité de s'emparer de toute l'Italie, en particulier de l'État pontifical et, par là même, portait atteinte à l'alliance entre le Saint-Siège et les rois francs. Elle resserrait en outre l'alliance entre la Bavière et la Lombardie ; Didier et Tassilon pouvaient se retourner tôt ou tard contre l'État franc. Le pacifisme de la reine Berthe s'avérait donc lourd de conséquences. Pourtant Charlemagne semblait partager les vues de sa mère, ne pas voir les risques qu'elle prenait par idéalisme ou par humeur. Peut-être cherchait-elle à éviter un conflit entre ses fils, conflit susceptible de dégénérer en guerre générale. Nous sommes trop mal informés sur cette période, et sur les raisons incitant la reine à agir de la sorte, pour affirmer quoi que ce soit. En tout cas, en 771, le vrai Charlemagne émerge brusquement. À la mort de Carloman, il s'empare de son héritage et reconstitue intégralement le royaume de Pépin le Bref. Les fils de Carloman et leur mère s'enfuient en Lombardie. La fille de Didier est congédiée sans ménagement et la reine Berthe renvoyée à sa quenouille.

Seul maître désormais et libre de ses actes, Charlemagne inaugure son règne par une expédition contre les Saxons. Redoutables voisins, ceux-ci n'avaient jamais cessé de menacer les provinces franques de Hesse et de Thuringe, ni de multiplier les raids fructueux, et cela malgré les représailles exercées par Charles Martel et par Pépin le Bref. Chaque fois vaincus, les Saxons demandaient la paix, acceptaient de livrer des otages et de payer tribut. Avec eux, tout était toujours à recommencer! La première expédition de Charlemagne eut le même caractère punitif et produisit les mêmes effets décevants. Sans doute projeta-t-il dès cette époque d'améliorer la défense de la Thuringe et de la Hesse, mais il dut remettre l'exécution de ses projets. Le pape Hadrien Ier l'appelait au secours. Didier de Lombardie avait mis la main sur l'exarchat de Ravenne et la Pentapole, envahi l'État pontifical. Plus grave encore, il avait l'intention de faire couronner les fils du défunt Carloman par le pape. Charlemagne mit en demeure Didier d'évacuer l'État pontifical. Puis il franchit les Alpes par le Mont-Cenis et le val d'Aoste, bouscula l'armée lombarde et assiégea Pavie où Didier s'était enfermé. Pendant ce siège (octobre 773 à juin 774), il se rendit à Rome et confirma la donation faite par son père au Saint-Siège. Après la reddition de Pavie, il se proclama roi des Lombards. Dans un premier temps, il laissa subsister l'administration lombarde. Une révolte du duc de Frioul l'obligea à changer le personnel en place et à nommer des comtes francs (776).

En Saxe, les opérations militaires avaient repris en 775. Elles aboutirent à l'annexion de la région de Paderborn (sud de la Saxe). Plusieurs forteresses furent construites et reçurent des garnisons franques. 777 fut une année apparemment décisive. Charlemagne tint l'assemblée annuelle à Paderborn et les Saxons adhérèrent massivement au christianisme. Ces baptêmes spectaculaires n'étaient bien entendu qu'un leurre! À cette même assemblée, le gouverneur de Saragosse, révolté contre l'émir de Cordoue, vint demander aide à Charlemagne et l'abusa de fausses promesses. 778 fut une année de crise ; la situation parut un moment compromise. L'expédition en Espagne tourna court. Charlemagne ne put s'emparer de Saragosse. Il dut ordonner la retraite sous la pression des événements. On sait l'importance que revêtit aux yeux de l'opinion l'épisode tragique du col de Roncevaux. L'Italie s'agitait. L'Aquitaine et la Gascogne donnaient des inquiétudes. Et, surtout, la Saxe s'embrasait, qui venait de se donner un chef suprême en la personne de Widukind. Charlemagne fit front. L'adversité décuplait ses talents et tendait sa volonté. Pour en finir avec les Saxons, il résolut de conquérir la totalité de leur territoire et de l'agréger au royaume, quel que fût le prix de cette conquête. Dès lors, chaque année fut marquée par une nouvelle campagne, souvent conduite par lui-même. Nulle guerre ne fut plus acharnée, ni plus systématique, ni plus cruelle : le massacre de Verden en atteste ! Widukind finit par se rendre et par recevoir le baptême (785). La Saxe était désormais soumise, à l'exception de la Nordalbingie.

Simultanément, Charlemagne avait calmé les agitations des Lombards, des Aquitains et des Gascons. Afin de respecter les particularismes, il avait érigé l'Italie et l'Aquitaine en royaumes en faveur de ses fils Pépin et Louis. Mais Pépin d'Italie comme Louis d'Aquitaine ne furent jamais que des vice-rois aux ordres de leur père. Charlemagne gardait la main sur leur administration. Il n'avait pas oublié la défection du duc Tassilon, ni ses intrigues avec les Lombards ; il le destitua en 785 et annexa la Bavière avec la Carinthie. La même année, il lança une seconde expédition en Espagne qui aboutit à la reddition de plusieurs villes, dont Girone, première amorce de la conquête de la marche d'Espagne destinée à protéger l'Aquitaine des incursions sarrasines. Deux ans plus tard, il mettait fin à la collusion du puissant duc de

Bénévent avec les Byzantins et soumettait l'Italie du Sud.

L'extension du royaume franc fut à nouveau compromise en 793. Cette seconde crise fut précédée par un complot suscité par Pépin le Bossu. Elle amena Charlemagne à instaurer un serment général d'allégeance. Le complot de Pépin traduisait en effet l'irritation d'une partie des grands sans doute las de guerroyer. En 793, les Maures franchirent les Pyrénées et se ruèrent sur la Septimanie. Guillaume de Toulouse parvint à briser leur élan. Charlemagne organisa dès lors l'occupation progressive de la marche d'Espagne. Cette même année 793, la Saxe se révolta. Cette vaste insurrection était provoquée par les rigueurs excessives du capitulaire promulgué par Charlemagne et par la rapacité des ecclésiastiques chargés d'évangéliser cette contrée. Il fallut quatre ans de guerre pour avoir enfin raison des rebelles. Charlemagne acheva de pacifier la Saxe en adoucissant le règlement draconien qu'il avait édicté et en réorganisant l'Église.

L'annexion de la Bavière et de la Carinthie lui avait donné pour frontaliers les Avars (que l'on appelait les Huns). De multiples incidents les avaient mis aux prises avec les Francs. À son habitude, Charlemagne tenta de s'entendre avec eux. Il entra en pourparlers avec leur chef et devant l'échec des négociations, prit la décision de les attaquer. La guerre, commencée en 791, fut interrompue par l'insurrection saxonne. Elle reprit en 795. La prise du Ring par Pépin d'Italie porta aux Avars un coup mortel. Ils furent définitivement vaincus en 796. Charlemagne incorpora une partie de leur territoire à la Bavière, une autre au duché de Frioul, le reste devenant la marche de Pannonie, comme au temps des Césars romains. Mais il existait une grande différence entre le *limes* romain et les frontières du royaume franc. Charlemagne avait agrégé à ses États la totalité de la Germanie, ce que les

Césars n'avaient pu réussir au zénith de leur puissance : ils étaient parvenus, non sans d'extrêmes difficultés, à contenir les Germains ; Charlemagne les avait domptés.

L'extension du royaume vers l'est déplaçait d'autant son centre (ce qui est une vérité de La Palice !). Désormais l'axe du territoire franc se situait non plus en Île-de-France, mais dans la région comprise entre la Meuse, la Moselle et le Rhin. Elle était d'ailleurs le berceau et restait l'assise de la puissance carolingienne. C'était là que les aïeux de Charlemagne avaient eu leurs principaux domaines, leurs richesses, leurs fidèles partisans, et ces villas que les chroniqueurs affublent complaisamment du nom de palais. Charlemagne était respectueux du passé. Il avait donc toutes les raisons de fixer sa résidence au cœur de l'ancienne Austrasie. Il choisit Aix-la-Chapelle. Jusqu'ici il avait mené l'existence nomade de ses pères, qui avait été celle des rois mérovingiens. Le « palais » (c'est-à-dire l'ensemble de la Cour) se déplaçait d'une villa royale à une autre, pour y consommer les produits récoltés sur le domaine. Ces « palais » royaux étaient pour la plupart des villas gallo-romaines à demi ruinées par les invasions, réparées tant bien que mal, puis augmentées de constructions souvent en bois. C'étaient à la fois de vastes domaines agricoles et des résidences. Tous, ou presque, répondaient aux mêmes critères. Imaginez une cour décorée d'un portique et entourée de bâtiments. Le plus important de ceux-ci est évidemment la maison du maître. Les autres sont les logements des officiers et des serviteurs, les dépendances : cuisine, cellier, granges, écuries, pressoir. La chapelle est construite en pierres bien appareillées. Un verger s'étend à proximité, ainsi qu'un jardin potager et bouquetier, et parfois un parc clos où s'ébattent les bêtes sauvages. On verra plus loin l'organisation du domaine agricole proprement dit : sa superficie couvre des milliers d'hectares. Les maisons royales sont toutes dotées d'une grande salle d'apparat ou salle du trône. Elles sont aussi plus confortables, mieux meublées, et décorées parfois de sculptures, de colonnes, de plaques de marbre et de mosaïque jadis importées d'Italie par les « sénateurs » gallo-romains. Dans certaines d'entre elles subsistent des bains munis d'hypocaustes. Toutes sont bâties à proximité d'une rivière ou d'un fleuve : Compiègne, Verberie et Quierzy sur l'Oise, Attigny sur l'Aisne, Héristal sur la Meuse, Nimègue sur le Wahal, Ingelheim et Worms sur le Rhin, Thionville sur la Moselle, etc. Charlemagne aimait bâtir. Il agrandit et embellit chacun de ces « palais ». On a retrouvé les fragments de stuc, de marbre, de peinture à fresque, de celui d'Ingelheim. Et l'on sait que la salle d'audience mesurait 30 mètres sur 15.

À mesure qu'il progressait vers l'est, Charlemagne délaissa ses résidences d'Île-de-France et de Picardie. Il se rapprochait du théâtre des opérations : d'où sa prédilection pour Ingelheim, Worms, Héristal ou Düren qui était situé entre la Meuse et le Rhin. Cependant, à mesure que sa grandeur s'affirmait et que, devenu roi d'Occident avant d'en être l'empereur, il se posait en rival du basiléus byzantin, maître de l'Orient, il voulut ériger un palais à sa mesure. Il n'ignorait point la splendeur de la demeure des basiléus. Pendant ses séjours à Rome et à Ravenne, il avait visité les grandioses constructions des anciens Césars et le palais élevé par Théodoric, roi des Ostrogoths. Il avait compris que ces édifices témoignaient de la puissance et de la gloire de leurs constructeurs. De même que Louis XIV bâtissant Versailles, il voulut attacher son nom à un palais qui serait digne de lui, mais qui serait aussi une résidence fixe et deviendrait le centre du pouvoir carolingien, avec des services permanents, un trésor, des archives, en même temps qu'il éblouirait ses contemporains par son luxe et par sa beauté.

Il aurait pu choisir les environs d'une ville, par exemple Cologne ou Mayence. Cologne avait été romaine ; elle avait déjà un long et glorieux passé. Mayence était au confluent du Rhin et du Main. Le choix de Charlemagne se porta sur Aix, qui n'était rien et se trouvait en dehors des voies romaines, bien qu'une légion y eût tenu garnison. Cette pauvre agglomération était située dans une plaine entre la Meuse et le Rhin, arrosée par la Wurm, un affluent de la Roer. Des sources d'eau chaude y jaillissaient en abondance. Les environs étaient giboyeux. Les chroniqueurs ne manquèrent pas d'expliquer le choix de cette localité par le goût prononcé de Charlemagne pour la chasse et pour les bains ! Il avait des raisons plus sérieuses.

On ignore à quelle date il conçut son projet. Il résida à Aix à plusieurs reprises. On peut conjecturer que les travaux commencèrent vers 790, furent accélérés l'année suivante et se trouvaient assez avancés en 794 pour que la Cour s'y installât définitivement. Ils furent néanmoins poursuivis jusqu'en 800, et peut-être après. Les destructions successives, les restaurations malencontreuses, l'imprécision des chroniques rendent presque impossible une restitution fidèle de l'ensemble architectural voulu par Charlemagne. Il ne choisit pas seulement l'emplacement du « Versailles carolingien » ; il en contrôla les plans et les travaux avec cette minutie parfois ombrageuse qu'on lui connaissait.

Cet ensemble occupait un terrain en pente et se divisait en deux groupes de bâtiments ; au sommet le palais, au bas la chapelle et ses annexes. Le palais avait des dimensions imposantes. La salle du trône mesurait en effet 46 mètres sur 20. Elle s'ouvrait sur trois absides. Le reste de l'étage comprenait l'antichambre et la chambre de Charlemagne, et celles de ses filles. Une balustrade entourait le bâtiment, d'où le roi était à même d'observer tout ce qui se passait.

Le rez-de-chaussée, partagé en cinq pièces, était affecté aux serviteurs. Une galerie protégeait l'entrée du palais qui était relié à la chapelle par une longue galerie. Un aigle de bronze doré surmontait le toit.

La chapelle royale avait les dimensions d'une basilique. Elle était consacrée à la Vierge et au Christ. Il n'en reste aujourd'hui que la partie centrale (d'ailleurs remaniée). Elle n'avait pas été construite selon le plan basilical alors en usage. C'était essentiellement un polygone de seize côtés, dans lequel s'inscrivait un octogone haut de 31 mètres à partir des fondations. Cet octogone (d'environ 14,5 mètres de diamètre) était entouré par une galerie large de 6,5 mètres et surmonté de tribunes. Il était flanqué d'un chœur éclairé par deux baies et renfermant deux autels superposés : celui du rez-de-chaussée dédié à la Vierge, celui du dessus au Christ. Une grande croix cimait la toiture. À l'opposé du chœur s'élevait le pavillon d'entrée, encadré par deux tourelles. Ces tourelles contenaient les escaliers à vis donnant accès à l'étage des tribunes. Les toits de l'édifice étaient en lames de plomb et surmontés de sphères dorées. Des bâtiments adjacents étaient réservés à l'apocrisaire, aux membres du clergé ; ils abritaient aussi le trésor et les archives de la chapelle. Devant la porte d'entrée se développait un atrium de 36 mètres sur 17, au centre duquel l'eau jaillissait de la gueule d'une ourse de bronze.

Charlemagne avait fait venir les meilleurs ouvriers qu'il put trouver. Les colonnes et les plaques de marbre furent importées de Ravenne avec l'assentiment du pape Hadrien. Rien ne parut trop beau ni trop cher au roi des Francs pour orner sa chapelle. Il prodigua l'or, l'argent, le bronze, la mosaïque. Les colonnes étaient en marbre, mais aussi en porphyre rouge, vert ou turquoise. Les portes, les balustrades, en bronze savamment travaillé. Le dôme de l'octogone était recouvert d'une mosaïque représentant, sous un ciel étincelant d'étoiles, le Christ en majesté, avec un manteau royal, entouré d'anges et accompagné des vieillards de l'Apocalypse. Le trône de Charlemagne, en marbre blanc, se dressait en face de l'autel du Rédempteur, à l'étage des tribunes. Les contemporains célébrèrent à l'envi la beauté de cet édifice élevé à la gloire du Christ et de sa mère, et quelque peu à celle de son architecte.

On aimerait donner plus de détails sur les bâtiments qui bordaient la grande cour, entre le palais et la chapelle. Ils abritaient les services royaux, la salle du trésor, les archives, la bibliothèque, les logements des comtes palatins et autres dignitaires, les bains. Les fouilles et sondages qui ont été effectués au cours des âges, les travaux passionnés et passionnants des érudits allemands certes fournissent d'utiles indications, mais interdisent un excès de précision. Ils donnent cependant quelque idée de ce palais bientôt impérial, conçu par Charlemagne dans un dessein politique non douteux. Les chroniqueurs ne nous sont d'aucun secours. Éginhard se contente d'écrire : « Quoique ardent à agrandir ses États, en soumettant à ses lois les nations étrangères, Charles ne laissa pas de commencer et même de terminer en divers lieux beaucoup de travaux pour l'éclat et la commodité de son royaume. Les plus remarquables furent, sans aucun doute, la basilique construite avec un art admirable, en l'honneur de la mère de Dieu, à Aix-la-Chapelle, et le pont de Mayence sur le Rhin. » Notker de Saint-Gall rapporte des anecdotes peu dignes d'intérêt sur la construction de la basilique. Il signale l'existence d'une agglomération autour du palais. Mais il oublie de parler des agréments du jardin, et du parc aux bêtes sauvages, ainsi que de la proximité d'une forêt giboyeuse où le maître des lieux, escorté de ses invités et de sa meute, satisfaisait sa passion de la chasse.

La bourgade bâtie en hâte autour du palais devint rapidement une petite ville peuplée de marchands et d'hôteliers mais aussi de fonctionnaires non logés au palais. La présence de Charlemagne attirait d'innombrables visiteurs : comtes, chefs de guerre, viguiers, délégations étrangères, notables venus de Saxe, de Frise, de Bavière, d'Italie, d'Aquitaine, de la marche d'Espagne, de Bourgogne ou de Bretagne, prélats et candidats à la prélature, abbés et simples clercs, nobles en quête d'une fonction, simples curieux venus dans la seule perspective de contempler le visage du roi d'Occident, pétitionnaires de tout poil, beaux esprits impatients de se produire, de plaire et d'être agrégés à l'académie palatine. Il fallait nourrir, loger, amuser cette multitude fort mêlée. L'encombrement, l'animation devaient être extraordinaires, lors des grandes fêtes, de la venue d'un personnage illustre ou du retour des armées en campagne. Les chefs étaient reçus au palais et c'était vers le palais que montait la file des chariots transportant le butin ou le produit des tributs. Nul n'avait oublié le spectacle des quinze chariots pliant sous le poids de l'or et des objets précieux découverts dans le Ring des Avars !

Bref, en peu d'années, Aix-la-Chapelle devint une ville analogue à celle de Versailles au temps du Roi-Soleil. Les départs de Charlemagne la vidaient aux trois quarts. Ses retours la remplissaient à nouveau. Les poètes de service, toujours en veine de flatterie, l'appelaient la Nouvelle Rome. Le savant Alcuin la comparait à Jérusalem. Charlemagne laissait dire. Ces hyperboles servaient ses desseins.

On ne sait rien de l'architecte de la chapelle, sinon qu'il s'appelait Eudes. De savants érudits ont disputé, et disputent encore, sur le point de déterminer le modèle dont Eudes s'inspira. Pour les uns, le chrysotriclinos de Byzance, d'origine romaine; pour les autres, Saint-Vital de Ravenne, hypothèse la plus probable. Pour certains, c'est un reliquaire géant et pour d'autres l'antique tombe des héros, ou les deux à la fois. Ces discussions montrent quel intérêt s'attache à tout ce qui touche Charlemagne. Il reste que ses contemporains béaient d'admiration devant cet édifice audacieux. Du dôme aux fondations ils le croyaient inventé par le grand roi d'Occident. C'était pour eux une innovation absolue, et surtout l'image de sa foi conquérante ! Ils n'avaient point visité Byzance et ne se souvenaient guère des monuments d'Italie.

II

« CHARLES, LE TRÈS EXCELLENT... »

L'accession de Charlemagne à l'empire n'eut certes pas le caractère fortuit que lui prête Éginhard. Ce fut le résultat d'une longue préparation. Le basiléus était, comme on sait, l'héritier des Césars, c'est-à-dire de l'Empire romain dans son entier. Il exerçait en cette qualité un droit de suzeraineté sur les rois d'Occident. Il était en outre le protecteur de Rome et du Saint-Siège. Ce droit de suzeraineté avait encore un semblant de réalité au temps de Clovis et des premiers Mérovingiens. Il s'était ensuite effrité et ne traduisait, sous le règne de Charlemagne, qu'une prétention insoutenable. Quant à leur rôle de protecteurs de l'Église, les basiléus avaient cessé depuis longtemps de l'assumer. Bien plus, la querelle de l'iconoclastie les avait jetés dans l'hérésie et, par là même, opposés au pape. C'était Charlemagne qui avait défendu Rome contre les Lombards et véritablement fondé l'État pontifical. Il avait en outre imposé une orthodoxie rigoureuse au clergé franc, combattu les hérésies et le paganisme, propagé la religion chrétienne dans tous les territoires qu'il avait annexés. Sa puissance territoriale et militaire dépassait désormais celle de l'empereur byzantin. Quant à l'Église, elle n'avait pas eu depuis Constantin de protecteur plus agissant. La foi de Charlemagne était même plus solide que celle de Constantin, dont les clercs n'ignoraient point le penchant pour l'arianisme. Ce furent précisément eux qui célébrèrent à l'envi la venue d'un nouveau Constantin, la présence d'un nouveau roi David, et répandirent l'idée d'une restauration de l'Empire romain en Occident. Il n'est pas exagéré de dire qu'ils promurent ainsi un parti impérial. Les écrits d'Alcuin sont à cet égard éloquents. Dès 794, il écrivait : « Heureuse, dit le psalmiste, la nation dont Dieu est le seigneur ! Heureux le peuple exalté par un chef et soutenu par un prédicateur de la foi ! C'est ainsi que, jadis, David, choisi par Dieu, soumit à Israël, par son glaive victorieux, les nations d'alentour... Sous le même nom, animé de la même foi et de la même vertu, celui-ci[1] est maintenant notre chef et notre guide : un chef à l'ombre duquel le peuple chrétien repose dans la paix, et qui de toutes parts inspire la terreur aux nations païennes ; un guide dont la dévotion ne cesse, par sa fermeté évangélique, de fortifier la foi catholique contre les sectateurs de l'hérésie... »

En 799, Alcuin adressait au futur empereur cette lettre restée fameuse :

« Jusqu'à présent, trois personnes ont été au sommet de la hiérarchie dans le monde :

— Le représentant de la Sublimité apostolique, vicaire du bienheureux Pierre, prince des Apôtres, dont il occupe le siège. Ce qu'il est advenu au détenteur[2] actuel de ce siège, votre bonté a pris soin de me le faire savoir.

— Vient ensuite le titulaire de la dignité impériale, qui exerce la puissance séculière dans la seconde Rome[3]. De quelle façon impie le chef de cet empire a été déposé, non par des étrangers, mais par les siens et par ses citoyens, la nouvelle s'en est répandue partout.

— Vient en troisième lieu la dignité royale, que Notre-Seigneur Jésus-Christ vous a réservée pour

1. Charlemagne.
2. Léon III, successeur d'Hadrien Ier : voir chapitre suivant.
3. Byzance.

que vous gouverniez le peuple chrétien. Elle l'emporte sur les deux autres dignités, les éclipse en sagesse et les surpasse.

« C'est maintenant sur toi seul que s'appuient les Églises du Christ, de toi seul qu'elles attendent le salut : de toi, vengeur des crimes, guide de ceux qui errent, consolateur des affligés, soutien des bons… »

Naguère, le pape Hadrien avait lui-même écrit : « Seigneur, sauve le roi et exauce-nous le jour où nous t'invoquons, parce que voici qu'un nouveau et très chrétien empereur Constantin a surgi en ces jours, par lequel Dieu a daigné tout donner à la Sainte Église du prince des Apôtres, Pierre ! »

On se souvient des conditions dramatiques dans lesquelles Hadrien avait appelé Charlemagne au secours de Rome et placé l'Église sous la protection du roi des Francs. Ses prédécesseurs lui avaient d'ailleurs montré la voie, depuis Zacharie. Recherchant la protection des Francs, le Saint-Siège abandonnait *de facto* l'alliance byzantine, laquelle s'avérait inopérante. Cet abandon équivalait à une vacance de l'Empire, si l'on veut à une scission entre les deux parties occidentale et orientale, qui composaient fictivement cet empire. Il y avait donc une vacance à combler, du point de vue politique. Par ailleurs, Charlemagne détenait déjà le titre de patrice des Romains. Pour lui comme pour les guerriers francs, protection signifiait quasi-possession. Charlemagne ne se contentait pas de « protéger » Rome ; il s'ingérait dans l'administration même de la ville. L'indépendance du pape y restait entière au plan de la spiritualité. Elle était au contraire des plus limitées quant aux affaires temporelles. Hadrien s'était efforcé vainement d'obtenir la rétrocession des territoires prévue par la pseudodonation de Constantin. Il n'avait pu davantage assurer sa prééminence en Occident et il apparaissait comme une sorte de lieutenant du roi des Francs. N'eussent été ses liens d'amitié avec Charlemagne et les marques de respectueuse affection que celui-ci lui prodiguait, il est évident qu'un conflit les eût opposés. Non seulement parce que Charlemagne ne tenait pas exactement les promesses qu'il avait souscrites après la conquête de la Lombardie, mais parce qu'il se comportait en chef de la chrétienté, en chef religieux! Prétendant agir au nom du pape, il réformait l'Église, nommait les évêques, imposait au clergé l'ordre carolingien et tenait au besoin des conciles où ses vues finissaient toujours par prévaloir. Hadrien ne pouvait mettre en doute ses bonnes intentions, ni son orthodoxie, ni les résultats spectaculaires qu'il obtenait. Chacune de ses conquêtes avait été une « croisade », s'accompagnait de l'évangélisation des peuples vaincus. Charlemagne avait ainsi doublé le patrimoine spirituel de la sainte Église : il lui avait donné les âmes des Frisons du Nord, des Saxons, des Avars et même des musulmans de la marche d'Espagne. Jamais, depuis Constantin, il n'avait existé pareil prince évangélisateur, meilleur glaive de la foi, lieutenant plus glorieux du Saint-Siège! Que le pape Hadrien ait exercé sur Charlemagne une influence déterminante, cela est évident. Il fut réellement son guide spirituel et, dans le domaine de la foi, leur entente fut complète et constante. Pour autant, Hadrien songea-t-il à faire de Charlemagne un empereur d'Occident? Rien ne prouve qu'il en ait eu le projet et, sinon, il eût fallu que le futur empereur consentît à reconnaître qu'il tenait sa couronne du pape, autrement dit qu'il admettait la suprématie de ce dernier. Or, au plan temporel, leurs rapports étaient, comme on a vu, singulièrement équivoques. De plus la diplomatie pontificale gardait ses droits: Hadrien maintenant des rapports courtois avec Byzance. Il était clair que, tant que vivrait ce pontife intelligent et respecté, il n'y aurait point de rupture officielle et définitive avec le basiléus. Quelles qu'eussent été à cette époque la pensée politique et les ambitions de Charlemagne, il se devait d'accepter le principe d'une autorité supérieure à la sienne dans la hiérarchie des pouvoirs, en théorie du moins. Il s'appliquait au surplus à ménager la susceptibilité du basiléus, ne fût-ce que pour éviter une guerre avec les Byzantins.

La mort d'Hadrien et surtout une révolution de palais à Byzance, l'une survenue en 794, l'autre en 797, modifièrent l'échiquier politique. Jusqu'ici, l'ancien Empire des Césars formait en somme trois blocs : l'Empire byzantin, l'Empire arabe morcelé en émirats et le grand royaume franc. L'anarchie qui régnait désormais à Byzance risquait fort de compromettre cet équilibre. Que s'était-il passé ? Irène, veuve du basiléus Léon IV, s'était dessaisie, non sans résistance, de la régence qu'elle exerçait pendant la minorité de son fils, Constantin VI. Celui-ci avait irrité ses sujets par des mesures trop rigoureuses. Irène profita du mécontentement général pour faire crever les yeux de son fils et reprendre le pouvoir. Par surcroît elle s'était fait sacrer basiléus. Cet empereur-femme fut aussitôt contesté. Un parti d'opposition se forma. Ses députés vinrent même offrir la couronne de Byzance à Charlemagne, qui la récusa. Il était prévisible qu'Irène ne conserverait pas longtemps le pouvoir. Ces événements achevaient de dissiper le mirage de la suzeraineté byzantine sur l'Occident. Dans les conceptions du temps, Irène n'était même pas usurpatrice : en tant que femme, elle ne pouvait pas exercer valablement la charge d'empereur !

Telle était bien l'opinion personnelle de Charlemagne. Déjà, quand Irène n'était encore que régente, il avait contrebattu son influence. Elle avait réuni un concile à Nicée en vue d'en finir avec les iconoclastes. Charlemagne répliqua par la réunion d'un concile à Francfort, lequel condamna les Actes de Nicée. Il avait fait rédiger dans ce dessein les *Libri carolini* par Théodulfe, un de ses conseillers ecclésiastiques. Quel était le mobile de cette condamnation ? L'incapacité d'Irène, en tant que femme, de décider en matière de foi ! Or les basiléus, évêques et rois, s'étaient jusqu'ici posés en chefs religieux et promouvaient les conciles qui leur semblaient utiles. En réunissant le concile de Francfort, Charlemagne s'arrogeait donc un nouveau pouvoir, celui de gouverneur de la chrétienté. Le coup d'État perpétré par Irène en 797, la cruauté qu'elle avait montrée à l'égard de son fils venaient heureusement conforter la position du roi des Francs. Désormais cette fausse impératrice, criminelle par surcroît, perdait tout crédit aux yeux des chrétiens. Charlemagne avait donc le champ libre, car ce n'était certes pas le nouveau pape Léon III qui pouvait défendre les intérêts du trône byzantin !

Ces considérations aident à discerner ce que pouvait être le futur Empire d'Occident, et ce qu'il sera effectivement. Le souvenir du vieil Empire romain persistait, non certainement dans le peuple, mais dans le milieu, fort restreint, des lettrés. Ce n'était guère plus que la nostalgie, toute littéraire, d'une grandeur déchue, dont, ici et là, les ruines des monuments romains témoignaient. Depuis longtemps déjà, on avait oublié la *pax romana* : trop de mutations s'étaient opérées, trop de guerres avaient bouleversé l'Europe ! Cependant Charlemagne avait à peu près reconstitué la puissance tentaculaire des Césars, dompté les peuples de l'Est, annexé des territoires où les légions de jadis avaient connu de sanglants revers. Le royaume carolingien ne ressemblait en rien à celui des Mérovingiens aux limites indécises ; il avait réellement les dimensions d'un empire. Il existait en outre une différence de nature entre les guerriers francs et les légionnaires romains. Ces derniers combattaient, toutes croyances mêlées, pour accroître le patrimoine de Rome. Les Francs étaient un nouveau « peuple élu ». Ils combattaient pour le Christ Rédempteur dont leur chef était le délégué, le représentant. Il ne s'agissait donc pas de restaurer l'Empire des Césars, quelles que fussent les rêveries des lettrés à ce sujet, mais d'instaurer un empire chrétien d'Occident. Charlemagne s'en était déjà institué le « gouverneur ». Bien plus, la situation du nouveau pape

Léon dans la capitale de la chrétienté, situation des plus difficiles, faisait du roi des Francs le véritable guide spirituel de ses peuples. C'est bien là ce qu'exprimait Alcuin dans sa lettre de 799: le pouvoir royal, qui occupait la troisième place dans la hiérarchie terrestre, passait au premier rang, par suite de la faiblesse du pape et de l'indignité du « basiléus » Irène.

La foi chrétienne fut l'un des motifs – et même le motif essentiel – de l'avènement de Charlemagne à l'empire. Mais il existait aussi des raisons politiques. Aux abords de l'an 800, le royaume franc était un empire de fait par ses dimensions mêmes. Il l'était encore par la juxtaposition des peuples qui le composaient. Le royaume laissé par Pépin le Bref était devenu une puissance européenne, alors que l'Empire byzantin avait régressé et perdu de son influence. En outre, Charlemagne avait appelé à sa Cour l'élite des penseurs, des administrateurs et des soldats. Sa Cour était, si l'on peut dire, internationale. Le faste dont il s'entourait dans les cérémonies officielles, l'accueil à la fois chaleureux et grandiose qu'il réservait aux ambassadeurs, l'éclat de son palais d'Aix-la-Chapelle et surtout de l'église-reliquaire qu'il y avait bâtie ajoutaient à son prestige. Les princes des nations étrangères, les rois d'Angleterre ou des Asturies comme le lointain calife de Bagdad, recherchaient son amitié. Nouveau roi David, il n'avait nul besoin du titre d'empereur pour accroître sa gloire ou pour fortifier son autorité. Il était réellement tout-puissant et jouissait par surcroît d'une immense popularité. Mais il y avait l'avenir. Deux fils de Charlemagne étaient déjà rois: Pépin d'Italie et Louis d'Aquitaine. Il serait utile que le prince Charles, leur aîné, héritât d'un titre supérieur à celui de roi. Cette perspective n'échappait certainement pas à Charlemagne, ni à ses conseillers politiques.

Une habile propagande avait insinué dans les esprits l'opportunité du couronnement de Charlemagne.

Soldats du Christ, les Francs voyaient dans cette élévation de leur chef l'aboutissement de leurs sacrifices. Un peu de sa gloire rejaillirait sur tous. Les ducs et les comtes en recevraient un regain de prestige. Déjà les clercs entonnaient, dans les Laudes royales :

« Christ, exauce-nous ! À Charles, le très excellent, couronné par Dieu, grand et pacifique, roi des Francs et des Lombards, patrice des Romains, vie et victoire ! »

III

LE PAPE LÉON III

Après l'attentat d'Irène contre Constantin VI et la quasi-vacance de l'Empire (au moins pour l'Occident), il était donc loisible à Charlemagne de se faire couronner. Son entourage l'y poussait unanimement et c'était son désir secret. Fidèle à ses méthodes, il sut pourtant ne rien précipiter, attendre un événement propice. Ce fut le pape Léon III qui le lui fournit, involontairement. Son prédécesseur Hadrien Ier était issu d'une illustre famille ; il lui avait été facile d'imposer silence aux factions qui divisaient la Ville éternelle. Tel n'était pas le cas de Léon III dont les origines semblent avoir été modestes, bien qu'il fût aussi Romain de naissance. Il avait pourtant été élu à l'unanimité, le 25 décembre 795. Sans doute croyait-on promouvoir un pape de complaisance. Peu après son élévation au pontificat, les factions manifestèrent leur hostilité à son endroit, et il put redouter le pire. Il est probable qu'il prit rapidement conscience de son isolement et du danger auquel il s'exposait. Peu après son avènement, il envoya à Charlemagne le procès-verbal de son élection, les clefs de Saint-Pierre, dont on sait qu'il s'agissait d'une distinction honorifique : les grand-père et père de Charlemagne en avaient eux-mêmes été décorés. L'envoi de l'étendard de Rome prenait, en la conjoncture, un sens particulier. Cette initiative rappelait en effet qu'en sa qualité de patrice des Romains le roi des Francs était maître temporel de la ville de saint Pierre. Mais Léon III avait fait davantage : si l'on s'en rapporte aux *Annales royales*, il demandait en outre à Charlemagne de dépêcher un représentant pour recevoir le serment du peuple romain. En clair, cela signifiait que Léon III entendait conférer au patriciat de Charlemagne une valeur supplémentaire. Hadrien Ier s'était toujours efforcé de préserver l'indépendance de Rome. Son successeur rompait délibérément avec cette politique ; il plaçait Rome sous l'autorité directe de Charlemagne. Ce dernier s'empressa de faire droit à sa demande. Il envoya à Rome son ami Angilbert, abbé de Saint-Riquier.

Angilbert apporta à Léon III de magnifiques présents, mais aussi cette lettre dans laquelle Charlemagne définissait avec vigueur leurs pouvoirs respectifs :

«... De même que j'ai contracté avec votre prédécesseur un lien sacré de paternité, ainsi je désire former avec votre béatitude le même lien de foi et de charité inviolable ; afin qu'avec la grâce de Dieu et par les prières des saints, je jouisse partout des effets de la bénédiction apostolique, et que je puisse défendre à jamais le saint Siège de l'Église romaine. Car c'est à moi, par le secours de la divine Piété, qu'il appartient de protéger au-dehors l'Église de Jésus-Christ contre les attaques des païens et les ravages des infidèles ; de la fortifier au-dedans, en faisant reconnaître partout la foi catholique. Et c'est à vous, Très Saint-Père, d'aider aux efforts de nos armées, en élevant les mains vers Dieu, comme Moïse ; afin que, par votre intercession et par la grâce de Dieu, le peuple chrétien remporte toujours la victoire sur les ennemis de son saint nom, et que le nom de Notre-Seigneur Jésus-Christ soit glorifié dans tout l'univers. Mais que votre prudence s'attache à suivre les canons ; que des exemples de sainteté éclatent dans votre conduite, que de saintes exhortations sortent de votre bouche. Ainsi votre lumière brillera devant les hommes de telle sorte qu'en voyant vos bonnes œuvres, ils glorifieront le Père céleste. »

Charlemagne entendait donc limiter le rôle de Léon III à celui d'intercesseur, et se chargeait du reste ! Tel était le prix de l'amitié et de l'appui qu'il lui offrait. Il se permettait même de l'inviter à respecter scrupuleusement le droit canon et à donner le bon exemple. Doutait-il à ce point de l'honnêteté morale de Léon III ? Quelles informations détenait-il à son sujet ? L'abbé Angilbert reçut cette instruction :

« La divine miséricorde t'a conduit heureusement près de notre père, le pontife apostolique. Avertis-le soigneusement de toute la dignité qu'il doit observer dans sa conduite ; rappelle-le principalement à l'observation des sacrés canons et au sage gouvernement de la Sainte Église, selon que tu en auras conféré avec lui et qu'il sera opportun pour lui. Insinue-lui souvent combien l'honneur dont il jouit est passager et combien est de longue durée la récompense promise à celui qui agira bien dans ce haut rang. Exhorte-le avec soin à détruire la simonie qui infecte en plusieurs lieux le corps de l'Église, et tous autres abus dont tu te souviens que nous nous sommes plaints entre nous. N'oublie pas de lui rappeler ce dont j'avais traité avec son prédécesseur le bienheureux Hadrien, touchant l'érection d'un monastère à saint Paul, et qu'à ton retour tu puisses m'en rendre un compte exact. Que le Seigneur te guide et te ramène en toute sécurité. Et qu'il dirige le cœur de Léon en toute droiture, afin qu'il fasse ce qui sera profitable à la Sainte Église, et qu'il soit pour nous un bon père et un puissant intercesseur. »

Nous ignorons la teneur des entretiens d'Angilbert avec Léon III, notamment quelles perspectives d'avenir furent évoquées. En tout cas le pape ne tenta point d'assurer son autonomie à l'égard du pouvoir temporel. Il accepta le rôle dans lequel son puissant protecteur entendait le confiner et se mit à ses ordres. La mosaïque qu'il fit exécuter dans le triclinum du palais du Latran en apporte la preuve. Entre autres scènes elle représentait saint Pierre tendant, de la main droite, le pallium à Léon III, et de la main gauche, l'étendard semé de roses à Charlemagne. Faisant pendant à ce groupe, on voyait l'empereur Constantin et le pape Sylvestre agenouillés aux pieds de Jésus-Christ. Charlemagne y figurait donc comme « nouveau Constantin » ! On ne pouvait être plus clair. Bien plus, Léon III data ses actes simultanément à partir de son élévation au pontificat et de l'avènement de Charlemagne comme roi d'Italie, ce qui revenait à admettre que Rome et l'État pontifical étaient placés sous son autorité. Il fallait que sa situation fût bien mauvaise pour qu'il renonçât de la sorte à toute liberté d'action, se reconnût aussi complètement vassal du roi des Francs ! À vrai dire, c'était en lui qu'il plaçait toute son espérance.

Le 25 avril 799, jour de la litanie majeure célébrée dans le but d'attirer la protection céleste sur les biens de la terre, comme le pape se rendait à cheval du Latran à l'église Saint-Laurent in Lucina, il tomba dans un guet-apens. Des hommes armés de bâtons et d'épées l'assaillirent, le désarçonnèrent, le rouèrent de coups et le traînèrent jusqu'au couvent Saint-Étienne-et-Saint-Sylvestre. Les agresseurs étaient stipendiés par deux hauts fonctionnaires pontificaux, le primicier Pascal et le sacellaire Camulus, tous deux parents du défunt Hadrien Ier. Ces derniers agissaient au nom d'une importante faction de l'aristocratie romaine. Leur but était de déposer ce pape sorti de rien et qui, privé de partisans, cherchait l'appui exclusif des Francs en abdiquant sa souveraineté temporelle sur Rome. Éginhard écrit que les conjurés accablèrent le malheureux Léon III d'outrages, lui arrachèrent les yeux et lui coupèrent la langue. En réalité le pape fut seulement menacé de ce supplice ; il ne perdit ni la vue ni la parole. On le transféra au monastère Saint-Érasme, dont la surveillance semblait plus facile. Pendant la nuit, le cubiculaire Albinus et quelques fidèles enlevèrent Léon III et le conduisirent au palais du Latran. Et là, selon les chroniques, le pape recouvra miraculeusement la voix et la vue ! Survint alors le duc de Spolète, Winigis, avec une bande armée. Il va sans dire que l'intervention de Winigis n'était pas due au hasard. Il ne s'agissait point en effet d'un simple attentat contre le pape, mais d'une révolution intéressant toute la ville de Rome : une faction hostile aux Francs et au pontife coupable de « collaboration » cherchait à s'emparer du pouvoir. Le duc de Spolète avait été chargé par Charlemagne de surveiller la situation. Prévenu de l'attentat contre Léon III, il était accouru. Il ne tenta point cependant de rétablir l'ordre dans Rome, mais emmena Léon III à Spolète. L'agitation qui régnait à Rome depuis des mois avait incité Charlemagne à y envoyer en observation le comte Germaire. Celui-ci arriva trop tard à Rome ; il ne put que se rendre à Spolète. Léon III lui demanda de le conduire auprès de Charlemagne. Peut-être Germaire le lui suggéra-t-il. De nombreux points restent en effet obscurs. Les relations du temps sont étonnamment discrètes et confuses. Léon III avait-il été réellement déposé par les conjurés, comme le laisse supposer son enfermement dans un monastère ? Qu'on lui ait arraché ses ornements sacerdotaux, cela est évident, mais avait-il abdiqué sous l'empire de la terreur ? Dans cette hypothèse, le siège pontifical eût été vacant. Pourquoi la faction romaine qui avait pris le pouvoir ne donna-t-elle pas de successeur au pape déchu ? Elle en avait les moyens, puisque Winigis avait cru prudent de se retirer à Spolète.

Quoi qu'il en soit, Léon III se mit en route, escorté par le comte Germaire et par les guerriers francs. Il n'essaya point de rentrer à Rome. C'était de Charlemagne qu'il attendait dorénavant justice et salut. Le roi séjournait en Saxe, à Paderborn. Quand il sut que le pape approchait, il envoya au-devant de lui Hildebald, archichapelain du palais et archevêque de Cologne, accompagné du comte Anschaire. Puis il dépêcha son fils Pépin d'Italie. C'était ainsi qu'avait procédé Pépin le Bref lors de la venue d'Étienne II en Francie. Dès que Léon III fut en vue, il s'avança à sa rencontre avec les principaux dignitaires et conseillers de la Cour. Selon le *Liber pontificalis*, « il le reçut en tant que vicaire du bienheureux Pierre, avec respect et honneur, dans les hymnes et les cantiques spirituels. Ils s'embrassèrent en fondant en larmes ; le pape entonna le *Gloria in excelsis* qui fut repris par tout le clergé et prononça une prière sur le peuple ; quant au seigneur Charles, le grand roi, il rendit grâces à Dieu de ce qu'il avait, à la demande des apôtres Pierre et Paul, accompli un si grand miracle pour son serviteur et réduit à rien les hommes de l'iniquité ».

Charlemagne honora son hôte par des présents et des festins. Léon III avait apporté des reliques d'Italie ; il leur consacra solennellement un autel dans l'église de Paderborn. Ces cérémonies, ces festivités s'accompagnaient, il va sans dire, d'entretiens privés dont à la vérité rien ne transpira. Comtes et prélats plaignaient l'infortune de Léon III ; ils n'étaient pas loin de le considérer comme un martyr. Le prétendu miracle dont il avait été l'objet lui conférait un mystérieux prestige.

Ce fut alors que Charlemagne reçut des lettres d'Italie. Les « hommes de l'iniquité » persistaient dans le crime ; ils accusaient formellement Léon III de scélératesse, d'immoralité, de parjure, d'adultère, de simonie. Sans doute donnaient-ils assez de précisions pour éveiller la suspicion du roi. Il agit toutefois avec prudence et prit conseil. Les avis furent partagés. Quelques-uns jugeaient opportun de déposer Léon III et de le reléguer dans un couvent, s'il était réellement indigne du pontificat. D'autres estimaient que Léon III devait répondre des accusations portées contre lui. Les « hommes de l'iniquité » avaient atteint leur but. Le doute était dans les esprits et les dénégations de Léon III n'y changèrent rien. Il appartenait donc à Charlemagne de décider. Ce qu'il fit avec sa subtilité coutumière. Il avait reçu Léon III avec de grands honneurs ; il le renvoya avec les mêmes honneurs et lui accorda une escorte assez imposante pour rétablir promptement l'ordre dans la Ville éternelle. Mais il lui donna pour compagnons les archevêques Hildebald de Cologne et Arn de Salzbourg, ainsi que plusieurs comtes. Léon III était, d'une certaine façon, prisonnier de cette escorte qui devait assurer sa sécurité ! Toujours méfiant, Charlemagne avait en effet prescrit une enquête sur les agissements du pontife. Il avait chargé Hildebald et Arn de présider la commission. Léon III était en somme un pape en sursis !

Les cités italiennes se réjouirent de son retour. Elles l'accueillirent « comme s'il avait été l'apôtre lui-même ». Il arriva à Rome le 29 novembre 799. La joie des habitants fut, paraît-il, « immense ». Il est probable que la présence des phalanges franques fut pour quelque chose dans cette joie ! « Tous étendards déployés, dit le *Liber pontificalis*, ils se massèrent sur le pont Milvius. Il y avait là les chefs du clergé avec tous les clercs, la noblesse, le sénat et la milice, le peuple romain tout entier, avec les religieuses, les diaconesses, les femmes de la noblesse et les autres, ainsi que les colonies étrangères, Francs, Frisons, Saxons et Lombards. Tous accueillirent le pape avec des hymnes religieux et le conduisirent dans l'église Saint-Pierre, où il célébra la messe, et tous communièrent au Corps et au Sang de Notre-Seigneur Jésus-Christ. »

Dès le lendemain de la réinstallation de Léon III au Latran, la commission d'enquête se mit au travail. Le même *Liber pontificalis* indique sa composition : les archevêques Arn et Hildebald, les évêques Cunibert, Bernard de Worms, Atton de Freising, Jessé d'Amiens, Erflair et trois comtes : Germaire, Helmgaud et Rotchaire. Elle siégea dans le triclinum où brillait la mosaïque dont il a été question plus haut. Les interrogatoires durèrent une semaine. Ils aboutirent à l'arrestation du primicier Pascal, du sacellaire Camulus et de leurs complices. Les pouvoirs de la commission d'enquête n'allaient pas au-delà. Charlemagne s'était réservé le jugement des coupables. Léon III restait en fonction en attendant que le grand roi décidât de son sort.

IV

LE COURONNEMENT

Au retour du printemps, vers le milieu de mars, Charlemagne partit d'Aix-la-Chapelle. Il inspecta les ports et les côtes de la Manche, trop souvent visités par les pirates normands. Il établit une flotte dans ces parages et mit sur pied des garnisons permanentes. Les incursions et pilleries des Scandinaves l'inquiétaient. Il ne possédait point jusqu'ici de flotte digne de ce nom, ayant négligé les problèmes maritimes, malgré l'exemple des basiléus qui disputaient la maîtrise de la Méditerranée aux Arabes. Il célébra la fête pascale au monastère de Saint-Riquier. De là, il se rendit à Rouen, puis se dirigea vers Tours pour y révérer saint Martin. La reine, les conseillers, la plus grande partie de la Cour étaient du voyage, comme à l'accoutumée. Alcuin s'était retiré des affaires (tout en continuant à s'y intéresser) ; il résidait à Tours. Charlemagne était heureux de le retrouver. Il eut avec lui des entretiens d'une extrême importance. Ce fut cependant pour une autre raison qu'il fut amené à prolonger son séjour. La reine Liutgarde venait de tomber malade. Son état fut bientôt désespéré. Charlemagne l'aimait tendrement. Il voulut rester à son chevet, bien que les affaires l'appelassent ailleurs. Les médecins ne purent sauver Liutgarde. Elle mourut en juin 800 et fut ensevelie à Tours. Charlemagne regagna ensuite Aix-la-Chapelle, en passant par Orléans et

Paris. En août, il se rendit à Mayence, où il tint l'assemblée annuelle des Francs. Il annonça son intention de partir pour l'Italie, afin d'y régler les affaires romaines. Or Alcuin avait accepté de quitter momentanément son monastère de Saint-Martin de Tours; il assista à l'assemblée de Mayence. Il est fort délicat d'apprécier la part qui fut la sienne dans la décision de Charlemagne, voire dans les négociations qui précédèrent le voyage à Rome. Sa position nous est connue par la lettre sur les trois dignités terrestres, citée plus haut. Il travaillait de toutes ses forces à promouvoir Charlemagne au rang d'empereur. Pour autant il lui refusait le droit de juger le pape Léon. Une telle perspective constituait à ses yeux une atteinte grave à l'intégrité de la foi catholique et à l'autorité du Saint-Siège. Pour lui le pape, vicaire de l'apôtre saint Pierre, ne pouvait comparaître devant la justice des hommes. Il conseillait donc à Charlemagne la modération, l'indulgence. En agissant ainsi, c'était la dignité pontificale qu'il cherchait à préserver, non la personne de Léon III, peut-être coupable. Son loyalisme envers le Saint-Siège était inconditionnel, au surplus conforme à la tradition. Il avait reçu une lettre de l'archevêque Arn précisant les accusations portées par les conjurés contre Léon III, et l'avait brûlée, afin d'éviter le scandale! Il n'en continua pas moins à considérer Léon comme l'héritier des Pères, le prince de l'Église et le confesseur du Christ, parce qu'il était l'élu de Dieu en dépit de ses péchés. Et il rappelait à Charlemagne que, si Dieu l'avait tiré des griffes des assassins, il n'appartenait point au roi des Francs, quelles que fussent sa puissance et sa science religieuse, de lui infliger un châtiment. Tout au contraire, il incombait au premier prince de ce monde de sauver le vicaire du Christ. Il ne manquait pas non plus de suggérer que Dieu sait récompenser « ceux qu'il aime ». Le poème qu'il lui adressa lors de son départ pour l'Italie est à cet égard éloquent:

« Rome, tête du monde, dont tu es le patron, et le pape, premier prince de l'Univers, t'attendent... Que la main du Dieu tout-puissant te conduise pour que tu règnes heureusement sur le vaste globe... Reviens vite, David bien-aimé. La Francie joyeuse s'apprête à te recevoir victorieux au retour, et à venir au-devant de toi les mains pleines de lauriers. »

Charlemagne se mit donc en route pour l'Italie. Charles, son fils aîné, l'accompagnait, ainsi que plusieurs de ses filles, outre les archevêques, les évêques, les abbés, les conseillers laïcs, les comtes et les guerriers composant son escorte. Il resta sept jours à Ravenne, où le rejoignit Pépin d'Italie. Le cortège royal descendit jusqu'à Ancône. Charlemagne envoya Pépin dans le duché de Bénévent que les agents byzantins tentaient à nouveau de dresser contre les Francs. Le 23 novembre, il arrivait au bourg de Mentana, à douze milles de Rome. C'était la quatrième fois qu'il venait dans la ville de saint Pierre : il y était venu en 774, 781 et 787. Jusqu'ici, on l'avait accueilli avec le cérémonial réservé aux exarques de naguère. En 800, ce fut le pape qui se porta humblement au-devant de lui et le reçut à Mentana. Là-dessus les *Annales royales* ne laissent aucun doute : « La veille du jour où il devait y arriver, il rencontra à Mentana le pape Léon, qui était venu au-devant de lui, et qui le reçut avec les plus grands témoignages de respect. Après le repas qu'ils prirent ensemble, le pape le laissa dans cette ville et le précéda à Rome. »

Le lendemain, Charlemagne fit son entrée. Le pape l'attendait sur les degrés de la basilique Saint-Pierre, avec ses évêques et tout le clergé célébrant les louanges de Dieu. La foule romaine, affectant la plus grande allégresse, vit Charlemagne descendre de cheval et le pape s'avancer à sa rencontre. Au moment où le pontife et le roi franchirent la porte du sanctuaire, les chœurs entonnèrent un cantique d'action de grâces. Cette réception grandiose masquait, pour un temps, l'épineux problème qu'il importait désormais de résoudre au plus vite. Léon III croyait se rédimer en flattant la vanité de Charlemagne : ne l'avait-il pas accueilli comme il l'eût fait d'un empereur ? Mais Charlemagne n'était pas dupe de ces flatteries. S'il manifestait la plus grande déférence envers le Saint-Père et une inaltérable courtoisie, il n'oubliait pourtant pas l'objet de son voyage en Italie : qui était de régler certaines affaires concernant la Sainte Église de Dieu et le seigneur pape Léon, comme il l'avait lui-même déclaré à l'assemblée de Mayence.

Il connaissait évidemment le résultat de l'enquête qu'il avait prescrite, les aveux des conjurés, mais aussi les accusations maintenues envers et contre tout contre Léon III. Il lui en coûtait extrêmement d'être obligé de prononcer une éventuelle sanction. Il avait l'âme trop « théologique » pour ne point sentir l'illégalité d'un pareil procès selon le droit canon. Il n'ignorait point non plus les difficultés auxquelles il se heurterait : l'attitude constante de son ami Alcuin, ses mises en garde l'avaient éclairé sur ce point. Il était donc conscient de s'aventurer sur un terrain hasardeux. C'est pourquoi il estima nécessaire de ne pas assumer seul la responsabilité du procès. À vrai dire s'agissait-il substantiellement d'un procès ? Il est permis d'en douter. Cependant il y eut bel et bien comparution du pape devant une sorte de haute cour mi-partie ecclésiastique et laïque, franque et romaine. Cette assemblée, où siégeaient des prélats et des comtes, mais aussi de simples clercs, se réunit le 1er décembre. Charlemagne ouvrit la séance : « Il exposa publiquement les motifs de son voyage » et invita l'assemblée à examiner les accusations portées contre Léon III. Il y a donc eu, au moins, un début de procès. Mais il n'a pas été établi de compte rendu ni de cette séance ni des suivantes. Les témoignages sont discordants : les *Annales royales*, les *Annales* de Lorsch et le *Liber pontificalis* donnent des versions différentes. Il semble que, dans un premier temps, l'assemblée procéda effectivement à l'examen des accusations et que Charlemagne se heurta à l'opposition des prélats : ceux-ci ne se donnaient pas le droit de juger celui qui était le juge suprême par délégation de Dieu. Que, dans un second temps, les principaux conjurés furent entendus, mais s'accusèrent mutuellement, sans apporter de preuves à l'appui des fautes imputées à Léon III. Enfin, que personne n'osa témoigner contre celui-ci. Dès lors, la cause était entendue. D'accusateurs les conjurés devinrent accusés. Il importait cependant à Charlemagne d'innocenter entièrement Léon III. Il lui demanda s'il était prêt à se purger par serment des crimes qui lui étaient reprochés. Le pape accepta. Le 23 décembre, en présence de l'assemblée, dans la basilique Saint-Pierre, il monta en chaire et jura sur l'Évangile qu'il n'avait commis aucun des crimes qui lui étaient reprochés par les Romains. Après quoi, les assistants entonnèrent un Te Deum pour remercier Dieu, la Vierge et le bienheureux Pierre d'avoir préservé le vicaire apostolique des embûches de ses ennemis. Il n'avait pas fallu moins de trois semaines pour aboutir à cette conclusion ! On peut en déduire que les débats furent difficiles. L'innocence de Léon III n'était évidente pour personne. La prestation de serment n'était en définitive qu'une cote mal taillée. Pourtant le fait que Léon III eût accepté de prêter, de gré ou de force, ce serment solennel, suffisait à dissiper les doutes. Dans la mentalité de l'époque, en particulier des Francs, un tel serment, s'il était mensonger, entraînait la damnation.

Fut-ce ce même 23 décembre que cette assemblée exceptionnelle prit enfin la décision que tous attendaient ? On lit dans les *Annales* de Lorsch : « Et parce qu'alors le titre impérial était vacant dans le pays des Grecs[1] et qu'une femme[2] y exerçait les pouvoirs impé-

1. L'Empire byzantin.
2. L'usurpatrice Irène.

riaux, il parut au pape Léon lui-même et à tous les saints pères qui étaient présents au concile, ainsi qu'à tout le peuple chrétien, qu'il convenait de donner le nom d'empereur au roi des Francs, Charles, qui tenait en son pouvoir la ville de Rome où les empereurs avaient toujours eu l'habitude de résider, de même que les autres résidences d'Italie, de Gaule et de Germanie. Le Dieu tout-puissant ayant consenti à les placer sous son autorité, il leur semblait juste qu'avec l'aide de Dieu et conformément à la demande de tout le peuple chrétien il portât lui aussi le nom d'empereur. À cette demande le roi Charles ne voulut pas opposer un refus… »

Il n'y a aucune raison de douter de l'exactitude de cette relation. Elle a par surcroît le mérite de montrer que Charlemagne ne fut pas, à proprement parler, élu empereur. On lui offrit cette dignité et cette offre paraissait traduire la reconnaissance du pape. Aperçoit-on l'importance que revêtait l'innocence de Léon III ? Charlemagne n'aurait pu accepter la couronne impériale des mains d'un pontife indigne ou douteux. Il fallait que Léon III fût, si l'on peut dire, un pape à part entière ! Le prétexte invoqué par l'assemblée ne manquait pas de sel, mais était dénué de fondement juridique. L'usurpation et le crime d'Irène ne rendaient point vacant le titre impérial hérité des Césars. Charlemagne ne pouvait prétendre *de facto* qu'au titre d'empereur d'Occident. C'était d'ailleurs parce qu'il était le maître de l'Occident qu'on lui proposait le nom d'empereur.

Certes, ces considérations n'enlèvent rien à la grandeur de la cérémonie du 25 décembre 800, jour de Noël, à la basilique Saint-Pierre. L'assemblée des prélats et des comtes, la foule romaine, avaient pris place dans les cinq nefs de la grande église. Charlemagne apparut, non point vêtu à la franque, mais à la romaine. Il portait la tunique, la chlamyde et les chaussures des Romains. Il étincelait d'or et de pierreries. Il était accompagné de son fils aîné, Charles. On le vit se prosterner devant la Confession de saint Pierre. Quand il se releva, Léon III lui posa une couronne sur la tête. Le rédacteur des *Annales* de Lorsch est explicite : « Alors, écrit-il, le vénérable auguste pontife couronna de ses propres mains le roi en lui imposant une couronne très précieuse. Les fidèles Romains, voyant l'amour si grand qu'il portait à l'Église romaine et à son vicaire (dont il avait assuré la défense), poussèrent unanimement, sur l'ordre de Dieu et du Bienheureux Pierre portier du royaume des Cieux, l'acclamation : "À Charles, très pieux Auguste, couronné par Dieu grand et pacifique empereur, vie et victoire !" Cette acclamation se fit entendre trois fois devant la Confession du Bienheureux Pierre ; on invoqua de nombreux saints ; par tous il fut constitué empereur des Romains. Immédiatement après, le très saint évêque et pape oignit de l'huile sainte Charles, le très excellent fils de l'empereur... »

Ainsi que le souligne Robert Folz dans ses remarquables ouvrages[1], Charlemagne ne fut pas sacré mais couronné empereur. Il ne reçut pas l'onction d'huile sainte. Léon III oignit le prince Charles, comme, en 781, son prédécesseur Hadrien Ier avait oint Pépin d'Italie et Louis d'Aquitaine. On ne sait quasi rien du rite qui fut appliqué. C'était la première fois qu'un pape couronnait un empereur. Il fallut donc improviser. Toutefois, si l'on s'était référé au rite byzantin ou à celui des couronnements royaux, l'acclamation populaire aurait dû précéder l'imposition de la couronne. C'était l'acclamation qui « faisait » les basiléus et les rois, selon une tradition bien établie. Le couronnement venait ensuite sanctionner l'adhésion du peuple. Léon III avait malicieusement inversé les phases de la cérémonie. C'était donc de lui seul, et non du peuple, que Charlemagne tenait la couronne impériale. Il venait de

1. Voir Bibliographie, p. 374.

créer un précédent fameux, d'instaurer un usage aux conséquences redoutables. Or, l'avant-veille encore, ce pape si hardi tremblait pour son trône... Une situation presque semblable se reproduira en 987. On verra l'archevêque de Reims, Adalbéron, comparaître devant l'assemblée des grands, être innocenté par Hugues Capet, négocier l'élection de celui-ci et le couronner roi de France à Noyon !

L'initiative de Léon III dut irriter Charlemagne. Ce qui explique cette réserve d'Éginhard : « Il témoigna d'abord une grande aversion pour cette dignité, car il affirmait que, malgré l'importance de la cérémonie, il ne serait pas entré ce jour-là dans l'église s'il avait pu prévoir les intentions du souverain pontife. » Ces quelques lignes ont été généralement mal interprétées. On a cru que Charlemagne feignait d'avoir été couronné subrepticement par le pape, afin d'apaiser la colère du basiléus. Éginhard ajoutait en effet : « Toutefois cet événement excita la jalousie des empereurs romains (il faut lire byzantins) qui s'en montrèrent fort irrités ; mais il n'opposa à leurs mauvaises dispositions qu'une grande patience. »

Charlemagne ne redoutait nullement les Byzantins, bien qu'il fût désireux d'éviter un conflit avec eux. On a dit en quelle circonstance il s'était fait un devoir de défier le basiléus Irène. Le dépit souligné par Éginhard avait une autre cause. Le pape Léon venait de remporter une grande victoire, de réaffirmer ostensiblement la suprématic du Saint-Siège. Si grand que fût l'empereur Charlemagne, il n'était plus que le lieutenant du vicaire apostolique. Il se reprochait donc son manque de précautions. En dépit de sa méfiance bien connue et de sa perspicacité, il n'avait prévu ni la rouerie ni l'audace de ce pape qui lui devait après tout son trône ! Charlemagne n'aimait pas être joué. Pour faire sentir son autorité, il prolongea son séjour à Rome jusqu'en mai 801. Il en profita pour régler les affaires publiques et religieuses. Les mesures qu'il prit avaient pour but d'affermir la situation de Léon III et de ramener l'ordre dans la ville. Mais le nouvel empereur s'offrait aussi la satisfaction de se comporter en maître. Il restait gouverneur de Rome comme de l'Église, avec le pape en sous-ordre !

L'une de ses premières mesures fut le jugement de Pascal, de Camulus et de leurs complices. On les déclara coupables de lèse-majesté et on les condamna à mort. Le pape implora leur grâce. Charlemagne consentit à leur accorder la vie, mais « à cause de l'énormité de leur crime », il les envoya en exil. La faction hostile à Léon III se trouvait ainsi démantelée. Les Romains pouvaient méditer cet exemple.

Affectant de ne pas tenir rigueur au pape, Charlemagne combla les églises de cadeaux. Il offrit à la basilique Saint-Pierre une table d'argent garnie de vases d'or, trois calices, une patère et une couronne constellée de pierres précieuses ; à Saint-Paul, une table et de grands vases d'argent ; à la basilique constantinienne un autel décoré de colonnettes d'ivoire, une croix de procession, un somptueux évangéliaire. Puis il se mit en route pour Spolète. De là, il gagna Ravenne et franchit les Alpes à la fin de juin. Il arriva à Aix-la-Chapelle à la saison des chasses et y passa l'hiver.

Son entourage exultait. Pourtant, s'il acceptait de bonne grâce qu'on lui donnât son titre d'empereur, Charlemagne ne semblait pas partager l'enthousiasme général. Il ne se hâtait pas de modifier la titulature de ses actes. Cet esprit réfléchi pesait les conséquences de son couronnement. Il se trouvait confronté à un dilemme dont il n'avait peut-être pas naguère mesuré toute la gravité. Le pape, les habitants de Rome, se référant à l'antique tradition des Césars, croyaient que Charlemagne serait leur empereur, c'est-à-dire l'empereur des Romains. Que leur ville redeviendrait le centre et la capitale du nouvel empire. Charlemagne avait quitté Rome sans avoir l'intention d'y revenir. Il avait décidé qu'Aix-la-Chapelle serait la capitale de l'Empire, comme elle l'avait été du royaume franc. Il ne voulait pas davantage être seulement l'empereur des Francs, car il tenait à la possession de Rome, où résidait le pape. Il prenait ainsi peu à peu conscience de ce qu'il était devenu : le continuateur des Césars romains. Il venait de ressusciter le vieil empire, trois cent vingt-quatre ans après la déposition de Romulus Augustule. Mais c'était d'un empire rénové qu'il entendait être le maître. Son coup de génie fut de substituer à la domination politique et militaire de Rome l'unité religieuse, de se vouloir empereur des chrétiens ! C'est bien ce que suggère le titre impérial qu'il finit par adopter, après divers tâtonnements :

« Charles, sérénissime Auguste, couronné par Dieu, grand et pacifique empereur, gouvernant l'Empire romain et, par la miséricorde de Dieu, roi des Francs et des Lombards. »

QUATRIÈME PARTIE

L'EMPEREUR

I

QUI ÉTAIT CHARLEMAGNE ?

Maintenant que le voici empereur, il est temps d'essayer de le représenter tel qu'il paraissait aux yeux de ses contemporains, et d'entrer dans sa vie privée. Il convient d'abord d'oublier les tableautins enluminés qui ornent *Les Grandes Chroniques de France* et les chansons de geste: *La Chanson de Roland* et les autres. Si touchant que soit l'empereur à la barbe fleurie, si émouvant que soit le vieillard héroïque des vieux poèmes, il n'a qu'un rapport lointain avec le vrai Charlemagne, l'être de chair, d'os et de pensée dont on vient d'évoquer le prodigieux destin. Hormis la statuette de bronze du musée du Louvre, il n'existe aucune représentation iconographique sérieuse de sa personne. On ne peut tenir compte des dessins figurant dans les manuscrits de son temps, non plus que de la mosaïque du Latran qui a été refaite avec plus ou moins d'exactitude. Par contre, Éginhard a tracé de lui ce portrait d'une surprenante précision: « Charles était gros, robuste et d'une taille bien proportionnée, et qui n'excédait pas en hauteur sept fois la longueur de son pied. Il avait le sommet de la tête rond, les yeux grands et vifs, le nez un peu long, les cheveux beaux, la physionomie ouverte et gaie; qu'il fût assis ou debout, toute sa personne commandait le respect et respirait la dignité; bien qu'il eût le cou gros et court et le ventre proéminent, la juste proportion du reste de ses membres cachait ces défauts; il marchait d'un pas ferme; tous les mouvements de son corps présentaient quelque chose de mâle; sa voix, quoique perçante, paraissait trop grêle pour son corps. »

Il s'agit ici, non du conquérant de la Lombardie dans l'éclat de sa jeunesse, mais de l'homme mûr dans la force de l'âge comme on dit. Charlemagne peut avoir une cinquantaine d'années. L'âge l'a alourdi, mais n'a pas entamé sa résistance physique. Car Charles est une force de la nature. Ce type humain auquel les années donnent une encolure de taureau et un peu de ventre se rencontre souvent dans les régions de l'Est. On s'est interrogé gravement – les savants sont toujours graves ! – sur la taille que pouvait avoir l'empereur. Que signifiait cette « hauteur de sept fois la longueur de son pied » ? L'étude des ossements conservés à Aix-la-Chapelle montre qu'il mesurait environ 1,90 mètre, peut-être un peu plus. Ses imperfections physiques (le cou épais, le ventre proéminent) n'enlevaient rien à l'impression de majesté qu'il donnait. Ainsi que le note Eginhard, l'autorité émanait naturellement de sa personne, et cela qu'il fût assis ou debout. La noblesse de ses attitudes, ses larges yeux, la vivacité de son regard imposaient le respect, cependant que son expression souriante attirait en même temps la sympathie. La fermeté de son pas, son allure déterminée révélaient son caractère et sa vitalité. On perçoit que sa voix claire, un peu grêle, contrastait avec ce puissant édifice charnel. Le visage rond, le nez un peu long sont ceux de la statuette à cheval et de la bulle de plomb de la Bibliothèque nationale. Éginhard a omis de signaler la forte moustache soulignant la lèvre supérieure, sans doute parce qu'elle ne distinguait en rien l'empereur de ses contemporains.

Charles jouissait d'une exceptionnelle bonne santé, et pour deux raisons qu'Éginhard tient à préciser : le sport et la sobriété. « Il s'adonnait assidûment aux exercices du cheval et de la chasse; c'était chez lui une passion de famille, car à peine trouverait-on dans toute la terre une nation qui pût y égaler les Francs. Il aimait beaucoup encore les bains d'eaux naturellement chaudes, et s'exerçait fréquemment à nager, en quoi il était si habile que nul ne l'y surpassait. » C'était d'ailleurs pour s'adonner au plaisir de la natation qu'il fit creuser la grande piscine d'Aix-la-Chapelle : « Ce n'était pas au reste seulement ses fils, mais souvent aussi les grands de sa Cour, ses amis et les soldats chargés de sa garde personnelle qu'il invitait à partager avec lui le divertissement du bain : aussi vit-on quelquefois jusqu'à cent personnes et plus le prendre tous ensemble. »

Relativement à son régime alimentaire, Éginhard apporte ces précisions : « Sobre dans le boire et le manger, il l'était plus encore dans le boire ; haïssant l'ivrognerie dans quelque homme que ce fût, il l'avait surtout en horreur pour lui et les siens. Quant à la nourriture, il ne pouvait s'en abstenir aussi facilement, et se plaignait d'être incommodé par le jeûne. Très rarement donnait-il de grands repas ; s'il le faisait, ce n'était qu'aux principales fêtes ; mais alors il réunissait un grand nombre de personnes. À son repas de tous les jours on ne servait jamais que quatre plats, outre le rôti que les chasseurs apportaient sur la broche et dont il mangeait plus volontiers que tout autre mets. Pendant ce repas il se faisait réciter ou lire, et de préférence les histoires et les chroniques des temps passés. Les ouvrages de saint Augustin, et particulièrement celui qui a pour titre *De la Cité de Dieu*, lui plaisaient aussi beaucoup. Il était tellement réservé dans l'usage du vin et de toute espèce de boisson qu'il ne buvait guère que trois fois dans tout son repas. En été, après le repas du milieu du jour, il prenait quelques fruits, buvait un coup, quittait ses vêtements et ses chaussures, comme il le faisait le soir pour se coucher, et reposait deux ou trois heures. »

Cependant, malgré cette diététique certainement peu répandue chez les Francs, la natation et les chevauchées en plein air dans l'air salubre des forêts, Charlemagne souffrait certainement d'insomnie. Éginhard : « Le sommeil de la nuit, il l'interrompait quatre ou cinq fois, non seulement en se réveillant, mais en se levant tout à fait. Quand il se chaussait et s'habillait, non seulement il recevait ses amis, mais si le comte du palais lui rendait compte de quelque procès sur lequel on ne pouvait prononcer sans son ordre, il faisait entrer aussitôt les parties, prenait connaissance de l'affaire, et rendait sa sentence comme s'il eût siégé dans un tribunal ; et ce n'étaient pas les procès seulement, mais tout ce qu'il avait à faire dans le jour, et les ordres à donner aux ministres que ce prince expédiait ainsi dans ce moment. »

Ces audiences nocturnes laissent entendre qu'il n'était peut-être pas toujours facile de servir Charlemagne, ni même d'être son ami ! Comte du palais ou lettré de la Cour, il fallait s'attendre à être réveillé en pleine nuit pour distraire le maître ou s'entretenir avec lui des affaires en instance.

Éginhard nous renseigne pareillement sur sa façon de se vêtir : « Le costume ordinaire du roi était celui de ses pères, l'habit des Francs. Il avait sur la peau une chemise et des hauts-de-chausses de toile de lin ; pardessus étaient une tunique serrée avec une ceinture de soie, et des chaussettes. Des bandelettes entouraient ses jambes ; des sandales renfermaient ses pieds, et, l'hiver, un justaucorps de peau de loutre lui garantissait la poitrine et les épaules contre le froid. Toujours il était couvert de la saie[1] des Vénètes et portait une épée dont la poignée et le baudrier étaient d'or ou d'argent. Quelquefois il en portait une enrichie de pierreries, mais ce n'était jamais que les jours de très grandes fêtes, ou quand il donnait audience aux ambassadeurs des autres nations. Les habits étrangers, quelque riches

1. Manteau.

qu'ils fussent, il les méprisait et ne souffrait pas qu'on l'en revêtît. Deux fois seulement, dans les séjours qu'il fit à Rome, d'abord à la prière du pape Hadrien, ensuite sur les instances du pape Léon[1], successeur de ce pontife, il consentit à prendre la tunique longue, la chlamyde et la chaussure romaines. Dans les grandes solennités, il se montrait avec un justaucorps brodé d'or, une saie retenue par une agrafe d'or, et un diadème tout brillant d'or et de pierreries; mais le reste du temps ses vêtements différaient peu de ceux des gens du commun. »

En quoi, il prenait ses distances avec les empereurs byzantins, véritables icônes vivantes, ruisselants d'or et hiératiques. Cette simplicité de bon aloi contribuait certainement à sa popularité, en particulier parmi les guerriers. Touchant à la tenue de Charlemagne, je ne puis garder le silence sur une anecdote rapportée par le moine de Saint-Gall. Il raconte[2] qu'un certain jour, après la célébration de la messe, l'empereur dit aux siens :

« Ne nous laissons pas engourdir dans un repos qui nous mènerait à la paresse ; allons chasser jusqu'à ce que nous ayons pris quelque animal, et partons tous vêtus comme nous le sommes. »

Or la journée était pluvieuse et froide. Charlemagne portait un justaucorps de peau de brebis « qui n'avait pas plus de valeur que le rochet dont la sagesse divine approuva que saint Martin se couvrît la poitrine, pour offrir, les bras nus, le saint sacrifice ». Les invités de Charles revenaient de Pavie. Ils étaient parés de manteaux surchargés « de peaux d'oiseaux de Phénicie entourées de soie, de plumes naissantes du cou, du dos et de la queue des paons, enrichies de pourpre du Tyr et de franges d'écorce de cèdre ». C'étaient les

1. Pour la cérémonie du couronnement.
2. In Notker le Bègue, *Traité des Faits et Gestes de Charles le Grand* *voir p. 367.*

Vénitiens qui avaient mis ces ornements à la mode, pour écouler les richesses qu'ils importaient d'Orient. Quelques-uns des grands arboraient de brillantes « étoffes piquées » et des fourrures de loir. Ils ne pouvaient cependant se permettre de désobéir à Charlemagne en changeant de vêtements. Ils sautèrent donc à cheval. Ce fut dans cette tenue extravagante qu'ils galopèrent à travers bois. Les épines déchirèrent les beaux habits, la pluie les transperça et le sang du gibier les macula. Au retour de la chasse, Charlemagne leur dit :

« Inutile de changer d'habits : ils sécheront mieux sur nous ! »

Et chacun de s'approcher docilement du feu, sans émettre une seule plainte. Charles les garda près de lui jusqu'à ce qu'il fît nuit noire. Quand ils rentrèrent chez eux, ils s'empressèrent de se déshabiller, mais les minces fourrures et les fragiles étoffes tombèrent quasi en loques. Et ils gémissaient d'avoir perdu tant d'argent en un seul jour ! De plus, l'empereur leur avait enjoint de se présenter le lendemain dans les mêmes vêtements. Ils obtempérèrent, car il ne faisait pas bon déplaire au maître ! Ils parurent donc dans « leurs chiffons infects et sans couleur ». Charlemagne les regarda avec un sourire narquois. Il dit à un serviteur :

« Frotte un peu notre habit dans tes mains et rapporte-le. »

Le justaucorps de brebis était intact et propre.

« Ô les plus fous des hommes ! s'exclama-t-il. Quel est maintenant le plus précieux et le plus utile de nos habits ? Est-ce le mien que je n'ai payé qu'un sou, ou les vôtres qui vous ont coûté non seulement des livres pesant d'argent, mais plusieurs talents ? »

Éginhard s'est appliqué aussi à faire le portrait moral de l'empereur, mais en s'inspirant de Suétone. C'est assez dire que le résultat est peu convaincant. Il insiste sur le fait que Charlemagne « sut si bien se concilier l'amour et la bienveillance de tous, tant au-dedans qu'au-dehors, que nul ne put jamais lui reprocher le plus petit acte de rigueur». Il dit qu'il aimait les étrangers et mettait tous ses soins à bien les accueillir: «Aussi accoururent-ils en si grand nombre qu'on les regardait avec raison comme une charge trop dispendieuse et pour le palais et pour le royaume même. Quant au roi, l'élévation de son âme lui faisait regarder ce fardeau comme léger; la gêne fâcheuse qu'il en éprouvait, il la trouvait plus que payée par les louanges prodiguées à sa magnificence et par l'éclat répandu sur son nom.» Il vante sa curiosité intellectuelle et même son avidité de s'instruire. Il indique que «ne se bornant pas à sa langue maternelle, il donna beaucoup de soins à l'étude des langues étrangères, et apprit si bien le latin qu'il s'en servait comme de sa propre langue; quant au grec, il le comprenait mieux qu'il ne le parlait». Cette affirmation sent la complaisance. Que Charlemagne ait été bilingue, c'est-à-dire qu'il ait parlé la vieille langue germanique et le pré-roman, cela est évident, si l'on considère la composition de son empire et de sa Cour. On peut admettre qu'il ait appris le latin, ne fût-ce que pour vérifier le contenu de ses capitulaires! Mais il est très douteux qu'il ait compris le grec. Relativement à la foi qui animait Charlemagne, Éginhard tombe dans les banalités: «Élevé dès sa plus tendre enfance dans la religion chrétienne, écrit-il, ce monarque l'honora toujours avec une exemplaire et sainte piété.» Il en apporte pour preuves la richesse de la basilique d'Aix-la-Chapelle, le fait que l'empereur assistât aux offices de la nuit et son goût prononcé pour les chants religieux. Il loue sa charité, mais ne semble pas avoir compris sa ferveur profonde et agissante. Il ne dit rien de son rôle de gouverneur de la chrétienté et de l'Église. Il se contente de signaler qu'il avait réformé la récitation et le chant des psaumes. Bref, son analyse du caractère de Charlemagne reste conventionnelle, ou si l'on préfère, officielle. C'est un modèle que propose Éginhard. On perçoit pourtant qu'il aurait envie de dire plus. De temps à autre, une critique lui échappe. Par exemple, quand, après avoir vanté l'éloquence « abondante et forte » de Charlemagne, il ajoute non sans malice : « La fécondité de sa conversation était telle au surplus qu'il paraissait aimer trop à causer. » Autrement dit, la prolixité de Charlemagne frisait le bavardage…

Notker de Saint-Gall a plus de talent quand il nous dépeint le roi de fer à la tête de ses cavaliers, les pointes des lances et des épées étincelant dans le soleil. Et il nous entraîne plus loin qu'Éginhard dans la connaissance de Charlemagne par les qualificatifs qu'il lui attribue : intrépide, glorieux, équitable, invincible, sévère, plein d'artifices, ou quand il lui prête ces paroles :

« Faisons aujourd'hui quelque chose de mémorable, pour qu'on ne nous accuse pas d'avoir passé ce jour dans l'oisiveté… »

Et combien sa description du costume de l'empereur est plus éloquente que celle d'Éginhard ! On sent que le moine de Saint-Gall a recueilli des témoignages précis :

« Avant de m'occuper des guerres de Charles, j'ai encore à parler du manteau long et pendant que l'empereur portait la nuit. Les ornements des anciens Francs, quand ils se paraient, étaient des brodequins dorés par dehors, arrangés avec des courroies longues de trois coudées, des bandelettes de plusieurs morceaux qui couvraient les jambes, par-dessus des chaussettes, ou hauts-de-chausses de lin d'une même couleur, mais d'un travail précieux et varié. Par-dessus ces dernières et les bandelettes, de très longues courroies étaient serrées en dedans et en forme de croix, tant par-devant que par-derrière. Enfin venait une chemise d'une toile très fine. De plus un baudrier soutenait une épée, et celle-ci, bien enveloppée, premièrement par un fourreau, secondement par une courroie quelconque, troisièmement par une cire très brillante, était encore endurcie vers le milieu par de petites croix saillantes afin de donner plus sûrement la mort aux Gentils. Le vêtement que les Francs mettaient en dernier par-dessus tous les autres, était un manteau blanc ou bleu de saphir, à quatre coins, double, et taillé de telle sorte que, quand on le mettait sur ses épaules, il tombait par-devant et par-derrière jusqu'aux pieds, tandis que des deux côtés il venait à peine aux genoux. Dans la main droite se portait un bâton de pommier, remarquable par ses nœuds symétriques, droit, terrible, avec une pomme d'or ou d'argent décorée de belles ciselures. Pour moi, naturellement paresseux et plus lent qu'une tortue, comme je ne venais jamais en France, ce fut dans le monastère de Saint-Gall que je vis le chef des Francs revêtu de cet habit éclatant. Deux rameaux de fleurs d'or partaient de ses cuisses. Le premier égalait en hauteur celle du héros. Le second, croissant peu à peu, décorait glorieusement le sommet du tronc, et s'élevant au-dessus le couvrait tout entier… »

Notker rejoint Éginhard dans l'anecdote finale. La mode ayant changé, les grands se mirent à porter des manteaux courts, que les tisserands frisons s'empressèrent de vendre au prix des grands.

« À quoi peuvent servir ces petits manteaux ? plaisantait l'empereur. Au lit, je ne puis m'en couvrir ; à cheval, ils ne me défendent ni de la pluie ni du vent, et quand je satisfais aux besoins de la nature, j'ai les jambes gelées ! »

Les relations d'Éginhard et du petit moine de Saint-Gall se complètent. Elles ne font pas double emploi. L'une est plus savante, l'autre plus spontanée. Éginhard est généralement mieux informé que Notker ; il a bien connu Charlemagne, mais son récit est celui d'un scribe officiel et il a la prétention d'égaler les historiens de l'Antiquité. Notker s'est surtout intéressé aux « petites histoires » ; il cultive l'humour et dépeint avec bonheur le milieu ecclésiastique dans ses rapports avec le pieux empereur. Le Charlemagne d'Éginhard est cependant aussi vrai que celui du moine de Saint-Gall. Son visage aux larges yeux vifs, son sourire courtois, sa haute et lourde silhouette en habit de tous les jours et en tenue de cérémonie se dégagent de leurs deux récits. On y aperçoit même les principaux traits de son caractère ; l'autorité tempérée par la bienveillance, la haine de l'oisiveté, la finesse, l'humour. *Mens sana in corpore sano* : un équilibre presque parfait entre une nature généreuse et un esprit aigu. Nous l'avons vu à l'œuvre dans ses campagnes militaires incessantes, dans ses conquêtes, tenace, parfois inflexible, cependant raisonné, pragmatique. Il nous reste à l'étudier dans son privé, à évoquer ses multiples talents de juge, d'organisateur, de propagateur de la foi, de promoteur de la renaissance carolingienne. Il suffisait à tout, et l'on ne sait ce qu'il faut le plus admirer, ou de sa réussite ou de son écrasante personnalité. Peu d'hommes atteignent de tels sommets, marquent à ce point leur époque !

II

LE PATRIARCHE

Nonobstant ses multiples occupations, Charlemagne accordait une large place à sa famille. Il aimait tendrement les siens, encore qu'il les tyrannisât quelque peu et manifestât son égoïsme en toutes circonstances, mais c'était un égoïsme souriant et assaisonné de tant de séduction que nul ne lui résistait. Tout monarque très chrétien qu'il fût, il gardait de la famille une conception franque. Pour lui la famille englobait les femmes et les enfants légitimes, les concubines et les bâtards, les serviteurs et les amis. C'était donc une véritable tribu dont il était le chef, à laquelle il imposait ses vues et son rythme de vie. Son père et ses aïeux avaient agi de même. Et il ne différait en rien des grands de son royaume, pour lesquels l'union selon le rite germanique (friedelehen) gardait autant de valeur que le mariage chrétien, ou presque.

Il s'ensuit que la famille de Charlemagne offre une certaine confusion. Essayons pourtant d'y voir clair. Tout d'abord, à son avènement, Charlemagne avait encore sa mère, la reine Berthe ou Bertrade, sa sœur Gisèle, et son oncle Bernard, frère du défunt Pépin le Bref. L'oncle Bernard avait lui-même trois fils (Adalhard, Wala et autre Bernard) et deux filles (Théodrade et Guntrade). La reine Bertrade ne mourut qu'en 783, à l'abbaye de Choisy-sur-Aisne. La princesse Gisèle avait été fiancée avec le basiléus Léon IV, puis à Adalgise, fils de Didier, dernier roi des Lombards ; elle vécut longtemps à la Cour, puis finit par entrer au monastère de Chelles, dont elle devint abbesse et où elle mourut en 810.

Charlemagne contracta quatre mariages et il eut plusieurs concubines, sans que l'on sache si, relativement à celles-ci, il s'agissait de friedelehen ou de simples liaisons.

De sa première concubine, Himilitrude, de nation franque, il eut Pépin, « beau de visage mais bossu », malheureux auteur du complot de 792.

Il répudia Himilitrude pour épouser, sur les instances de la reine Berthe, Désirée, fille du roi des Lombards. Quand il rompit l'alliance lombarde en 771, il renvoya Désirée à son père.

Charlemagne épousa presque aussitôt Hildegarde, issue d'une illustre famille souabe. Elle lui donna quatre fils et cinq filles en onze ans de mariage, à savoir : Charles (né en 772), parfois surnommé le Jeune pour le distinguer de son père ; Pépin appelé d'abord Carloman, né en 777 (on le connaît sous le nom de Pépin d'Italie) ; Louis, né en 778 (c'est Louis d'Aquitaine qui deviendra l'empereur Louis le Pieux après la mort prématurée de Charles le Jeune et de Pépin) : il avait un frère jumeau, Lothaire, qui mourut en 779. L'aînée des filles s'appelait Adélaïde, ou Alpaïde ; née en 773 à Pavie, elle vécut à peine un an. On ignore la date de naissance de Rotrude ; elle fut fiancée au basiléus Constantin VI, mais l'impératrice Irène rompit le projet de mariage ; elle épousa secrètement ou prit pour amant Rorgon, comte du Maine, auquel elle donna un fils qui devint abbé de Saint-Denis. Berthe épousa le conseiller-poète Angilbert, dont elle eut l'historien Nithard. Gisèle fut baptisée à Milan en 781 et n'a pas laissé d'autres traces. Quant à la dernière-née, nommée Hildegarde comme sa mère, elle mourut quelques semaines après celle-ci, en 783.

Veuf d'Hildegarde, Charlemagne convola, pour la troisième fois, avec Fastrade, fille du comte Rudolf ou Rodolphe. Il en eut deux filles : Hiltrude et Théoderade. Cette dernière devint abbesse du couvent Notre-Dame d'Argenteuil.

Fastrade mourut en 794. Charlemagne se remaria avec Liutgarde, originaire d'Alémanie. Elle ne lui donna pas d'enfants et mourut en 800 à Saint-Martin de Tours. Elle ne vit point le couronnement de son mari.

Charlemagne ne pouvait se passer de femmes. Il s'abstint de contracter un nouveau mariage selon le rite catholique, mais se donna successivement quatre concubines : Maltegarde, la Saxonne Gersuinde, Regina et Adalinde. Maltegarde lui donna Rothilde (qui devint abbesse de Faremoutiers). La Saxonne eut Adaltrude dont on ne sait rien. Regina fut mère de Drogon, qui devint évêque de Metz en 823, et de Hugues, abbé de Saint-Quentin et de Saint-Bertin, tué en combat en 844. Adalinde eut Thierry qui devint moine.

Neuf femmes dont quatre légitimes, dix-sept enfants dont six bâtards, sans compter peut-être les liaisons passagères et les enfants dont l'histoire n'a pas retenu le nom ! Charlemagne était vraiment de robuste constitution. Ses activités politiques, ses campagnes militaires et ses voyages incessants n'atténuaient guère ses appétits amoureux. Il aimait la compagnie des femmes. Il était sensible à leur beauté, sans doute à leur fragilité et à leurs faiblesses. Il chérissait pareillement ses enfants, garçons et filles, bâtards ou légitimes. Il était au milieu d'eux comme un grand chêne pépiant d'oiseaux et multipliant chaque année ses rameaux. On aimerait connaître mieux sa vie sentimentale : ce qui précède n'est qu'une terne énumération. Quelques indices permettent cependant d'affirmer qu'il chérissait ses femmes, principalement celles qui étaient reines. Il ne pouvait se passer d'elles. Il les emmenait dans ses déplacements et même, autant qu'il était possible, dans ses expéditions, fût-ce en terre saxonne. Il les entourait de respect. Il leur faisait présent de domaines prélevés sur ses nouvelles conquêtes. On verra plus loin le rôle qui leur incombait. Il leur écrivait. Il se souciait de leur santé. La reine Hildegarde eut, semble-t-il, ses préférences. Elle était, selon l'expression de Paul Diacre, « la mère des rois ». Elle l'avait accompagné en Italie, lors de la conquête de la Lombardie. Lors de l'expédition d'Espagne (778), elle était enceinte et voulut néanmoins le suivre. Elle dut s'arrêter à Chasseneuil en Poitou, pour accoucher. Dans ce palais, elle donna naissance à Louis et à son frère jumeau. Dans ses diplômes, Charlemagne l'appelait « sa très chère femme ». Elle mourut à Thionville. Il lui fit de splendides funérailles. Elle fut inhumée dans la basilique Saint-Arnoul de Metz. Charlemagne accorda à cette église des donations considérables afin d'assurer le salut de la reine morte. Sa mère, la reine Berthe, décéda peu après. Charlemagne lui avait pardonné son intrusion dans les affaires politiques, l'alliance lombarde et le malencontreux mariage avec la fille de Didier. Elle vivait au palais, révérée par tous, mais spécialement par son fils. Il la fit inhumer en grande pompe à Saint-Denis, près du corps de Pépin le Bref. La reine Fastrade était de santé fragile et d'humeur agressive. On ne l'aimait pas. Éginhard la rend responsable de l'irritation des grands et du complot de Pépin le Bossu : « On regarde la cruauté de la reine Fastrade, écrit-il, comme la cause et l'origine de ces conjurations ; et si, dans l'une comme dans l'autre, on s'attaqua directement au roi, c'est qu'en se prêtant aux cruautés de sa femme, il semblait s'être prodigieusement écarté de sa bonté et de sa douceur habituelles. » Reste à savoir si Éginhard n'avait pas éprouvé les duretés de l'orgueilleuse reine et si, en écrivant ces lignes, il ne réglait pas un compte personnel. En tout cas, Charlemagne ne tint pas rigueur à sa femme de ses prétendues cruautés. En 791, lors de la campagne contre les Avars, il lui écrivait en ces termes : « Charles, par la grâce de Dieu roi des Francs et des Lombards, patrice des Romains, à sa très chère et très aimable épouse, la reine Fastrade. Nous t'envoyons par cette lettre un salut affectueux dans le Seigneur, à toi, et par ton intermédiaire à nos filles qui demeurent avec vous. Sache donc que nous sommes sain et sauf par la grâce de Dieu... » Il raconte ensuite sa victoire sur les Avars, l'extermination de ceux-ci, le pillage de leur Ring et la grande procession, assortie d'un jeûne de trois jours, qu'il a prescrite pour remercier Dieu de cette nouvelle victoire. Il exprime le souhait que Fastrade organise une cérémonie semblable, mais songeant à sa santé fragile, il ajoute : « Pour toi, suivant que la faiblesse de ta santé te le permettra, tu feras ce que tu jugeras convenable. Nous sommes surpris de n'avoir reçu de toi ni messager ni lettre depuis notre départ de Ratisbonne. Nous te prions de nous donner plus souvent des nouvelles de ta santé et de tout ce qu'il te plaira de nous faire savoir... » Fastrade mourut en 794 et fut solennellement ensevelie à Saint-Alban de Mayence. Charlemagne épousa ensuite Liutgarde, dont les poètes-courtisans louèrent la douceur, la bonté et l'amour des lettres. On a déjà dit dans quelles circonstances elle mourut et fut inhumée à Tours.

Charlemagne la pleura sincèrement, comme il avait pleuré les reines précédentes et il pleura les enfants comme les amis qu'il perdit. Éginhard s'étonne même de cette abondance de larmes, peu dignes, selon lui, « de la résignation qu'on aurait pu attendre de sa fermeté d'âme ». Mais, n'en déplaise à Éginhard, si Charlemagne avait l'âme ferme et croyait au paradis, il avait aussi le cœur tendre. La séparation charnelle le désespérait. Cet aspect humblement humain le rend encore plus attachant, joint au fait qu'il n'essayait même pas de dissimuler son chagrin. En toutes circonstances, il était vrai, authentique ! Même quand il paraissait en majesté, couronne en tête et paré de ses habits dorés, il restait lui-même, bien vivant, chaleureux et, durant les audiences trop longues, il devait avoir quelque mal à tenir en place.

Il aimait également tous ses enfants, garçons et filles, légitimes ou non. Ils étaient élevés ensemble, selon la coutume germanique, et bénéficiaient de la même éducation. Garçons et filles étaient éduqués suivant le programme qu'il avait fixé. Il les voulut tous instruits dans les arts libéraux, qu'il cultivait lui-même assidûment, car il déplorait son propre manque d'instruction. Dès qu'ils étaient en âge, les garçons apprenaient l'équitation, le maniement des armes, la natation, la vénerie. Charlemagne voulait qu'ils fussent les meilleurs cavaliers, les meilleurs soldats, les plus cultivés et les mieux disants des princes de son royaume. Il ne marquait aucune préférence entre eux, sauf peut-être à l'égard de Charles qui était appelé à lui succéder. Il les préparait à leur métier de roi et les initiait à la politique, à la diplomatie, à la guerre. Cette observation ne vaut que pour les fils que lui avait donnés la reine Hildegarde, considérés comme ses seuls héritiers. Le malheureux Pépin le Bossu, d'abord traité lui aussi en héritier potentiel, avait été écarté pour des motifs obscurs. Quant aux autres fils, nés de concubines, ils étaient destinés à la cléricature. Par contre toutes les filles eurent le même traitement et connurent des faveurs identiques. Leur père ne voulut pas en faire des bas-bleus, mais de vraies femmes, aptes à conduire une maison. Pour « les préserver de l'oisiveté », Charlemagne voulut qu'elles apprissent « à travailler la laine, à manier la quenouille et le fuseau ». Il appréciait infiniment leur compagnie et ne pouvait même se passer d'elles. Elles partageaient ses repas. Il les emmenait en voyage. Éginhard : « Ses fils l'accompagnaient à cheval ; quant à ses filles, elles venaient ensuite, et des satellites tirés de ses gardes étaient chargés de protéger les derniers rangs de leur cortège. » Il les emmenait aussi à la chasse.

Un poète anonyme a évoqué l'une de ces parties de chasse. Grâce à lui nous pouvons apercevoir Charlemagne au milieu des siens, percevoir l'allégresse et l'empressement de tous. Ce poème serait à réciter en entier ! Voici donc le soleil levant dont les premiers feux éclairent la cime des rochers et des forêts, les courtisans qui se rassemblent en hâte, les piqueux qui s'interpellent, le cheval qui hennit à l'approche du cheval, les porteurs d'épieux acérés et de filets, la meute aboyante des molosses. La sonnerie des cors annonce l'arrivée de la maisonnée royale. Voici la reine Liutgarde : « Son cou brillant semble emprunter à la rose son tendre coloris ; l'écarlate a moins d'éclat que sa chevelure qu'il enlace ; des bandelettes de pourpre ceignent ses blanches tempes ; des fils d'or retiennent les pans de sa chlamyde ; des pierres précieuses ornent sa tête, que couronne un diadème en clair métal ; le lin de sa robe a deux fois été trempé dans la pourpre ; sur ses épaules descendent des colliers qui brillent des feux les plus variés. » Elle monte un superbe cheval. La suivent Charles le Jeune qui ressemble à son père par son visage et sa tenue, et Pépin d'Italie sur un coursier fougueux, digne par ses actions d'éclat du glorieux prénom de son grand-père. Voici maintenant le « bataillon des filles ». Rotrude est en tête : « Dans ses cheveux pâles s'entrelace un bandeau violet, que décorent plusieurs rangs de perles. Une couronne d'or chargée de pierres précieuses entoure sa tête ; une agrafe attache son riche vêtement. » Berthe est moins gracile que sa sœur : c'est un garçon manqué : « Sa voix, son cœur viril, sa manière d'être, son visage radieux, tout en elle est à l'image de son père. » La blanche Gisèle est vêtue d'une robe couleur de pourpre, « dont la mauve sauvage forme le souple tissu ». Elle a une magnifique crinière blonde, mais, écuyère intrépide, monte « un cheval au pied rapide, qui broie de ses dents impatientes son mors couvert d'écume ». Rothaïde n'est pas moins audacieuse ; elle vient se placer au premier rang. Elle porte un manteau de soie, une couronne de perles. Sa chlamyde est retenue par une épingle d'or. Théoderade arbore une parure d'émeraudes; elle monte un cheval blanc. Le poète ne dit rien d'Hiltrude dont la tenue devait être plus modeste. Charlemagne, « le vénérable phare de l'Europe », domine la foule de ses hautes épaules. Un cercle d'or ceint son noble front. Il a le visage souriant. Il monte « un coursier caparaçonné, couvert d'or et de métaux précieux ». La chasse commence. On détache les chiens de meute. Ils fouillent en tous sens les « ombreuses broussailles » et lèvent un sanglier. Le cor retentit, appelant les cavaliers épars dans la forêt. Le sanglier s'enfuit « vers d'inaccessibles retraites ». La terre tremble sous le sabot des chevaux et les feuilles arrachées tombent des arbustes. Le sanglier s'arrête épuisé par la course, menaçant de ses défenses dardées les molosses qui le cernent mais n'osent l'attaquer. Le roi Charles accourt aussitôt: « Plus prompt que l'oiseau dans son vol, il se précipite dans la mêlée, frappe de son glaive la poitrine du monstre, et y plonge son fer glacé. Le sanglier tombe, vomit avec le sang son dernier souffle, et se roule en expirant sur la jaune arène. Du haut de la colline, la famille royale contemple le spectacle. »

Fameux spectacle en effet que celui du grand empereur le glaive ensanglanté au poing, près du sanglier mort et des molosses éventrés, vainqueur une fois de plus, superbe de violence! Décidément rien ne lui résistait: ni les perfides Lombards, ni les rudes Saxons, ni les sauvages Avars, ni les monstres qui hantaient ses forêts! Il convenait de ranger cette image parmi les autres. Elle témoigne à sa manière des réalités du temps et montre combien ces princes et leur suite de courtisans restaient proches de la nature et véhéments.

Ces parties de chasse étaient traditionnellement suivies de festins fort joyeux. Hormis sur le chapitre du vin, Charlemagne fermait volontiers les yeux sur certaines privautés, pour ne pas dire que toutes les licences étaient permises. Les religieux du palais n'avaient point accès à la salle de festin, ce qui évitait leurs reproches. Mais les filles de l'empereur y assistaient. Qu'elles lui eussent valu quelque déboire n'a rien qui puisse surprendre. Lui-même ne donnait pas un exemple bien fameux. Cependant, malgré sa grande piété et sa foi fervente, ces débordements ne l'émouvaient nullement. Il n'éprouvait aucun remords de ses liaisons amoureuses. Il donnait à la nature et à l'esprit chacun leur part, avec une candeur touchante !

Ses filles étaient très belles – c'est ce qui ressort de divers témoignages –, elles auraient pu se marier aisément. Il préférait que, d'aventure, elles prissent un amant, voire qu'elles se mariassent clandestinement, à condition qu'elles restassent à la Cour. Il ne pouvait se résigner à les perdre, à se passer de leur joyeuse présence. Consentait-il à donner l'une d'entre elles en mariage, il ne faisait rien pour empêcher la rupture des fiançailles, tout au contraire. À cette réserve près, il tolérait leurs caprices et ne leur refusait rien. Lui qui préférait des vêtements très simples, il les couvrait de cadeaux : riches étoffes, perles, pierres précieuses, bijoux d'or. Il voulait même qu'elles fussent parées comme des châsses. Certes, il les aimait extrêmement, mais pour lui-même et cet égoïsme paternel scandalisait quelque peu ses familiers. D'où ce coup de patte d'Éginhard : « Elles étaient fort belles et tendrement chéries de leur père. On est donc fort étonné qu'il n'ait jamais voulu en marier aucune, soit à quelqu'un des siens[1], soit à des étrangers. Jusqu'à sa mort, il les garda toutes auprès de lui dans son palais, disant qu'il ne pouvait se passer de leur société. Aussi, quoiqu'il fût heureux sous les autres rapports, éprouva-t-il à l'occasion de ses filles la malignité de la fortune. Mais il dissimula ses chagrins, comme s'il ne se fût jamais élevé contre elles aucun soupçon injurieux, et que le bruit ne s'en fût

1. À l'exception d'Angilbert.

pas répandu. » Manière élégante d'insinuer que Charlemagne fermait l'oreille aux murmures de la Cour touchant à l'inconduite de quelques-unes des princesses. Mais comment tempérer l'ardeur de ces orgueilleuses cavales, dont certaines avaient hérité du tempérament paternel ? Au surplus, malgré les efforts des ecclésiastiques du palais, les mœurs restaient fort libres et la Cour de Charlemagne présentait de nombreuses analogies avec celle des Mérovingiens.

La sollicitude de l'empereur s'étendait vraiment à toute la famille carolingienne, à ses cousins germains, à ses cousins par alliance. Il n'oubliait pas les absents. C'est ainsi qu'il trouva le temps de se rendre au chevet de l'abbesse de Chelles, sa sœur Gisèle, qui était souffrante. Et même de s'enquérir du sort de Pépin le Bossu, son fils criminel, tonsuré et relégué dans un pauvre monastère. Notker de Saint-Gall rapporte à ce sujet une historiette que je donne pour ce qu'elle vaut, mais le fond doit en être exact. Quelque temps après la conjuration de Pépin le Bossu, un nouveau complot fut découvert, ourdi par les grands, du moins par certains d'entre eux. Charlemagne fit demander à son fils ce qu'il devait faire des coupables. Ses messagers trouvèrent Pépin dans le jardin du monastère occupé à arracher les orties et les mauvaises herbes avec une bêche.

« Si Charles attachait le moindre prix à mes avis, leur répondit-il, il ne me tiendrait pas ici pour être aussi indignement traité ; je ne lui demande rien, dites-lui seulement ce que vous m'avez vu faire. »

Les messagers insistèrent. Ils s'attirèrent cette réponse pleine de hargne :

« Je n'ai rien à lui mander, sinon ce que je fais ; je nettoie les ordures pour que les bons légumes puissent croître plus librement. »

Les messagers rapportèrent ces paroles à Charlemagne. Il les estima remplies de sens et décida de désherber sa Cour en envoyant les conjurés à la mort et en distribuant leurs biens à ses fidèles serviteurs.

Il ne gracia point son fils, mais lui permit de se retirer dans un monastère de son choix. Pépin choisit le monastère de Prüm, alors fort célèbre. L'existence des moines y était confortable. Charles ne pouvait pardonner à Pépin, mais il ne voulait pas qu'il expiât trop durement sa faute. L'amour paternel n'égarait point son jugement. Il savait Pépin trop dangereux, trop artificieux, pour l'admettre de nouveau à la Cour.

S'il était indulgent aux faiblesses humaines, il ne transigeait pas sur la religion ; il fallait qu'un chacun partageât non seulement ses convictions mais sa ferveur et son exactitude aux offices. Or il avait littéralement intégré le Ciel à sa vie quotidienne. Il fréquentait les églises de jour comme de nuit. Il chantait avec les fidèles. Pour lui plaire, il fallait le suivre et prier pour lui. D'ailleurs, il se sentait comptable du salut des siens comme du salut de ses peuples, des Francs comme des Saxons et des autres nations qu'il avait soumises et converties de gré ou de force. Cette piété constituait le trait majeur de son caractère, avec la volonté et la fierté d'appartenir à une race illustre. Il ne s'agissait pas chez lui d'une dévotion ponctuelle et morose, mais d'une participation agissante et joyeuse, spontanée, à la communion des fidèles, au saint sacrifice. Il se donnait à fond en toutes choses, d'âme, de cœur et de corps. Il vivait réellement sa foi, sans oublier pourtant l'importance de l'exemple qu'il donnait aux fidèles et d'abord à son entourage.

Son affection tyrannique, possessive, parfois abusive, n'excluait pas ceux qu'il nommait ses amis. Or ceux qui ont laissé témoignage de leurs rapports avec le tout-puissant maître soulignent son amabilité, sa modestie, sa douceur, sa sincérité. Ce qui faisait écrire à Éginhard : «... lorsqu'on lui annonça la mort du pape Hadrien, il ne pleura pas moins que s'il eût perdu un fils ou un frère chéri. C'est qu'il était véritablement né pour les liaisons d'amitié ; facile à les contracter, il les entretenait avec la plus grande constance, et cultivait, avec une espèce de religion, l'affection de ceux qu'il s'était unis par des liens de cette nature. »

Tous vantaient aussi sa magnificence, ses largesses, sa générosité. Il aimait récompenser ceux qui le servaient loyalement, comtes ou guerriers, lettrés et fonctionnaires du palais. Ses faveurs valaient bien quelque sacrifice, par exemple un bain plus ou moins forcé dans la grande piscine d'Aix-la-Chapelle !

Tel était le caractère plein de vigueur et de contrastes du Rénovateur de l'Empire romain, successeur des Césars.

III

LE PALAIS

Selon la définition de Fustel de Coulanges, le palais « est le terme propre pour désigner à la fois le gouvernement, ceux qui le dirigent et le lieu où il réside ». Il comprenait, outre les princes et les princesses de la famille impériale, un certain nombre de personnages, laïcs et ecclésiastiques, appelés palatins. Il est donc anachronique d'employer, comme je l'ai fait d'ailleurs, les termes de Cour et de courtisans, qui sont postérieurs mais dont la définition est à peu près la même.

Les palatins étaient choisis par l'empereur, en raison des services qu'ils avaient rendus, de leur talent, de leurs connaissances et de leur expérience. Ils formaient le conseil impérial. Leurs attributions étaient étendues, quoique fluctuantes, car Charlemagne les convoquait à son gré, en tout ou partie, selon les nécessités de l'heure et l'importance des mesures qu'il projetait. Ils paraissent avoir été nombreux, sans qu'il soit possible de préciser davantage. Il n'existait dans cette assemblée aucune spécialisation, sinon de fait, comme ce fut longtemps le cas dans le conseil des rois capétiens (la *curia regis*). Les palatins délibéraient sur toutes les affaires que Charlemagne jugeait opportun de leur soumettre : aussi bien sur celles qui touchaient à la politique extérieure qu'à la politique intérieure, au choix de certains « fonctionnaires » et aux intérêts des particuliers. Le pouvoir impérial était dans son principe absolu. Charlemagne consultait les palatins, mais il décidait en dernier ressort et, quand il présidait cette assemblée, il avait assez d'autorité et de séduction pour imposer ses vues. Mais il avait également assez d'intelligence pour tenir compte des avis exprimés et pour infléchir ses décisions en conséquence. Les palatins formaient d'ailleurs l'assise de son pouvoir. Ils étaient les successeurs directs de ces fidèles, amis et vassaux, qui avaient assuré l'émergence des Pipinnides et l'accession au trône de Pépin le Bref, en sorte qu'on a pu employer à leur égard le terme de clan. Ils avaient contracté envers Charlemagne un lien personnel très puissant. Leur fidélité devait être totale. Ils s'engageaient à observer le secret, à délibérer sans haine, sans parti pris, sans crainte des menaces, à ne pas recevoir de présents, à oublier, le cas échéant, leur parenté, bref à ne considérer que l'intérêt de l'empereur et de l'Empire. Quand l'un d'entre eux violait cet engagement, on l'excluait. Or c'était un grand honneur que d'être palatin et une position avantageuse. On connaît le nom des palatins les plus en vue : Adalhard, qui était fils de Bernard, frère de Pépin le Bref, dont on vantait « l'esprit avisé, la décision rapide, l'éloquence abondante » ; Guillaume de Toulouse, lui aussi cousin de Charlemagne et qui avait été élevé au palais ; Angilbert, issu d'une grande famille franque et, comme le comte Guillaume, éduqué par des maîtres recrutés par Charlemagne. Parmi les jeunes gens formés à l'école impériale, on choisissait les meilleurs. Ils devenaient palatins « stagiaires », avant de prendre part aux délibérations. Selon la nature des affaires évoquées, Charlemagne agrégeait à son conseil des juristes, de hauts fonctionnaires, des chefs de guerre, voire les grands qui se trouvaient de passage. Dans l'intervalle des réunions, il travaillait avec trois conseillers permanents.

Le rôle des palatins était donc, essentiellement, d'aider l'empereur à promouvoir sa politique au plus haut niveau, en somme de matérialiser sa pensée. Restaient les tâches d'exécution. Charlemagne n'avait pas de ministres. Il n'avait pas non plus de maire du palais et pour cause : ses aïeux avaient rempli cet emploi ! Il ne voulait point de vice-roi. Ses propres fils ne furent jamais que des lieutenants dociles, constamment tenus en lisière, même ceux qui, comme Louis et Pépin, avaient été investis du titre de roi, même Charles, son fils aîné. Charlemagne avait divisé les attributions des anciens maires du palais entre trois personnages : l'archichapelain, le comte du palais et… l'impératrice.

L'archichapelain, apocrisiaire (du grec *apocris*, « réponse ») ou primicier, commandait la maison religieuse. Les fonctions qu'il exerçait justifient quelque peu l'impropriété de ce titre d'apocrisiaire. Au temps du Bas-Empire, c'était l'officier chargé de juger les différends entre les officiers du palais, d'expédier les messages et de notifier les réponses de l'empereur. Plus tard, il devint chancelier. Au palais de Charlemagne, il était responsable de la chapelle et chef du clergé. C'était lui qui organisait les offices, les cérémonies, et qui bénissait la table au début de chaque repas. En outre il avait le privilège d'administrer les derniers sacrements aux princes. Mais il remplissait aussi la fonction de ministre du culte, sans en porter le titre. Tout ce qui regardait la hiérarchie et la discipline ecclésiastiques relevait de son autorité. Cependant il soumettait les cas les plus graves à Charlemagne. C'était lui encore qui ménageait les audiences pour les affaires les plus importantes. Son personnel était composé de simples chapelains, de prêtres et de diacres.

Compte tenu de la politique religieuse de Charlemagne, pour mieux dire du caractère théocratique du régime, on mesure l'importance de l'apocrisiaire et l'on comprend avec quel soin il était choisi. Tous les titulaires de cet emploi furent d'éminents prélats : Fulrad, abbé de Saint-Denis, Angilram, évêque de Metz, Hildebald, archevêque de Cologne. Outre ses fonctions religieuses, l'apocrisiaire était également responsable de la chancellerie. Ce service avait pris une grande extension, par suite de l'activité législative et réglementaire de Charlemagne et de l'abondance de sa correspondance. Il revenait à l'apocrisiaire de contrôler l'exactitude des inductions et des libellés, afin que les actes fussent pleinement authentiques et ne donnassent pas lieu à contestations. Il était aidé dans cette tâche par le chancelier ou protonotaire impérial (naguère royal), assisté d'un notaire. Ces chanceliers furent successivement Ithier, Radon, Ercanbald et Jérémie. Tous étaient hommes d'Église, reçurent en récompense de grandes abbayes : l'un d'eux fut même archevêque de Sens. Il en était de même des notaires et de l'équipe des scribes placés sous leurs ordres. Il va sans dire que ces derniers étaient eux aussi triés sur le volet, tenus au secret le plus absolu, à une fidélité inviolable, mais encore aptes à mettre en forme la pensée du souverain et les décisions qui étaient prises. Les textes, leur datation devaient être d'une exactitude rigoureuse. À mesure que Charlemagne améliorait ses propres connaissances, il exigeait toujours plus de perfection. Le travail terminé, c'était le chancelier qui apposait le sceau : il en existait deux types, l'un représentant un empereur romain, l'autre Sérapis, dieu égyptien, tous deux empruntés à des intailles antiques. Le chancelier conservait aussi les archives.

Le comte du palais était le pendant de l'apocrisiaire au plan temporel. Il avait à connaître de toutes les affaires séculières. Il était l'introducteur des laïcs auprès de l'empereur et surtout grand justicier. Assisté de plusieurs conseillers, généralement trois, il prononçait les sentences par délégation de Charlemagne. Un condamné pouvait toujours en appeler à ce dernier qui jugeait alors en dernier ressort. Cependant le comte du palais avait préalablement soin de distinguer les procès concernant les puissants, les modestes et les pauvres. S'agissant de grands personnages, il soumettait direc-

Statuette de bronze provenant de la cathédrale de Metz
présumée représenter Charlemagne.
(Musée du Louvre)

Charlemagne.
Statue du XVe siècle.
(Crypte de la cathédrale de Zurich)

Charlemagne sur son trône.
Dessin du Xe siècle.

Denier d'argent de Charlemagne empereur.
(Bibliothèque nationale)

Revers du même denier, avec la représentation du Saint-Sépulcre.
(Bibliothèque nationale)

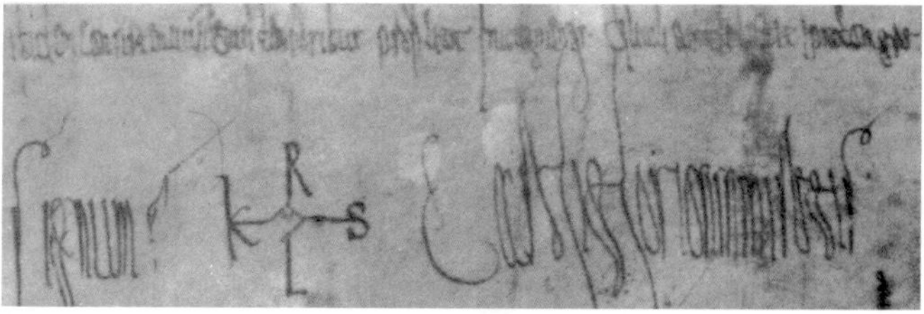

Seing de Charlemagne sur une donation.
(Archives nationales)

Denier d'argent
avec monogramme
de Charlemagne.
(Bibliothèque nationale,
cabinet des Médailles)

Sceau de
Charlemagne.
(Bibliothèque nationale)

Villa carolingienne (reconstitution) :
cour entourée par un portique ;
à gauche, l'habitation dominée par
une tour de défense,
au fond les bâtiments d'exploitation.

Psautier d'Utrecht :
la moisson, le moulin, le transport des sacs de farine,
IXe siècle.
(Bibliothèque nationale)

Psautier d'Utrecht,
IXᵉ siècle.
(Bibliothèque nationale)

Église à plan basilical.

Maison et tente.

Massacre et pillage ; siège d'une ville.

Charlemagne lors de son expédition en Espagne, 778.
Miniature du manuscrit d'Ogier le Danois, XVᵉ siècle.
(Bibliothèque de Turin)

Grandes Chroniques de France :
le couronnement de Charlemagne à Rome en 800.
Miniature de Jean Fouquet.
(Bibliothèque nationale)

Aix-la-Chapelle :
chapelle du palais de Charlemagne.

tement la cause à l'empereur. Par ailleurs certains crimes d'une particulière gravité étaient jugés directement par celui-ci. La procédure restait sommaire et l'on recourait parfois au Jugement de Dieu. En outre les appelants devaient verser une lourde amende en cas de récidive, ou lorsque la sentence qu'ils contestaient était confirmée. Les comtes du palais devaient s'efforcer par leur équité et par leurs connaissances juridiques de mériter la confiance du maître. L'histoire a retenu le nom de quelques-uns d'entre eux : Anselme, Worad, Adalhard, Amalric, Helmangaud. Ils disposaient bien entendu d'un personnel spécialisé, chargé de transcrire les jugements.

Jusqu'à la construction du palais d'Aix-la-Chapelle, la Cour était itinérante ; elle se transportait d'une villa royale à l'autre, selon les habitudes des rois mérovingiens. Le gouvernement suivait. Après le couronnement de Charlemagne par le pape Léon III, si le palais prit encore plus d'éclat, il ne changea pas de structures. Le rôle d'intendance des anciens maires du palais, c'est-à-dire la tenue de la maison royale (ou impériale), son approvisionnement, l'organisation des voyages, etc., incombait à la reine. Il lui appartenait aussi d'assurer l'entretien et l'ameublement des maisons royales, d'organiser les fêtes, d'acheter des présents pour les ambassadeurs et les souverains étrangers, de prévoir et d'assumer les dépenses. Ce n'était certes pas une sinécure, d'autant qu'elle était également responsable de la discipline et des bonnes mœurs ! Elle était heureusement secondée dans cette tâche par plusieurs hauts fonctionnaires : le chambrier, le sénéchal, le bouteiller, le connétable, le maître du logis. Le chambrier avait la garde et la gestion du trésor : il faisait figure de ministre des Finances. Le sénéchal s'occupait des provisions et le bouteiller de la cave. Le connétable n'était point le chef suprême de l'armée qu'il deviendra sous les Capétiens, mais le responsable des chevaux et du personnel d'écurie. Le maître du logis veillait à l'hébergement. Quelques-uns d'entre eux ont laissé leurs noms : Adalgise, Meginfrid, Eberhard qui furent chambriers, Eggihard et Andulf qui furent sénéchaux, et les connétables Geilon et Burchard. C'étaient de véritables dignitaires ; ils avaient l'insigne honneur de vivre dans l'intimité des souverains. Ils devaient avoir assez d'autorité et d'initiative pour assurer le fonctionnement quotidien de cette énorme machine, préparer les déplacements, en prévoir la durée, plaire à la reine et ne pas déplaire à Charlemagne. Or celui-ci était toujours « en course », sauf dans la dernière partie de son règne, après son installation définitive à Aix-la-Chapelle. Il voulait être servi ponctuellement, quelles que fussent les circonstances. Mais il ne consentait pas à s'abaisser aux détails matériels, fût-ce aux problèmes de trésorerie. La table devait être la plus belle et la mieux pourvue en mets délicats, même s'il préférait quant à lui les rôtis à la broche. L'ameublement devait être le plus luxueux. Les cadeaux devaient éblouir leurs destinataires. Car il tenait à sa réputation de prince fastueux, de premier monarque d'Occident. Les chevaux devaient être prêts à l'heure dite, et revêtus de leurs caparaçons. Et les logements prévus pour les palatins. Les auxiliaires de la reine faisaient de leur mieux.

Dans un petit poème, le savant Théodulfe a décrit, sur le mode humoristique, les apprêts d'un festin. Il montre les grands officiers s'avançant pour remplir leurs charges : le comte du palais assigne à chacun des invités sa place ; il écarte les intrus ; c'est lui qui se tiendra près du siège royal. L'archichapelain se présente pour bénir la table royale : « Et même si le roi veut qu'il prenne quelque chose, il faut qu'il le veuille aussi. » Alcuin, « la gloire de nos poètes », Éginhard dont « un grand cœur anime le petit corps », d'autres « académiciens du palais » partageront le repas de Charlemagne et, muni de ses doubles tablettes, le scribe Escanbald notera leurs propos ainsi que ceux de l'illustre empereur. Un serviteur, à l'« esprit délié, mais aux membres languissants », apporte un panier de pommes. Un autre, « essuyant son front couvert de sueur », escorté des cuisiniers et des boulangers du palais, porte avec précaution les plats qu'il va présenter. L'échanson paraît, avec les « vases précieux qui contiennent des vins excellents ». La joie règne sur tous les visages. Tous ces vieux récits témoignent de l'alacrité ambiante. Bon vivant, Charlemagne savait oublier ses soucis. Il ne devait pas beaucoup apprécier la morosité. Il fallait être gai, manger de bon appétit et surveiller son verre, mais aussi savoir écouter et répondre à bon escient. Charlemagne était un terrible bavard.

La chasse était le divertissement favori de la Cour et Charlemagne l'aimait avec passion. Quatre veneurs et un fauconnier étaient chargés de ce service. Ils devaient prévoir le nombre des piqueux et des chiens, le lieu des rencontres. Ils avaient la responsabilité des faucons quand on chassait à l'oiseau.

L'archevêque Hincmar, s'inspirant d'un opuscule d'Adalhard, a remarquablement décrit l'organisation du palais. Il dit que la multitude des serviteurs avait été divisée en trois classes, afin d'assurer « son entretien continuel ». La première comprenait les serviteurs royaux qui n'étaient pas titulaires d'un office particulier : tel devait être le cas de la garde de la personne impériale, de sa famille et du palais. La deuxième classe comprenait « les jeunes gens répartis entre divers services du palais » : ils s'initiaient aux affaires et commençaient par là le cursus honorum. La domesticité proprement dite formait la troisième classe, non seulement les serviteurs privés de la famille impériale, mais celle des grands officiers et des palatins. Hincmar précise que, du haut en bas de la hiérarchie, des roulements étaient prévus, en sorte que le service ne souffrait en rien des absences et qu'à tout moment l'on était à même d'improviser une réception : par exemple quand un grand personnage ou une ambassade se présentait inopinément. De même les grands officiers avaient un suppléant, dans le cas où Charlemagne leur confiait une mission exceptionnelle.

Sans doute la plupart des charges dont on vient de faire état existaient-elles sous le règne de Pépin le Bref et des Mérovingiens. Mais Charlemagne les remania, les redéfinit avec sa précision habituelle. Et l'on peut bien dire que cette vaste organisation fut son œuvre : elle le débarrassait des contingences matérielles tout en assurant sa grandeur. Quelles que fussent ses préoccupations, cette multitude ne le gênait pas. Il aimait la compagnie et n'éprouvait nullement le besoin de se retirer en quelque tour d'ivoire pour réfléchir ou méditer.

« Ce qu'il y avait d'admirable dans cette hiérarchie, poursuit Hincmar, c'est que les personnages qui la constituaient, sans compter les allants et venants qui fréquentaient le palais, [...] toujours joyeux et riants, conservaient l'esprit dispos et gai. »

IV

LES INSTRUMENTS DU POUVOIR

Les charges de comtes, ducs et marquis n'ont pas été inventées par Charlemagne. Elles existaient déjà sous les Mérovingiens. Charlemagne les réorganisa géographiquement et substantiellement ; si l'on veut, il les actualisa afin d'accroître leur efficacité et plus encore, d'en contrôler l'exercice. Sous les derniers Mérovingiens, le pouvoir central s'était parcellisé. Les comtes n'étaient plus recrutés librement par les rois ; ils étaient devenus les représentants des régions qu'ils administraient et s'arrogeaient une indépendance de fait. Ils avaient cessé d'être des fonctionnaires assujettis à l'autorité royale, par nature révocables, et revendiquaient même l'hérédité de leur charge. Pépin le Bref mit progressivement fin à ces pratiques. Charlemagne rendit les comtes à leur destination première. Ils redevinrent sous son règne les auxiliaires du pouvoir, les exécuteurs de la volonté royale.

Il redéfinit leurs circonscriptions respectives à partir des anciens *pagi* gallo-romains. Elles ont pour la plupart une superficie inférieure à celle de nos départements, mais dépassant celle de nos arrondissements. Quelle que soit d'ailleurs l'importance de leur circonscription, les comtes ne sont pas hiérarchisés ; leurs droits et leurs devoirs sont strictement égaux. Ce sont à nouveau des agents nommés par le roi ; ils peuvent être mutés ; ils s'exposent à des sanctions, notamment la révocation en cas de manquement grave : désobéissance, impéritie ou déloyalisme. On les a comparés à des préfets. Ils sont en effet des administrateurs locaux, mais leurs fonctions sont différentes. Ils sont chargés de publier les décisions royales et de recevoir les serments de fidélité au roi (ou à l'empereur) ; mais il leur incombe aussi de mobiliser les hommes libres de leur comté, de vérifier leur armement, de leur procurer le matériel de guerre indispensable, besogne plus malaisée qu'il ne semble, car chaque année, ou presque, l'armée part en campagne et les hommes libres sont las d'abandonner leur famille et leurs champs. Les comtes reçoivent à cet égard des instructions détaillées et qu'ils doivent appliquer scrupuleusement, quelles que soient les récriminations de leurs administrés. Ils sont également chargés de lever les impôts, taxes et amendes revenant au roi, et d'en verser le produit au trésor. Ils sont responsables de l'ordre public et doivent au besoin réprimer les révoltes, s'ils n'ont pu les prévoir ou les éviter. Ils sont aussi justiciers. C'est même là leur fonction principale. Bien entendu ils rendent les sentences au nom du roi, et celles-ci sont susceptibles d'appel devant le comte du palais. Le comte juge au criminel comme au privé, mais il est assisté d'un jury (le plaid ou mall) composé de notables choisis pour leur compétence et pour leur sagesse.

Charlemagne attachait le plus grand prix à ce que la justice fût correctement rendue. Il avait donc réformé le fonctionnement des plaids et créé deux juridictions distinctes. Le tribunal présidé par le comte juge dorénavant les crimes impliquant des peines afflictives et, en matière privée, les affaires les plus importantes. Le tribunal du centenier (juridiction « cantonale ») juge les délits et, en matière privée, les affaires mineures. Le jury des hommes libres, jusqu'ici informel, fait place à un collège permanent, celui des scabini (dont on a fait échevins). Ils sont au nombre de sept à douze, « bons, doux, les meilleurs qu'on pourra trouver ». C'est le comte qui les nomme. Selon la tradition germanique, le peuple assiste aux procès; il participe aux jugements. Charlemagne a réduit à trois par an le nombre des sessions dans chaque centaine. Quand bien même les hommes libres sont convoqués aux plaids généraux, le rôle du comte et des scabini est désormais prépondérant. En matière privée la procédure n'a pas évolué. C'est au demandeur d'assurer la comparution de son adversaire en justice: la non-comparution après deux appels entraîne la condamnation par défaut. La procédure est simpliste, essentiellement orale et formaliste, faisant obligation aux plaideurs de prononcer des paroles solennelles. En matière criminelle, la poursuite incombe théoriquement au comte et à ses agents, mais en fait à la victime ou à sa parenté. L'antique wergeld des Francs saliens, c'est-à-dire le rachat pécuniaire du crime, est partiellement en vigueur, sauf quand il s'agit de vol à main armée, de brigandage, de félonie et de lèse-majesté, auxquels cas on s'expose à la mort ou à la mutilation. Lorsque le coupable est pris en flagrant délit, sa condamnation va de soi. Lorsqu'il y a lieu de prouver sa culpabilité, on recourt au serment purgatoire. L'accusé jure sur l'Évangile qu'il est innocent, et son serment est appuyé par des cojureurs, ses parents ou ses amis, nécessairement de même condition sociale. Le serment purgatoire peut être récusé par l'accusateur. On recourt alors à l'une des ordalies: duel judiciaire, épreuve de la croix, de l'eau bouillante ou du fer rouge, ce que l'on appelait le Jugement de Dieu. Il semble pourtant que le tribunal puisse admettre les preuves qui sont produites par l'une ou l'autre partie, quand elles sont certaines ou suffisamment convaincantes.

Les comtés étaient subdivisés en vigueries ou centaines (ayant à leur tête les viguiers et les centeniers). Ces subdivisions correspondaient approximativement à nos cantons. Mais, selon les régions, des vigueries englobaient plusieurs centaines et le viguier était alors l'adjoint du comte : il prendra par la suite le titre de vicomte. Les centeniers étaient, comme on l'a vu, juges de première instance. Dans quel milieu Charlemagne recrutait-il ses comtes ? Parmi ses palatins, dans les familles nobles, sans exclure celles qui occupaient précédemment cette charge.

Dans les zones frontières, que l'on appelait marches, Charlemagne avait institué des marquis ou des ducs dont l'autorité, essentiellement militaire, s'étendait à plusieurs comtés. Tel était le cas de Guillaume, comte de Toulouse et marquis, responsable de la marche d'Espagne. Les territoires nouvellement conquis étaient eux aussi partagés en comtés, mais on tenait compte des anciennes répartitions politiques et les nobles locaux, s'ils consentaient à servir fidèlement Charlemagne, étaient investis de cette fonction. Il est difficile d'évaluer le nombre des comtés dans tout l'Empire : peut-être un millier. Les activités des comtes étaient contrôlées, chaque année, par les *missi dominici*, sorte d'inspecteurs généraux. Charlemagne n'avait pas inventé les *missi*, contrairement à l'opinion reçue, mais il les rendit permanents ; il leur attribua des secteurs d'inspection et il les dota de pouvoirs considérables. Ils allaient par deux, un laïc et un ecclésiastique, et devaient inspecter annuellement les comtés de leur ressort. Ils étaient munis d'instructions impératives. Ils avaient obligation de recevoir les plaintes des administrés, de veiller à ce que les églises, les veuves, les orphelins, les humbles obtinssent bonne justice. On leur recommandait surtout d'être intègres. Ils avaient le pouvoir de révoquer les fonctionnaires de second rang (viguiers, centeniers et autres agents) et de proposer la révocation du comte, voire, dans les cas extrêmes, de le suspendre immédiatement de ses fonctions. Dans la pratique, bien peu de comtes furent révoqués.

Nommant les évêques et les abbés, Charlemagne les considérait comme ses auxiliaires. C'était là une conséquence logique de l'alliance entre le pape et l'empereur, entre l'Église et l'État carolingien ! Les domaines ecclésiastiques jouissaient de l'immunité. Ils ne s'inséraient pas moins dans le système administratif. Les évêques, les abbés « contrôlaient » les âmes, c'est-à-dire l'opinion. Mais ils avaient aussi leurs propres tribunaux et il leur incombait de mobiliser les hommes libres de leurs domaines. Ils étaient aidés dans cette tâche par un agent royal, l'avoué, futur vidame. Charlemagne leur recommandait expressément de vivre en bonne intelligence avec les comtes et même de collaborer étroitement avec eux. Il se réservait d'arbitrer éventuellement leurs différends, après en avoir fait rechercher la cause par ses *missi*. Il faut ajouter que les diocèses coïncidaient avec les comtés et leurs subdivisions (les paroisses) avec les centaines. De même que les comtes, les prélats recevaient les instructions du palais.

Est-il besoin de dire que ce système harmonieux ne donna pas toujours les résultats escomptés ? Malgré les ordres de Charlemagne et les admonestations des *missi*, l'administration comtale fut inégale et les iniquités persistèrent. Mais enfin l'ordre régnait et, à cette époque si proche encore des Barbares, on ne pouvait souhaiter davantage.

L'absolutisme de Charlemagne était relatif, en tout cas tempéré par deux assemblées annuelles, d'ailleurs conformes à la tradition franque. L'empereur innovait plus rarement qu'on ne l'a prétendu ; il améliorait ; il adaptait les institutions aux nécessités de la politique. Les Mérovingiens réunissaient les grands en mars : le Champ de Mars. Pépin le Bref renvoya cette assemblée en mai (le Champ de Mai), c'est-à-dire avant l'entrée en campagne de l'armée. Charlemagne maintint l'assemblée de printemps, mais lui adjoignit une assemblée d'automne. L'assemblée de mai était plénière ; elle réunissait les grands, ducs et comtes, nobles et vassaux royaux et autres, évêques et abbés, arrière-vassaux, bref toute l'élite politico-religieuse et guerrière. On y réglait « l'état du royaume entier pour le reste de l'année courante : ce qu'on y avait décidé, nul événement ne pouvait le modifier, si ce n'est une nécessité impérieuse et commune à tout le royaume ». Hincmar laisse entendre que, si les grands délibéraient réellement, le reste de l'assemblée se contentait d'approuver. Cette assemblée générale siégeait en plein air ou, en cas d'intempéries, dans de vastes salles aménagées à cet effet. Pendant la plus grande partie de son règne, Charlemagne la convoquait en des lieux différents. À partir de son installation à Aix-la-Chapelle et surtout depuis son couronnement, elle se réunissait dans cette ville. Les laïcs et les ecclésiastiques délibéraient séparément et l'on prenait grand soin de respecter les hiérarchies, de réserver aux grands les places les plus honorables : ils ne se fussent pas mêlés au menu fretin des simples vassaux ! Tout autre était l'attitude de Charlemagne. Il voyait, dans cette assemblée générale, une occasion de nouer ou d'entretenir des contacts, de sonder l'opinion. « Celui-ci, écrit Hincmar, restant avec la foule recevait les présents[1], saluait les grands, s'entretenait avec ceux qu'il voyait rarement, compatissait aux souffrances des vieillards, se réjouissait avec les jeunes gens et s'occupait des choses de même nature tant dans l'ordre spirituel que dans l'ordre séculier... » Il s'informait auprès de chacun « si dans la partie du royaume d'où il venait, il s'était produit quelque événement digne de mention ou d'examen, car non seulement il était permis à chacun de ces grands, mais il leur était même expressément enjoint de s'enquérir avec soin, avant de revenir auprès du roi, des affaires intérieures et extérieures du royaume, tant auprès des nationaux que des étrangers, auprès de

1. Selon la coutume, les grands apportaient à Charlemagne un don annuel.

leurs amis comme auprès de leurs ennemis, sans tenir grand compte des personnes par l'intermédiaire desquelles ils obtenaient ces renseignements (Hincmar désigne ainsi les espions !). Si, dans quelque partie, quelque région ou quelque coin du royaume, le peuple était agité, il s'informait de la cause de ce mouvement. Il demandait si le peuple murmurait ou si quelque désordre était survenu, dont il fallait que l'assemblée générale se préoccupât, et autres questions semblables. À l'extérieur, quelque nation soumise cherchait-elle à se soulever, telle autre qui s'était révoltée voulait-elle se soumettre, une autre non encore vaincue préparait-elle une attaque contre le royaume ; il s'inquiétait de tous les événements de cette nature. Dans toutes les affaires qui menaçaient d'être un danger pour l'État, il cherchait surtout à savoir la cause qui les avait fait naître ».

Pendant les délibérations de l'assemblée qui avaient lieu hors de sa présence, les assistants lui posaient les questions qu'ils estimaient utiles, par l'intermédiaire des palatins ; mais ils pouvaient aussi aller le trouver et s'entretenir librement avec lui, ou même l'appeler à siéger. Il ne devait pas être difficile pour lui d'obtenir les décisions souhaitées. Qui eût osé contrarier les projets de cet empereur qui, s'il ouvrait la séance en costume d'apparat, s'habillait à la franque pour prendre un bain de foule, converser familièrement avec un chacun, compatir avec les vieillards, attiser l'enthousiasme de la jeunesse, tout en recueillant de précieuses informations !

L'assemblée d'automne était restreinte, mais non moins importante. Elle réunissait les plus considérables des grands et les conseillers palatins. Elle préparait le travail de l'assemblée générale qui suivait et étudiait les questions dont la solution ne pouvait être différée : « Par exemple, si dans quelque partie du royaume des marquis avaient conclu des trêves pour un temps, que devrait-on faire à leur expiration ? »

Les décisions prises étaient tenues secrètes, et d'autant que parfois il s'agissait de prescrire une mobilisation partielle ou d'envoyer des troupes étrangères dans une région. Même si la décision était collégiale, l'influence de Charlemagne restait prépondérante, mais enfin les apparences étaient sauves ! De la sorte, l'empereur associait à ses projets et à ses décisions les hommes les plus influents, ceux-là mêmes qui seraient chargés d'exécuter les mesures réputées prises en commun. Tout montre d'ailleurs que Charlemagne tenait grand compte de l'opinion et qu'il savait retenir les avis utiles. Nombre de capitulaires matérialisaient les travaux des deux assemblées. Mais Charlemagne s'intéressait aussi volontiers, et pour les mêmes raisons, aux délibérations des conciles et des synodes : cette question sera évoquée plus loin.

Les palatins comme les agents royaux prêtaient serment de fidélité à Charlemagne. Il existait en outre une classe particulière : celle des vassaux royaux (*vassi dominici*). Ceux-ci ont contracté envers lui un engagement d'honneur. Contre sa protection et certains avantages, ils ont promis de le servir, corps et âme, leur vie durant, selon le vieux rite germanique. Ils sont les inconditionnels du roi. Ils forment l'élite de son armée, ses meilleurs escadrons de cavalerie. Les uns vivent au palais et assurent la garde de Charlemagne et des siens. Les autres, sur leurs terres : on leur a accordé un bénéfice, c'est-à-dire un domaine en viager. Mais beaucoup sont installés dans les zones frontalières notamment dans les marches. Dans la hiérarchie sociale, ils prennent rang immédiatement au-dessous des comtes.

Dernier instrument de pouvoir : le serment général de fidélité dû par tous les hommes libres âgés de plus de douze ans. Instauré en 789, il fut renouvelé en 792 : c'étaient alors les comtes qui le recevaient au nom du roi. Lorsque Charlemagne devint empereur, le serment fut encore renouvelé : ce furent les *missi dominici* qui le reçurent.

L'équilibre d'un tel système restait précaire. Il tenait exclusivement à la personnalité de l'empereur. C'était lui, et lui seul, qui assurait l'unité entre les composantes de ce gigantesque État. Vers la fin de son règne, les liens se distendaient déjà et les premières failles apparaissaient. Les comtes rémunérés en partie par le tiers des amendes qu'ils infligeaient aux justiciables abusaient de la situation. L'extension de la vassalité royale et de l'arrière-vassalité[1] conduisait au régime féodal. Si le droit public était appliqué dans tout l'Empire, les particularismes s'étaient accusés, traduisant un besoin croissant d'indépendance. Pourtant Charlemagne n'avait pas ménagé ses efforts pour corriger les imperfections et maintenir ses fonctionnaires dans le droit chemin !

1. Voir chapitre VII sur l'armée de Charlemagne.

V

LES RESSOURCES DE CHARLEMAGNE

La notion de budget d'État avait échappé aux rois mérovingiens. Cependant les dispositions fiscales de l'ancien Empire romain subsistaient en partie. Les Mérovingiens avaient essayé de maintenir ces impôts, mais ils manquaient d'agents spécialisés ; les invasions barbares n'avaient pas épargné les documents cadastraux ; elles avaient aussi ruiné un grand nombre de domaines et décimé la population rurale. De toute manière, Clovis et ses successeurs considéraient le produit de l'impôt comme un revenu personnel, de même que le royaume était assimilé par eux à un bien de famille. Par voie de conséquence, il n'existait plus de dépenses d'État : ni les fonctionnaires ni les soldats n'étaient rémunérés par le roi. Ni les ponts ni les routes n'étaient entretenus. Si surprenant que cela paraisse, cette situation persista sous Charlemagne et ses successeurs. La dynastie carolingienne continua la dynastie mérovingienne, même dans ses errements. Charlemagne n'osa pas rompre avec la tradition franque ; sans doute ne le pouvait-il pas, malgré l'autorité dont il jouissait. Il n'avait donc pas de budget, selon notre acception, mais des revenus personnels, dont il est impossible d'évaluer le montant !

Ces revenus avaient plusieurs sources : les impositions publiques, directes et indirectes, les amendes, les confiscations, les dons obligatoires ou occasionnels, les tributs, le butin de guerre et surtout l'exploitation des villas royales.

Le cens était un impôt établi sur les personnes et les terres *(capitatio humana* et *capitatio terrena)*. Il était collecté par les comtes et laissé à leur discrétion. Faute de cadastre et de recensement corrects, son rendement était inégal et, semble-t-il, médiocre. Les taxes indirectes (douanes, droits de péage perçus à l'entrée des ports, des ponts, sur les routes et les cours d'eau navigables) produisaient davantage. Toutefois il paraît douteux que leur montant fût ponctuellement versé au « trésor ».

Deux tiers des amendes (ou wergelds) infligées par la justice comtale pour les crimes et les délits revenaient au roi. Comme on le sait, le comte conservait un tiers à titre de rémunération. Le rendement se proportionnait donc à la sévérité du juge, mais aussi à son honnêteté. Il paraît avoir été, dans l'ensemble, supérieur à celui des impôts.

La confiscation des biens prononcée contre les déserteurs, les sacrilèges, les félons et les rebelles était une source de profits, certes négligeable quand il s'agissait de petits propriétaires ou de pauvres gens, mais considérable s'agissant des grands : c'étaient alors un ou plusieurs vastes domaines, des objets précieux, de grosses sommes d'argent qui se trouvaient incorporés à la fortune royale.

Charlemagne percevait aussi les tributs versés par les peuples soumis. Ils consistaient en lingots de métal précieux, en monnaie d'or, le plus souvent d'argent, en bœufs ou en chevaux. Il en était de même du butin de guerre, sur lequel le roi prélevait une part. On razziait chez le peuple vaincu tout ce qui présentait une valeur marchande. Le pillage systématique du Ring des Avars avait enrichi pour des années, non seulement le trésor royal, mais les guerriers, et provoqué même, par l'afflux d'espèces monnayées, une hausse des prix. Mais le butin consistait aussi en étoffes rares, en objets d'art, en armes d'apparat merveilleusement trempées et travaillées.

Évoquant la tenue des Champs de Mai, Éginhard montre Charlemagne saluant les grands et recevant leurs dons annuels. Cette pratique singulière s'explique assez bien. Les grands remerciaient leur roi des faveurs qu'il leur avait accordées, où bien ils convoitaient quelque charge pour eux-mêmes, pour leurs fils ou pour leurs parents. Cette habitude se généralisa, perdit son caractère spontané, devint quasi obligatoire. L'orgueil de caste s'en mêla : on rivalisa de générosité.

Des monarques étrangers sollicitaient l'amitié ou l'alliance effective de Charlemagne. Leurs ambassadeurs lui offraient de superbes présents avant d'entamer les négociations. Ces présents étaient remis au chambrier, garde du trésor royal.

Ainsi, chaque année, une masse de lingots, de pièces d'or et d'argent, de pierreries et d'étoffes précieuses, de beaux objets (hanaps, coupes, plats ciselés par les meilleurs orfèvres), d'armes et de harnachements venait grossir le trésor. Des chevaux de guerre, des bœufs, des porcs, du sel, des céréales lui étaient envoyés. Les confiscations augmentaient le patrimoine carolingien, celles qui punissaient les crimes, mais celles aussi qui résultaient du droit du vainqueur : la plupart des princes vaincus perdaient leurs biens, palais et domaines. La guerre était source de profits énormes, pour le roi comme pour ses guerriers. Or Charlemagne n'avait pas cessé de guerroyer depuis son avènement comme roi des Francs jusqu'à son couronnement comme empereur, c'est-à-dire pendant une trentaine d'années et presque toujours avec bonheur !

La part la plus importante de ses revenus provenait de l'exploitation de ses domaines. Il était immensément, incommensurablement riche ! À cette époque où l'économie était exclusivement foncière, il détenait le plus vaste patrimoine de tout l'Empire. Il avait hérité des biens qui appartenaient à ses aïeux Pipinnides entre la Meuse, la Moselle et le Rhin, région particulièrement fertile. Depuis Pépin de Landen, ils s'étaient constamment agrandis, notamment par leur politique matrimoniale. Par ailleurs, ils avaient été assez habiles pour récompenser leurs fidèles sans s'appauvrir. Lorsque Pépin le Bref accéda au trône, il mit la main sur ce qui restait du « fisc » mérovingien. Chaque territoire conquis par Charlemagne lui procurait de nouveaux domaines. Au total, il possédait, dans l'ancienne Francie, en Saxe, en Bavière, en Italie, et ailleurs, des milliers de « villas », dont certaines dépassaient 30 000 hectares ! Chacune de ces villas comprenait, outre la maison de maître, les habitations des serviteurs et les bâtiments d'exploitation, des terres labourables, des pacages, des étangs et des rivières poissonneuses, des bois et des forêts, voire des salines ou des gisements miniers, des ateliers où travaillaient des artisans. Une part du domaine était exploitée directement ; le reste, divisé en manses, était loué. Charlemagne percevait donc les revenus en nature et en argent de ces propriétés. Ce qui n'était pas consommé sur place ou envoyé au palais était vendu. De la sorte, chaque année, Charlemagne recevait de ses innombrables villas : de la farine, des salaisons, de la viande sur pied, des légumes, du fromage, du beurre, du miel, du vin, du cidre, des chevaux de trait et des destriers, de l'avoine, du foin, des produits fabriqués : en lin, en laine, en cuir, des fourrures, des barriques, des voitures, des chariots, des armes, de la vaisselle... Cette liste n'est pas exhaustive.

Il y avait en lui du gentilhomme campagnard, attentif à la bonne tenue et au rendement du domaine. S'il n'aimait pas s'abaisser au détail pour ce qui regardait le fonctionnement du palais, il apportait tous ses soins à la gestion de ses villas. Il demandait à chaque intendant de fournir régulièrement un état du domaine qui lui était confié. Il prescrivit ultérieurement aux *missi dominici* d'établir un inventaire détaillé des fiscs royaux dans le secteur qui leur était assigné : ceci afin de prévenir les usurpations de terres et d'obtenir éventuellement des restitutions. Il promulgua en outre le capitulaire *De villis,* lequel, en soixante-dix articles, fixait les règles de gestion et définissait les obligations des intendants. Ce texte, que l'on date de 800 (mais il est probablement antérieur), rend parfaitement compte de la diversité des activités du personnel et des productions de ces villas. Par exemple les instructions relatives à l'élevage des chevaux :

« Qu'ils (les intendants) aient bien soin des étalons, c'est-à-dire des waraniones, et qu'ils prennent garde de ne pas les laisser longtemps dans le même pâturage, de peur qu'ils ne le gâtent. S'il y en a un qui ne soit plus apte au service ou qui soit vieux, qu'ils nous en donnent avis en temps utile et prennent garde, avant la saison, de mettre les étalons avec les juments. Qu'ils veillent avec soin à nos juments, et qu'ils les séparent des poulains en temps opportun. Et quand les pouliches se seront multipliées, qu'ils les séparent aussi pour en former un nouveau troupeau. Qu'ils prennent soin que nos poulains soient arrivés à notre palais à la Saint-Martin. Que chaque intendant voie combien on doit placer de poulains dans la même écurie et combien de préposés aux haras on peut mettre avec eux pour les soigner... »

Ou encore, l'article 45 du même capitulaire : « Que chaque intendant ait dans son office de bons ouvriers, c'est-à-dire des forgerons, des orfèvres ou des argentiers, des cordonniers, des tanneurs, des charpentiers, des fabricants d'écus, des pêcheurs, des dresseurs d'oiseaux, des fabricants de savon, de ceux qui savent faire la cervoise, le cidre ou le poiré, ou d'autres breuvages, des boulangers... de ceux qui savent bien faire les filets pour la chasse, la pêche et pour prendre les essaims... »

Les intendants devaient être en mesure de justifier exactement de leur gestion, de dénombrer le cheptel, les sacs de céréales, les barriques de vin ou de bière, la volaille, les œufs, les fromages, les bouviers, les valets d'écurie, les laboureurs, les vignerons, les tenanciers. Leurs états devaient parvenir pour la fête de Noël. Encore étaient-ils soumis à l'inspection des *missi*. Malgré ces précautions, il est évident que le coulage ne pouvait être évité, surtout dans les villas lointaines, celles des territoires nouvellement conquis.

En dépit du train de maison de Charlemagne, ses réceptions, ses festins, ses cadeaux somptueux, les recettes étaient très largement excédentaires, si l'on en juge par les richesses accumulées chez le chambrier et dont le testament du grand empereur fait état.

VI

LES CAPITULAIRES

On a longtemps magnifié l'œuvre législative de Charlemagne en se référant aux capitulaires dont il existe quelques recueils. Depuis les savants travaux de F.-L. Ganshof, on doit rabattre beaucoup des idées reçues dans cette matière. On ne peut cependant nier le soin qu'apporta Charlemagne pour améliorer les mécanismes administratifs et judiciaires de son empire. D'entrée de jeu, il est équitable de souligner les difficultés énormes auxquelles il se heurtait. La principale était qu'en dépit de sa toute-puissance, de ses victoires, de ses conquêtes inouïes et du culte de sa personne, il n'avait pas la possibilité de faire table rase des institutions existantes, et de promulguer un ensemble de lois régissant la totalité de l'Empire. La tradition voulait d'ailleurs que toute loi fût l'émanation du peuple concerné : elle intervenait donc avec le consentement populaire et après ratification par le roi. Mais la loi n'était, par nature, que la coutume rédigée, en somme officialisée. La coutume évoluant sous l'impulsion des circonstances, il revenait au roi de proposer les modifications nécessaires. Or, quand il succéda à Pépin le Bref, Charlemagne, quels que fussent son goût de l'ordre et son autorité, rencontrait une extraordinaire disparité juridique. Les Francs obéissaient à la vieille loi salique. Les Aquitains à la loi wisigothique inspirée du droit romain. Les Burgondes à la loi Gombette. Les

Francs de la région rhénane à la loi ripuaire. Ces lois définissaient le droit privé et le droit pénal. La plupart, notamment la loi salique, avaient été amendées. Sous l'effet des amalgames ethniques, elles tendaient à s'uniformiser ; cependant elles laissaient des traces profondes dans les mentalités. Après la conquête de l'Italie, Charlemagne dut respecter la coutume lombarde et permettre aux habitants de Rome de continuer à appliquer le droit romain (ou ce qui en restait). La conquête de la Saxe, l'annexion de la Bavière, de la Carinthie, du royaume avar, de la Frise septentrionale lui posèrent le même problème. Il lui était impossible d'imposer une législation unique à tous ces peuples qui avaient leur propre histoire, leur culture, leurs traditions et qui, de temps immémorial, avaient réglé les rapports entre individus. Tout ce qu'il lui était possible de faire, et ce qu'il fit, c'était de généraliser l'ordre carolingien, c'est-à-dire de substituer à l'anarchie politique un ensemble de dispositions relevant du droit public, plus précisément un appareil administratif commun à tout l'Empire. C'est ainsi qu'il divisa ses conquêtes en circonscriptions administratives et religieuses, et transforma en comtes les nobles étrangers acceptant de le servir. Devenus fonctionnaires, engagés par le serment qu'ils avaient prêté au souverain, ceux-ci obéissaient aux mêmes règles que leurs homologues francs ; ils étaient révocables et subissaient les mêmes inspections des *missi*.

Charlemagne avait trop de réalisme pour bouleverser les usages. Il se servait, avec un art supérieur, des instruments que son père et les rois mérovingiens lui avaient légués. Monarque absolu, révéré par ses guerriers, respecté par les grands, encensé par les hommes d'Église, l'idée ne lui serait pas venue d'abolir, voire même de négliger, le consensus populaire. Il tenait annuellement l'assemblée générale qui succédait au Champ de Mars de Clovis et de ses successeurs. Mais, s'il laissait aux grands le loisir de délibérer, ces derniers ne pouvaient guère qu'adhérer à ses propositions. Cette adhésion plus ou moins contrainte tenait lieu de consentement populaire, puisque les grands étaient censés représenter les comtés et les diocèses. Le conseil royal, formé de palatins, auxquels s'agrégeaient éventuellement des spécialistes, exerçait une influence supérieure, quoique relative, à celle des assemblées. Relative, car l'autoritarisme de Charlemagne, qui passait pour « inspiré par Dieu », ne se relâchait guère.

On peut donc considérer les capitulaires comme la traduction exacte de sa volonté. Avant lui, les Mérovingiens (ou les maires du palais) avaient légiféré. Ils avaient promulgué des édits, des préceptes, des « constitutions ». Les capitulaires apparaissent onze ans après l'avènement de Charlemagne. Le premier d'entre eux est celui de Herstal et il est daté de 779. Ils ont tous le caractère d'ordonnances royales, bien que leurs formes et leurs objets diffèrent. Le terme de capitulaire revêt on ne sait quel aspect grandiose et mystérieux, car il s'attache au règne du glorieux empereur. Il vient simplement du latin *capitula*, « article ». Les capitulaires étaient en effet divisés en articles. On les rédigeait en latin, quand bien même ils avaient été délibérés en langue pré-romane ou en tudesque. Leur classement s'avère difficile, car s'il existe des capitulaires concernant les ecclésiastiques et d'autres régissant les laïcs, s'il y a des capitulaires s'adressant aux Francs, d'autres aux Lombards, d'autres aux Saxons, les interférences sont fréquentes.

À propos de ces textes il m'est souvent arrivé d'employer le terme promulguer, cela par commodité. Il eût fallu dire : diffuser. En effet le droit n'avait pas atteint le point d'évolution où la loi devient exécutoire à partir de sa publication. Les ordonnances royales, par exemple, étaient immédiatement exécutoires. Les capitulaires ne sont que des copies, presque des notices explicatives. C'est la décision de Charlemagne qui a force de loi et qui est exécutoire, par le seul fait qu'il l'a prononcée. Sa décision orale ! Les capitulaires n'en sont donc que la matérialisation. Leur seul but est de la faire connaître aux sujets concernés. Il faut tenir compte des très faibles moyens de diffusion dont on disposait. Certes il y avait au palais un atelier de scribes, mais il eût fallu que cet atelier fût à même de produire des milliers de copies et qu'il eût été possible de les envoyer à tous les comtes dans un délai convenable. Parmi ces derniers combien savaient lire correctement le latin ? Un contresens pouvait avoir de regrettables conséquences ! C'était donc aux *missi* qu'incombait cette tâche, chacun dans son ressort. Ils étaient instruits et connaissaient la pensée du maître. Ils remettaient donc aux comtes un exemplaire du capitulaire qu'ils explicitaient de leur mieux. Il revenait ensuite aux comtes de le diffuser et de l'appliquer. S'agissant d'un capitulaire modifiant une loi en vigueur *(capitularia legibus addenda)*, il réunissait les notables de sa circonscription en une sorte de plaid régional pour faire approuver, plus exactement reconnaître, les dispositions nouvelles.

Quand on analyse le contenu des capitulaires, on est amené à constater que très peu d'entre eux ont un caractère législatif, du moins selon notre conception moderne du droit. Ils sont en majorité réglementaires. Autrement dit, ils définissent et précisent des lois préexistantes. On peut donc les assimiler aux arrêtés d'application actuels, voire à ces notes d'instructions ministérielles auxquelles nous prêtons, tout à fait à tort, valeur légale.

Seuls, les capitulaires *legibus addenda* étaient d'ordre législatif, qu'ils fussent communs à tout l'Empire ou limités à l'un des peuples qui le composaient : les deux capitulaires saxons dont on a fait état plus haut en sont l'exemple le plus frappant. Les capitulaires « per se scribenda » présentent une extraordinaire variété. Ils traitent aussi bien de l'ordre public que de la fausse monnaie, des mesures à prendre contre la disette que de la prestation des serments, de l'impôt que du mariage, du service militaire que de la justice. La division par chapitres (ou articles) en facilite cependant la lecture. L'homogénéité relevée dans le fameux capitulaire *De villis* (sur la gestion des domaines royaux) est exceptionnelle. Fréquemment Charlemagne rappelait l'existence des dispositions en vigueur et qui avaient été perdues de vue par ses fonctionnaires. Si bien qu'à travers les capitulaires on aperçoit les manques d'une administration souvent inférieure à sa tâche.

Les capitulaires « missorum » ne sont que des instructions détaillées. Leur but était de rendre les inspections des *missi* pleinement efficaces. Ils sont d'autant plus riches de renseignements et permettent d'apprécier les obstacles rencontrés par ces hauts fonctionnaires dans l'exercice de leurs fonctions, mais aussi d'appréhender les méthodes de Charlemagne, son esprit investigateur, sa méfiance à l'égard d'hommes dont il connaissait les faiblesses. Il invitait notamment ses comtes à faire prompte et bonne justice, sans attendre la venue des *missi* et surtout à ne point accepter les cadeaux des plaideurs !

Les capitulaires ecclésiastiques présentent le plus grand intérêt. Ils reflètent la situation exacte de l'Église carolingienne, et son évolution pendant le règne de Charlemagne. Mais ils montrent aussi que ce dernier se considérait comme le véritable chef de cette Église, toute révérence gardée au pape. Ils confirment d'ailleurs point par point le partage des pouvoirs exposé dans la lettre à Léon III. Le pape restait le chef spirituel de l'Empire chrétien, mais toutes les affaires temporelles relevaient de l'autorité de Charlemagne. Les évêques, les abbés, nommés par lui, étaient assimilés à des fonctionnaires. Charlemagne exigeait leur coopération dans l'administration de l'Empire. Il leur donnait des ordres et ne se gênait pas pour les admonester.

Bref, l'examen des capitulaires fait ressortir que Charlemagne n'était pas à proprement parler un grand législateur, mais un administrateur hors de pair. Il amodiait, corrigeait, rappelait, colmatait les brèches, comblait les lacunes, mais n'innovait pas réellement ! Il ne se donna vraiment le droit de légiférer qu'après son couronnement comme empereur. Les capitulaires postérieurs à 803 en attestent. Encore s'efforçait-il alors d'imiter les basiléus dont l'empire présentait depuis des siècles les structures et les mécanismes d'un véritable État. Il cherchait en effet à obtenir leur reconnaissance comme empereur d'Occident.

Ces réserves ne doivent pourtant faire oublier ses efforts continus pour construire un système viable et pour unifier progressivement les nations qu'il gouvernait.

VII

L'ARMÉE

Ce chapitre aurait pu précéder celui qui traite des instruments de pouvoir et des moyens de gouvernement de Charlemagne. C'était bien par ses victoires, par trente ans de campagnes presque ininterrompues, que l'armée lui avait gagné sa couronne d'empereur. Il lui devait beaucoup et ne lui ménageait ni sa protection ni ses récompenses. À l'époque carolingienne, elle n'était pas une institution permanente : elle ne constituait pas une entité en tant que telle, car elle avait conservé le caractère épisodique qu'elle avait eu sous les Mérovingiens et les Francs Saliens. Les opérations terminées, chaque guerrier rentrait chez lui avec sa part de butin.

Charlemagne n'innova pas plus dans ce domaine que dans les autres. Il maintint la vénérable coutume, malgré les inconvénients qu'elle présentait, mais il rectifia peu à peu son inadéquation aux nécessités du vaste programme qu'il s'était fixé. Nombre de capitulaires concernent les soldats. En principe, tous les hommes libres en état de porter les armes étaient mobilisables, à l'exception des membres du clergé. L'armée devait être convoquée au printemps et renvoyée dans ses foyers à l'automne. D'ailleurs on ne combattait pas pendant la mauvaise saison : c'était alors un usage général et l'on en comprend aisément la cause. Toutefois comment Charlemagne eût-il pu tenir sous les armes, et pendant six mois, la totalité des hommes libres, et cela pendant une trentaine d'années ? La mortalité eût été effroyable. En outre il eût promptement ruiné l'économie du royaume. Il se fût en tout cas heurté à des mouvements de rébellion, malgré l'attrait du butin et la pugnacité bien connue des Francs. Il eut donc l'habileté de limiter chaque année le théâtre des opérations, de n'avoir qu'un ennemi à la fois. Dans cette perspective, il différait certains projets, oubliait ses inimitiés, feignait de croire aux promesses, se contentait d'une soumission apparente, faisait taire ses appétits de vengeance. Il savait combien il lui était difficile de tenir plusieurs fronts, ce qu'il ne put cependant éviter parfois. Cette stratégie lui permettait de ne mobiliser qu'une partie de son armée. Avait-il à combattre les Maures espagnols, il mobilisait les Aquitains et les Gascons. S'agissait-il des Saxons ? Il convoquait leurs voisins, les Francs de l'Est et du Nord. De même les Lombards étaient-ils envoyés contre les garnisons byzantines d'Italie. L'envergure de certaines opérations l'obligeait cependant à appeler des contingents éloignés, mais il avait établi une sorte de « roulement » pour ne pas épuiser les ressources d'une région. De plus, à mesure que de nouveaux peuples étaient soumis, que de nouveaux territoires étaient annexés, des contingents étrangers s'agrégeaient à l'armée. Bientôt des Bavarois, des Saxons, des Lombards, des Espagnols, des Frisons et même des Slaves combattirent aux côtés des Francs. Ce cosmopolitisme militaire n'est pas sans rappeler la Grande Armée de Napoléon partant pour la campagne de Russie, toutes proportions gardées ! L'armée de Charlemagne était européenne.

Tout homme libre convoqué devait se mettre en route, afin d'être présent aux lieu et date prescrits. S'il arrivait après cette date, il était privé de viande et de vin pendant autant de jours qu'il avait de retard. S'il ne répondait pas à l'appel, sans excuse valable, il était frappé d'une amende de soixante sous (le prix d'une épée), payable en argent ou en nature. Ce n'était pas une vaine menace : des agents spéciaux, les héribans, se chargeaient de percevoir les amendes sans ménagement ni considérations de personnes. Les déserteurs étaient passibles du crime de lèse-majesté puni de la peine capitale et de la confiscation de leurs biens.

Quand une campagne était décidée, Charlemagne fixait le lieu de rassemblement et le nombre d'hommes mobilisés. L'effectif était réparti entre les comtés qui avaient été désignés. La convocation était notifiée aux comtes sous forme de capitulaire. Il appartenait alors à ceux-ci de rassembler les hommes et de veiller à ce qu'ils fussent convenablement armés et munis de trois mois de vivres. Ensuite ils les acheminaient vers le point de rassemblement, avec les chariots transportant le matériel. Chaque comte commandait les hommes de son comté. Au jour dit, Charlemagne passait une revue et l'armée se mettait en marche. Les dignitaires de l'Église étaient soumis aux mêmes obligations que les comtes, pour les hommes libres vivant sur les domaines ecclésiastiques. Eux-mêmes ne combattaient pas, l'Église répugnant à verser le sang, mais Charlemagne appréciait leur présence : ils confessaient les vivants, ensevelissaient les morts et travaillaient à la conversion des païens.

« Tu viendras, écrivait-il à Fulrad, abbé de Saint-Quentin, avec tes hommes à l'endroit indiqué, pour que de là, partout où nous t'enverrons l'ordre de te rendre, tu puisses y marcher à main armée, c'est-à-dire avec des armes, des outils, des vivres et des habillements, enfin tout ce qui est utile pour la guerre. Chacun de tes cavaliers doit avoir son écu, sa lance, son épée et son épée courte, son arc, son carquois et ses flèches. Chacun de tes chariots doit contenir des cognées, des haches, des hoyaux, des pelles de fer et tous les autres outils qui sont nécessaires contre l'ennemi. Que ces outils et ces vivres puissent durer trois mois, que les armes et l'habillement soient en quantité suffisante pour une demi-année. Si nous t'ordonnons tout cela, c'est pour que tu le fasses respecter et que tu te rendes en paix vers le lieu que nous te désignons, c'est-à-dire que, sur ton passage, tu ne touches à rien d'autre qu'à l'herbe, au bois et à l'eau dont tu auras besoin. »

En théorie, tous les hommes libres étaient égaux. De fait leur armement et leur équipement variaient avec leur fortune. L'égalité relative entre les soldats-laboureurs du bon vieux temps valait pour une armée de fantassins, dont seuls les chefs étaient montés. Mais l'armement et la tactique avaient évolué. Dans l'armée carolingienne, la cavalerie supplantait de beaucoup l'infanterie. Or tout cavalier devait avoir assez d'argent pour se procurer un cheval de guerre et son harnachement, ainsi qu'un armement coûteux. Cet armement consistait en une brogne (justaucorps couvert d'écailles de métal), un casque, un écu ou bouclier (en bois garni de cuir, muni d'un umbo et renforcé de bandes de fer), une lance à traverse (pour être aisément retirée du corps de l'adversaire), une grande épée à double tranchant et à la pointe arrondie (on frappait de taille, non d'estoc), une épée courte (qui était une sorte de coutelas), un arc, son carquois et ses flèches. Les fantassins avaient un casque, une lance, un bouclier et un arc. La hache à crochets mérovingienne avait disparu. L'usage de l'arc, peut-être emprunté aux Byzantins, s'était répandu. Bien entendu les chefs se distinguaient par la qualité de leur cheval, et la richesse de leur armement. Il est très peu probable qu'ils aient arboré des signes distinctifs où l'on pourrait voir l'origine de l'héraldique.

Le spectacle de cette armée en marche devait être impressionnant. Elle se divisait en corps d'armée, eux-mêmes subdivisés en scara formées d'un détachement de cavaliers et d'une compagnie de fantassins, d'importance inégale. Les cavaliers défilaient sur deux rangs, la lance sur l'épaule droite, l'épée et le coutelas à la ceinture, le bouclier sur le dos. Un long manteau, retenu par une agrafe, retombait sur la selle. Ils ne portaient l'arc et le carquois qu'en opération ou dans les zones dangereuses. Ils étaient groupés par escadrons, précédant les fantassins divisés en pelotons. Ceux-ci portaient ou non un casque. Ils tenaient aussi leur lance de la main droite. Des bandes molletières emprisonnaient leurs jambes et de fortes lanières croisillonnées retenaient leurs chaussures. Les sonneries des trompettes, mais aussi les chants militaires, rythmaient leur marche. En terre ennemie, ce dispositif se complétait de flancs-gardes et d'éclaireurs. La notion d'uniforme n'existait pas. Chacun se procurait les habits de son choix, les plus solides possible puisqu'ils devaient durer six mois, protéger du froid et de la pluie. Néanmoins ces longs manteaux flottants, ces milliers de casques, de lances, de boucliers, de brognes luisantes devaient présenter des analogies avec les légions romaines et leurs « ailes » de cavalerie. Les chariots fermaient la marche. Ils transportaient les impedimenta : sacs de farine, barils de salaisons, barriques de vin, armes de rechange, outils et machines de siège, esquifs partiellement démontés, munitions diverses. Certains d'entre eux, les basternes, étaient garnis de cuir, qui assuraient leur étanchéité : en cas de pluie ou de traversée d'un cours d'eau. Suivaient les chevaux de remonte et le bétail. Un détachement formait l'arrière-garde. Les conducteurs des chariots, les valets d'écurie, les bouviers, les serviteurs innombrables qui accompagnaient leurs maîtres étaient armés et se muaient en soldats le cas échéant.

La discipline était sévère. Charlemagne ne voulait pas commander à des pillards, « dégâtant » les pays que l'on traversait, amis ou ennemis. Ainsi qu'il le rappelait à l'abbé Fulrad, les soldats pouvaient prendre de l'herbe pour nourrir les chevaux, de l'eau et du bois pour cuire leurs aliments. Le surplus faisait l'objet d'une réquisition en règle, et rémunérée. Quiconque était surpris à voler ou à saccager payait le triple du dommage qu'il avait occasionné. L'ivresse était durement sanctionnée. Les razzias mentionnées ici et là, notamment au cours de l'interminable guerre contre les Saxons, ne résultaient pas d'initiatives personnelles. Elles étaient ou permises, ou ordonnées par Charlemagne. Il en était de même des dévastations et des incendies. Leur but ne traduisait point une cruauté morbide. Il était de démoraliser l'adversaire, en particulier les non-combattants.

La tactique restait sommaire. Il n'existait point de corps d'archers. C'était la cavalerie lourde qui emportait la décision. L'infanterie achevait la besogne. Les flèches remplissaient à peu près le rôle des antiques framées, mais elles donnaient de meilleurs résultats, ne fût-ce que par leur nombre et par leur précision. En terre ennemie, les soldats dressaient des camps à la romaine, retranchements et palissades protégeant les tentes alignées. Ils bâtissaient les forteresses où des garnisons permanentes s'installaient. Des équipes d'ouvriers lançaient des ponts de bateaux, quand on ne trouvait pas de gué. Ils assemblaient les pièces des machines : balistes et perrières, analogues à celles des Romains.

On s'est interrogé sur l'importance numérique de cette armée. Certains historiens ont émis l'opinion selon laquelle elle ne dépassait pas 5 000 hommes. Cette hypothèse ne résiste pas à l'examen. Les adversaires de Charlemagne étaient plus nombreux, plus courageux et mieux organisés qu'il ne semble. Ils n'ignoraient point l'art militaire. Les Lombards, les musulmans, les Saxons et les Slaves étaient des adversaires redoutables. Le grand mérite de Charlemagne fut précisément de ne sous-estimer ni leurs forces ni leurs talents. Il avait trop d'expérience pour s'exposer à une défaite. Il paraît raisonnable de fixer le chiffre moyen de son armée à 50 000 hommes, sinon ses victoires seraient inexplicables.

Il ne disposait point d'un corps permanent d'officiers, ni d'école militaire. Comme on l'a vu, les comtes assumaient le commandement des hommes de leurs comtés. Ce n'étaient que des officiers subalternes. Charlemagne confiait les commandements supérieurs aux ducs et marquis, dont l'entraînement était continu, en raison même de la surveillance des marches. Certains de ses palatins recevaient aussi des commandements : Charlemagne les connaissait bien ; il avait pu apprécier leurs capacités. De toute façon, il n'avait aucun problème d'encadrement. Les *vassi dominici* (vassaux du roi), d'une fidélité à toute épreuve et d'une compétence reconnue, formaient un corps d'élite où il pouvait puiser à discrétion. C'était à la fois une pépinière de chefs et une force de frappe, quelque chose comme la Garde de Napoléon.

Charlemagne n'avait certainement pas le génie fulgurant de ce dernier, ni l'œil d'aigle de Jules César. Il était méthodique et prudent. Il prenait des risques calculés. Il savait opérer d'opportuns mouvements de retraite, économiser la vie de ses hommes, tromper l'ennemi (il excellait à le prendre à revers), déclencher l'attaque au moment propice. Assumant le commandement suprême, il vivait au milieu des soldats, partageait gaiement leurs fatigues, leurs périls, premier levé, toujours présent, donnant l'exemple, exigeant, parfois sévère, mais familier et, quand il était nécessaire, sachant par un bref discours réveiller les énergies. Sa bravoure n'excédait pas celle de ses hommes et on ne lui prête aucune action d'éclat : il n'a pas son « pont d'Arcole » ! Cependant, lorsque l'affaire tournait mal, il payait de sa personne et savait intervenir. Même quand il confiait le commandement d'un corps d'armée à l'un de ses lieutenants, il conservait la haute main sur les opérations. Il n'eût pas davantage toléré que ses fils prissent une initiative quelconque. Il était véritablement l'âme de l'armée, ce qui explique pour une très large part la constance de sa fortune.

La guerre était pour lui doublement fructueuse. Elle lui offrait à la fois l'occasion d'agrandir son royaume et de s'enrichir. Elle occasionnait relativement peu de frais. Chacun de ses guerriers devait subvenir à son entretien. À la longue la dépense devenait contraignante pour ces derniers. Afin de pallier cet inconvénient, il recourut à la vassalité. Il multiplia les vassaux royaux. Il transforma les palatins, les comtes et les nobles en vassaux, en leur accordant certains avantages, par exemple des bénéfices à titre viager. Il les incita à recruter des arrière-vassaux parmi les notables, en se dépouillant eux-mêmes de l'usufruit de quelque domaine. Puisque la propriété foncière était la principale richesse du royaume, il lui paraissait logique de la faire contribuer aux dépenses de guerre. Par cet astucieux moyen il évitait de s'appauvrir. Mais il traçait aussi l'esquisse de la féodalité. Il ne sut pas prévoir l'affaiblissement de la puissance publique qui en résulterait, la régionalisation du pouvoir, puis son émiettement progressif, rompant l'unité si péniblement acquise. Il avait atteint de tels sommets que son œuvre lui semblait indestructible ; qu'il ne supposait pas que ces grands aristocrates, avec leurs nuées d'arrière-vassaux, se retourneraient un jour contre ses successeurs. L'Empire ne cessait de grandir ni de se fortifier, ni l'or de s'accumuler dans les salles commises à la garde du chambrier ! Et, pour l'heure, les vassaux rivalisaient de zèle…

Cependant, dans les dernières années du règne, l'enthousiasme retomba quelque peu. Charlemagne avait demandé au peuple franc tant d'efforts, et depuis si longtemps ! En outre les conquêtes ayant cessé, la guerre n'était plus aussi rémunératrice. En 807, Charlemagne réduisit le service militaire effectif aux propriétaires de trois manses, puis de quatre. Les petits possédants devaient néanmoins se cotiser pour équiper un ou plusieurs guerriers : c'était en somme un système de remplacement.

VIII

L'ORDRE ECCLÉSIASTIQUE

La politique religieuse de Charlemagne répond à deux objectifs. Monarque de droit divin, il se croyait missionné par Dieu pour gouverner l'Église et accroître son rayonnement. D'autre part, l'appui de l'Église lui était nécessaire à la fois pour élever la moralité de ses peuples et pour consolider l'unité politique par l'unité religieuse. Il s'agissait pour lui de bâtir un empire chrétien d'Occident, avec pour idéal et pour moteur une foi commune. C'est même dans cette perspective grandiose que son génie s'exprime le mieux. Le christianisme a survécu en effet à l'effondrement de l'Empire carolingien. L'unité chrétienne perdura pendant des siècles en Europe. Une fraternité d'origine religieuse s'est maintenue contre vents et marées, malgré les déchirements, les haines et les conflits, en sorte que l'on a pu dire avec raison que les guerres européennes étaient des guerres fratricides, voire même de simples révolutions, pour meurtrières qu'elles fussent.

L'alliance du trône et de l'autel faisait partie de l'héritage de Pépin le Bref depuis la visite du pape Étienne II. C'était un véritable pacte qui unissait depuis lors le pape et le roi des Francs. Cette situation privilégiée par rapport aux autres princes, Charlemagne sut l'exploiter au maximum. Elle satisfaisait à la fois sa piété et son esprit de domination. « Ayant reçu dans le sein de l'Église par la grâce de Dieu les rênes du pouvoir, lit-on dans les *Libri carolini*, il lui appartenait, suivant sa propre expression, de la piloter sur les flots orageux du siècle. » Il y a dans ces quelques lignes l'essentiel de son rôle personnel visant à la fusion du temporel et du spirituel, de l'Église et de l'État. Charlemagne voulut être un nouveau Josias, un nouveau David. Les clercs du palais, tout ce qui pensait et écrivait, l'Église elle-même le poussaient dans cette voie. Encore une fois le chrétien y trouvait son épanouissement, sa propre exaltation, mais la politique un moyen sans pareil d'assurer la cohésion de l'Empire !

À son avènement, l'Église gallicane était dans un état pitoyable, malgré les réformes amorcées par saint Boniface avec l'appui de Pépin le Bref. Elle était dépourvue de cadres, peuplée de prêtres ignares ou médiocres, incapables de prêcher, le plus souvent de mœurs douteuses. L'Église des premiers âges avait divisé l'Europe en provinces ecclésiastiques, calquées sur les provinces administratives de l'Empire romain. Les archevêques ou métropolitains contrôlaient les simples évêques et surtout coordonnaient leurs activités. Ils détenaient une autorité morale incontestable et, en raison même de leur importance, pouvaient résister aux princes. Saint Boniface comprit l'utilité de cette institution, plus ou moins tombée en désuétude. Il convainquit Pépin le Bref de la rétablir. Pépin consentit à créer trois métropoles : Reims, Rouen et Sens. Mais, apercevant les conséquences de sa décision, il ne pourvut que l'archevêché de Sens. Lorsque Charlemagne devint roi, il poursuivit la politique de son père en ce domaine. Quand l'archevêque de Sens mourut, il ne le remplaça pas. Après la conquête de la Lombardie et à la demande du pape Hadrien, il accepta la partition de ses deux royaumes (la Francie et l'Italie) en vingt et une métropoles. Il ne refusa pas de nommer les métropolitains, mais à titre quasi honorifique, car il ne leur confiait aucune mission particulière et ne les consultait jamais en tant qu'archevêques. Il n'admettait pas qu'une autorité quelconque s'interposât entre lui et les évêques qu'il considérait comme les maîtres des fidèles. C'est lui qui les choisit, sauf très rares exceptions, et qui fait élire les abbés. Il leur impose, aux uns et aux autres, le serment d'allégeance : ce sont ses vassaux ecclésiastiques !

Mais il s'appropriait aussi, il est vrai avec l'accord du pape, l'autorité et les fonctions de gouverneur de l'Église, s'érigeant en arbitre de la foi, organisant des conciles, réformant l'éducation religieuse, la célébration des offices, donnant ses instructions aux évêques et aux abbés comme il le faisait aux *missi* et aux comtes, contrôlant les activités d'un chacun, admonestant les fautifs et même légiférant en matière religieuse. Ses capitulaires, sa correspondance en font foi.

Les capitulaires précisent les devoirs des prêtres, définissent les conditions d'entrée dans la cléricature. Tout candidat doit être de mœurs exemplaires, ne pas fréquenter le cabaret, ne pas admettre chez lui d'autres femmes que ses proches parentes, ne pas s'adonner au jeu, ni chasser, ni porter des armes, ni s'habiller trop richement, ni assister aux spectacles des jongleurs. Il doit savoir au moins son Pater et son Credo, connaître les rites du baptême et de la messe, célébrer ponctuellement les offices de jour et de nuit qui sont prescrits, confesser les pécheurs, veiller à la moralité de sa paroisse, entretenir des rapports fraternels avec les curés des paroisses voisines, recevoir humblement les réprimandes de l'évêque et exécuter avec soin les ordres qu'il recevra de lui, ne point s'attacher aux biens de la terre, ne convoiter que la gloire céleste. Cela pour le prêtre « de base ». Conscient de l'ignorance des fidèles, Charlemagne souhaite que le clergé soit assez instruit dans les saintes Écritures pour éduquer les fidèles. Dans une lettre-circulaire aux évêques et aux abbés, il écrit : « Nous avons jugé que, dans les évêchés et les monastères dont le gouvernement vous est confié, il ne suffit pas de faire observer la règle et la pratique de la vie religieuse, mais que vous devez aussi vous appliquer à instruire dans les lettres ceux qui sont capables d'apprendre, suivant l'intelligence que Dieu a donnée à chacun. L'observation de la règle fait l'ornement des mœurs, de même que le zèle que l'on apporte à enseigner et à apprendre fait l'ornement du langage. Ceux qui désirent plaire à Dieu en faisant bien ne doivent pas négliger de lui plaire en parlant bien, car il est écrit : "Vous serez justifié par vos paroles ou vous serez condamné par vos paroles." Quoique, en effet, il soit beaucoup mieux de bien agir que de savoir, cependant il faut savoir avant d'agir... Nous avons reçu dans ces dernières années des lettres qu'on nous écrivait de certains monastères, et où on nous parlait de pieuses et saintes prières offertes pour nous par les moines. Nous avons trouvé dans la plupart de ces récits des intentions droites et un langage inculte. Ce qu'une pieuse dévotion leur dictait au fond du cœur, ils ne pouvaient l'exprimer au-dehors que dans un style grossier et rempli de fautes, à cause de leur négligence à s'instruire. Puisqu'ils étaient trop ignorants pour bien écrire, il y avait lieu de craindre qu'ils ne fussent trop ignorants pour bien comprendre les saintes Écritures. Et nous savons tous que, si les erreurs de mots sont dangereuses, les erreurs de sens le sont bien plus encore... »

Charlemagne attachait à la prédiction, au commentaire des Écritures, la plus grande importance. Tout prêtre devait donc être à même d'expliciter la vie du Christ et d'interpréter correctement les Paraboles. C'est pourquoi il était prescrit de faire précéder l'ordination d'un examen probatoire.

La discipline monastique faisait l'objet d'une réglementation sévère visant à réprimer les abus et les relâchements. Elle concernait aussi bien les monastères d'hommes que de femmes. Les excès de table, les disputes, l'homosexualité étaient durement châtiés. Ils étaient tous tenus d'obéir sans restriction aux ordres royaux. Charlemagne écrivait en ce style aux moines de Saint-Martin de Tours coupables d'abriter un coupable : « Ce qui nous surprend, c'est que seuls entre tous vous osiez contrevenir à notre décret, quand il est évident, d'après la coutume ancienne et les lois, que les décrets des rois doivent être exécutés, et qu'il n'est permis à personne de mépriser leurs édits et leurs statuts. Nous ne pouvons trop nous étonner que vous aimiez mieux vous rendre aux prières de ce misérable qu'aux ordres de notre autorité... » Et il les convoquait devant son tribunal pour répondre de leur « sédition ».

Le dessein de Charlemagne apparaît clairement. Il voulait, à partir d'un clergé irréprochable dans ses mœurs et instruit, créer une véritable élite chrétienne. D'où le rôle éminent qu'il assignait aux évêques, leur répétant la nécessité de faire de fréquentes tournées pastorales, de veiller à la bonne tenue des églises, à l'exactitude, aux mœurs et à l'instruction des prêtres, au respect des canons, à la discipline monastique. Ils ne pouvaient léguer que les biens acquis avant leur élévation à l'épiscopat. Charlemagne leur recommandait instamment la douceur dans leurs rapports avec les curés et les fidèles : « Sachez, énonçait un capitulaire, que les évêques doivent exercer leur autorité avec une pieuse sollicitude et dans un esprit d'humilité, sans revendiquer un pouvoir tyrannique. De même qu'ils désirent être obéis par leurs subordonnés, de même doivent-ils prendre garde de ne pas les affliger injustement et sans raison sous l'emprise de la colère, mais les considérer comme leurs associés et s'appliquer à se faire aimer plutôt que craindre. » C'est que beaucoup d'évêques sortaient de familles aristocratiques et Charlemagne ne connaissait que trop leur orgueil et leur esprit de caste !

Ayant constaté que le baptême était dispensé sans précautions, il réglementa ce sacrement. Il existait des différences entre le rituel gallican et le rituel romain. Charlemagne obligea le clergé à n'utiliser que ce dernier. Il fit de même établir un sacramentaire modèle, afin d'unifier la liturgie dans tous ses États. De même encore, connaissant les effets salutaires de la musique, il généralisa l'usage du chant romain pendant les offices diurnes et nocturnes, et ordonna la création d'écoles de choristes. Toutes les églises de l'Empire finirent par adopter le plain-chant grégorien et par célébrer les offices de manière identique. Les cérémonies religieuses prirent dès lors le caractère grandiose qu'elles conservèrent pendant des siècles et dont l'attrait n'était pas sans utilité sur les âmes.

Par voie de conséquence, Charlemagne s'instituait pareillement gardien de l'orthodoxie, et gardien vigilant, menant contre le paganisme expirant, les hérésies et déviations de la foi, un combat sans merci ! Un capitulaire de 769, dont les dispositions furent souvent rappelées, interdisait absolument et sous les peines les plus rigoureuses les sacrifices profanes, le culte des arbres, des rochers et des sources, le port des amulettes, la consultation des devins, les incantations, afin d'extirper les dernières racines du paganisme.

Charlemagne entra résolument dans la querelle du « filioque ». Elle intéressait l'énoncé du Credo. Selon l'Église byzantine, le Saint-Esprit procédait du Père *par le Fils*. Selon l'Église espagnole, il procédait du *Père et du Fils (ex patre filioque procedit)*. Charlemagne adopta la formule espagnole et, malgré l'avis du pape Hadrien, l'imposa à son clergé.

De même prit-il vigoureusement parti contre l'adoptianisme. Cette hérésie avait une origine très ancienne. Elle semblait oubliée, lorsque Félix, primat de Tolède, la reprit à son compte. Selon cette doctrine, le Christ était fils de Dieu non par la naissance mais par l'adoption. Il n'était donc point initialement d'essence divine. Ses vertus seules l'avaient fait distinguer par Dieu, qui l'avait alors élevé au-dessus des hommes. Le pape Hadrien condamna cette interprétation. Charlemagne estima cette décision insuffisante. Il prit l'initiative de réunir un concile général à Ratisbonne, en 792. Félix fut condamné par les Pères conciliaires. Il dut reconnaître ses fautes et s'engager par serment à ne plus propager l'adoptianisme. L'année suivante, oubliant son serment, il répandait à nouveau cette hérésie dans la marche d'Espagne. Charlemagne réunit un nouveau concile à Francfort, en 794. Les Pères anathémisèrent Félix et ses partisans. Félix persista dans l'erreur et répliqua par un libelle. Charlemagne demanda au pape – qui était alors Léon III – de réunir un troisième concile. L'assemblée romaine renouvela l'anathème fulminé par les Pères de Francfort. Félix s'opiniâtra, par orgueil ou par conviction. Il consentit pourtant à comparaître devant un quatrième concile, réuni cette fois à Aix-la-Chapelle, en 800. Le primat, craignant peut-être pour sa liberté et sa vie, abjura l'adoptianisme.

Charlemagne prit également position dans la querelle des images (l'iconoclastie). Il y montra la même fermeté, pour ne pas dire un zèle intempestif. Les icônes représentant le Christ, la Vierge et les saints étaient non seulement vénérées par les Byzantins, mais faisaient l'objet d'un culte qui, par ses excès et les déviations qu'il engendrait, s'identifiait aux coutumes païennes. Oubliant ce qu'elles représentaient, on prêtait aux images en tant que telles des pouvoirs de guérison, de protection. Les basiléus Léon III et Constantin V abolirent ce culte, prescrivirent la destruction des icônes et persécutèrent les religieux et les laïcs qui leur résistaient. Ils agissaient par application des pouvoirs sacerdotaux qui leur étaient reconnus par la tradition depuis l'empereur Constantin. Le concile de Constantinople (753) officialisa l'iconoclastie, décréta les images impies et criminelles. C'était tomber d'un excès dans l'autre. Le pape ne pouvait en aucun cas partager les vues des basiléus. Le concile de Latran (769) anathémisa le concile de Constantinople. Cette condamnation ne termina point la querelle et les iconoclastes continuèrent de méfaire, détruisant pour jamais d'admirables œuvres d'art. L'impératrice Irène prit alors le pouvoir. Elle convoqua un concile à Nicée en 787. L'iconoclastie fut abolie et le culte des images rétabli. Le pape Hadrien en informa Charlemagne. Le texte fut mal traduit. En guise de réponse, Charlemagne intima l'ordre à Hadrien de réunir sans tarder un concile afin de condamner celui de Nicée. Hadrien tenta vainement d'apaiser ses scrupules. Charlemagne fit écrire les fameux *Libri carolini* dans lesquels il fustigeait âprement les décisions du concile de Nicée et celles de cette Irène qui se prétendait basiléus ! Selon lui, le concile de Nicée qui prescrivait l'adoration des images était aussi hérétique que celui de Constantinople interdisant ce culte. Il estimait licite de placer des images dans les sanctuaires afin d'émouvoir la sensibilité des fidèles et de fortifier leur foi, non pour être adorées en tant que telles. Le concile de Nicée ne voulait pas autre chose ; il n'avait nullement prescrit l'adoration des images. Mais on a vu qu'à cette époque Charlemagne avait des raisons politiques de discréditer l'Empire byzantin et son impératrice. C'était surtout Irène qui était visée par les *Libri carolini*. Elle affectait d'ignorer le grand roi d'Occident, considéré comme un Barbare. Charlemagne assouvissait donc sa rancune en invoquant la religion. Le pape tenait à ménager l'Empire byzantin. Il invita Charlemagne à montrer plus de compréhension. Sans tenir compte de cet avertissement amical, Charlemagne obtint du concile de Francfort qu'il anathémisât le concile de Nicée. Le pape Hadrien dut s'incliner !

L'Église tolérait ces ingérences en matière de foi : il est vrai que Charlemagne ne s'écartait jamais de la plus saine doctrine. Elle acceptait ses réformes, ses ordres, ses instructions, ses réprimandes comme ses recommandations. Nul ne protestait contre ses initiatives. Nul n'osait s'opposer à sa volonté. Il était parvenu à vassaliser l'ensemble du clergé. Les évêques, les abbés, les humbles curés, les simples moines étaient devenus les auxiliaires du pouvoir. Mais Charlemagne n'avait pas ménagé les contreparties. Il assurait à l'Église protection, prospérité et puissance. Elle jouissait des plus larges immunités, bénéficiait de cadeaux et de donations, possédait ses propres tribunaux. Restait en suspens l'épineuse question des bénéfices naguère concédés par Charles Martel pour récompenser ses fidèles et, quoique à un moindre degré, par Pépin le Bref. Charlemagne n'avait pas plus que son grand-père et son père l'intention de s'appauvrir en restituant ces biens. En revanche, il rendit la dîme obligatoire, prévoyant des peines proportionnées au retard des versements, pouvant aller jusqu'à l'excommunication et à la confiscation des biens. La dîme représentant le dixième des gains compensait largement le dommage des bénéfices. Elle offrait à l'Église la possibilité de s'enrichir rapidement et, dans un proche avenir, de constituer un État dans l'État.

Sous le règne de Charlemagne, cette éventualité n'était même pas envisageable. L'Église était un instrument de pouvoir. Elle s'insérait dans le système administratif, concourait à la bonne marche des affaires et même, par les vassaux et les hommes libres de ses domaines, aux expéditions militaires. L'unité de la foi répondait à l'unité politique, en proposant aux peuples un idéal commun. Le spirituel se fondait dans le temporel en lui conférant son sens le plus élevé : une multitude en marche vers l'éternité du Christ ! L'Empire avait tous les caractères d'une théocratie. Telles étaient les conceptions du grand empereur.

IX

LES ANECDOTES DE NOTKER

Arrêtons-nous un instant, pour feuilleter le livre du moine de Saint-Gall. Parmi les anecdotes qu'il recueillit, plusieurs montrent les rapports familiers de Charlemagne avec les évêques et les simples clercs. Elles montrent aussi que, dans ce domaine comme dans les autres, l'humour tempérait souvent ses exigences. Elles forment si l'on peut dire le revers de la médaille. Je citerai les plus significatives pour l'agrément du lecteur mais aussi pour lui permettre de comprendre à quelle sorte d'homme Charlemagne avait affaire, combien étaient justifiés les observations et les ordres qu'il adressait aux prélats et combien difficile le choix de ces derniers.

Dès que le décès d'un évêque était connu, les solliciteurs se pressaient autour de l'empereur. Les palatins, « toujours prêts à épier les malheurs ou tout au moins le trépas d'autrui », demandaient aux familiers du maître, à ses parents, à la reine elle-même, d'intervenir en faveur de leur candidat. Il advenait parfois que la reine eût son propre favori. Un jour, Hildegarde proposa à son époux d'accorder à l'un de ses protégés un évêché vacant. Charlemagne avait déjà promis cet évêché à un jeune homme dont il avait distingué les mérites. Il accueillit la requête d'Hildegarde « de son air le plus gracieux, l'assura qu'il ne pouvait ni ne voulait rien lui refuser, mais ajouta qu'il ne se pardonnerait pas de tromper son jeune clerc». Il avait fait cacher ce dernier derrière un rideau. «À la manière de toutes les femmes, poursuit Notker, quand elles prétendent faire prévaloir leurs désirs et leurs idées sur la volonté de leurs maris, la reine, dissimulant sa colère, adoucissant sa voix naturellement forte et s'efforçant d'amollir par des manières caressantes l'âme inébranlable de Charles, lui dit: "Cher prince, mon Seigneur, pourquoi perdre cet évêché en le donnant à un tel enfant? Je vous en conjure, mon aimable maître, vous ma gloire et mon appui, accordez-le à mon clerc, votre serviteur dévoué." Derrière son rideau, le malheureux jeune homme choisi par l'empereur entendait ces paroles et ne put s'empêcher de s'écrier: "Seigneur roi, tiens ferme; ne souffre que personne n'arrache de tes mains la puissance que Dieu t'a donnée!"» Charles lui accorda l'évêché, en se recommandant à ses prières.

Un autre jour, veille de la Saint-Martin, il convoqua l'un des clercs de sa Cour. Le garçon passait pour «fort recommandable par la noblesse de son origine et par son savoir». Il fit bonne impression à Charles qui lui donna un évêché vacant. L'autre se confondit en remerciements. Puis, fou de joie, il regagna sa demeure et donna un splendide festin auquel il avait convié ses amis, dont plusieurs officiers du palais. «Chargé de nourriture, gorgé de vin et enseveli dans l'ivresse, il ne parut point aux offices de cette sainte nuit.» Or il appartenait au chœur de la chapelle royale. L'usage voulait que le maître de chœur désignât la veille à chacun le répons qu'il devait chanter. Quand vint le tour du nouvel évêque, il y eut un silence! Les choristes s'exhortaient mutuellement à chanter le répons, mais se récusaient les uns les autres. Charlemagne qui, du haut de son trône de marbre, s'impatientait, s'écria:

«Que quelqu'un chante donc enfin!»

Un pauvre clerc, rempli de mérite mais méprisé par ses collègues en raison de son humble naissance, se dévoua. Il se trompa de répons. Après l'office, l'empereur se retira dans sa chambre et s'assit devant la cheminée. Il fit appeler le pauvre clerc qui tremblait de frayeur. Charles lui sourit avec bonté et lui dit :

« Cet orgueilleux, qui n'a pas assez craint ou respecté Dieu, ni un maître qui se montrait son ami, pour s'abstenir de la débauche une seule nuit, tout au moins jusqu'à ce que le répons qu'il devait chanter fût commencé, n'aura point l'évêché ; c'est la volonté de Dieu et la mienne. Quant à toi, le Seigneur te l'accorde et je t'y nomme. Prends soin de le gouverner conformément aux règles canoniques et apostoliques. »

Un autre prélat étant mort, Charlemagne accorda son évêché « à un certain jeune homme. Celui-ci, tout content, se préparait à partir ; ses valets lui amenèrent, comme il convenait à la gravité épiscopale, un cheval qui n'avait rien de fringant, et lui préparèrent un escabeau pour le mettre en selle. Indigné qu'on le traitât comme un infirme, il s'élança de terre sur sa bête si vivement qu'il eut grand-peine à se tenir et à ne pas tomber sur l'autre côté ».

Le roi qui était sur son balcon fut témoin de cet exploit. Il rappela le garçon et lui dit :

« Mon brave, tu es vif, agile, prompt et tu as bon pied ; la tranquillité de notre Empire est, tu le sais, sans cesse troublée par une multitude de guerres ; nous avons par conséquent besoin dans notre suite d'un clerc tel que toi ; reste donc pour être le compagnon de nos fatigues, puisque tu peux monter si lestement sur ton cheval. »

Les prélats excellents ne manquaient certes pas. Charlemagne les honorait grandement et savait les récompenser. Mais, en dépit de ses précautions, il y avait quelques brebis galeuses. Il ne se privait pas de leur jouer quelque tour ni de les humilier publiquement. L'un d'eux brillait par sa gloriole, sa frivolité et son manque de charité. Il lui envoya un marchand juif. Ce dernier présenta à l'évêque un rat embaumé, affirmant que c'était une pièce d'une insigne rareté, et lui extorqua une somme exorbitante. Il apporta cette somme à l'empereur. Peu après, au cours d'une assemblée à laquelle les évêques et les grands étaient conviés, celui-ci fit apporter la somme et déclara :

« Évêques, vous les pères et les pourvoyeurs des pauvres, vous devez les secourir et Jésus-Christ lui-même en leur personne, et ne point vous montrer avides de vaines frivolités. Mais maintenant, faisant tout le contraire, vous vous adonnez plus que les autres mortels à l'avarice et aux frivolités. Un de vous a donné à un Juif toute cette somme d'argent pour un de ces rats qui se trouvent d'ordinaire dans nos maisons et qu'on avait embaumé à l'aide de certains aromates. »

Le fautif courut se jeter à ses pieds et implora le pardon de sa faute.

Pendant la campagne contre les Avars, un évêque fut commis à la garde de la reine. « Commençant à s'enfler de la bonté familière avec laquelle cette princesse le traitait, il poussa l'insolence au point de demander impudemment, afin de s'en servir en guise de canne et de crosse épiscopale, la baguette d'or que l'incomparable empereur avait fait faire comme une marque de sa dignité. » La reine se moqua de lui, prétendant qu'elle n'osait confier cette baguette à personne. Elle ajouta qu'elle ferait part de cette demande à son époux dès son retour. Ce qu'elle fit. Charles éclata de rire et promit de satisfaire le prélat. « Toute l'Europe s'était, pour ainsi dire, réunie afin de célébrer le triomphe de l'empereur sur la redoutable nation des Huns (les Avars). Ce prince dit alors en présence des grands et des hommes de rang inférieur : "Les évêques devraient mépriser les choses de ce monde et animer par leur exemple les autres hommes à ne désirer que les biens célestes. Mais maintenant ils se sont, plus que tous les autres mortels, tellement laissé corrompre par l'ambition que l'un d'eux, non content du premier siège épiscopal de

Germanie, aurait voulu s'approprier, à notre insu et en échange du bâton d'évêque, le sceptre d'or que nous portons comme marque de notre commandement !" »

L'évêque demanda pardon de sa faute et l'obtint.

Charlemagne avait ordonné aux prêtres de prêcher dans toutes les cathédrales de l'Empire en fixant un délai. Il menaçait de dépouiller de leur évêché ceux qui contreviendraient à cet ordre. Un des évêques fut pris de panique ; il ne savait, prétend Notker, « que se plonger dans les délices et s'abandonner à son vain orgueil ». Craignant de déplaire à l'empereur, il invita deux palatins à assister à son prêche afin qu'ils témoignassent de sa bonne volonté. Après la lecture de l'Évangile, il monta donc en chaire et, à ce spectacle inattendu, l'assistance fut saisie d'étonnement. L'évêque était dénué d'éloquence. S'il avait préparé son sermon, la mémoire lui fit soudain défaut. Alors il avisa l'un des fidèles qui dissimulait sa crinière rousse sous le pan de son manteau. Il ordonna au bedeau d'amener ce malheureux, lequel opposa quelque résistance.

« Amène cet homme, prends garde qu'il n'échappe ! » tonnait l'évêque.

Puis il descendit de la chaire et découvrant la tête de l'homme s'écria :

« Regarde, peuple, ce roux est un misérable ! »

Ce fut là tout son prêche. Mais, après la messe, il emmena les deux palatins dans la salle de festin. « Assis sur de moelleux coussins de plume, vêtu de la soie la plus précieuse, couvert de la pourpre impériale, n'ayant rien qui lui manquât hormis le sceptre et le titre de roi », il était entouré de gardes plus richement vêtus que ceux du palais. Le repas fut magnifique et se termina par un concert. Le lendemain matin, l'aimable évêque se dit qu'il avait peut-être commis une erreur en étalant un faste pareil. Il fit venir les deux palatins, les combla de présents et les pria de rendre « un bon et honorable témoignage » auprès de l'empereur. Celui-ci n'ignorait rien de ce qui s'était passé. Il demanda aux palatins pourquoi l'évêque les avait invités à dîner. Ils répondirent :

« Ce fut, seigneur, pour honorer en nous votre nom, plus qu'il n'était dû à notre faible mérite. Cet excellent prélat est d'une fidélité parfaite à vous et aux vôtres, et très digne de la plus haute charge ecclésiastique. Si, en effet, vous daignez en croire notre misérable témoignage, nous dirons à votre Sublimité que nous l'avons entendu prêcher avec une véritable éloquence. »

Charlemagne connaissait les insuffisances de l'évêque. Il questionna donc les palatins sur le prêche. Ces derniers durent avouer la vérité. L'évêque ne fut pas dépouillé de sa charge. Charles avait compris que le prélat, redoutant de lui désobéir, s'était efforcé de dire au moins quelques mots. Cette mansuétude peut surprendre. À la vérité, l'empereur ne pouvait révoquer un évêque aussi facilement que l'un de ses comtes. Il fallait un bien grand scandale pour envisager cette sanction. Charlemagne n'était tout de même pas le pape ! D'ailleurs c'était la docilité qu'il exigeait d'abord de la prélature.

Dans ses rapports privés avec les dignitaires de l'Église, il éprouvait aussi quelques déboires. Charles avait un gros appétit et supportait difficilement le jeûne. Pendant le carême, il avait l'habitude de manger à la huitième heure du jour. L'un des évêques osa le lui reprocher. L'empereur accepta la réprimande, mais obligea l'évêque à dîner avec les derniers serviteurs du palais, c'est-à-dire vers minuit. Après quoi il lui dit :

« Évêque, vous reconnaissez maintenant, j'espère, que, si pendant le carême, je mange avant la nuit, ce n'est pas par intempérance, mais par sagesse. »

Un autre, auquel l'empereur demanda de bénir le pain, en prit d'abord pour lui et lui en offrit ensuite. Charlemagne refusa, outré par cette impolitesse. Le grand Alcuin lui-même se permit de l'offenser une fois. Au cours d'un entretien, Charlemagne déplorait qu'aucun des clercs de son Empire ne pût rivaliser avec les anciens Pères de l'Église. Il soupira :

« Que n'ai-je onze clercs aussi instruits et aussi profondément versés dans les sciences que Jérôme et Augustin ! »

Indigné et croyant que l'empereur le tenait pour rien, il répliqua :

« Le Créateur du ciel et de la terre n'a pas fait d'autres hommes semblables à ces deux-là, vous voulez en avoir une douzaine ! »

On sait le prix que Charlemagne attachait à la musique religieuse. Il tenait extrêmement à ce que le chœur d'Aix-la-Chapelle servît de modèle. Il y veillait personnellement. Notker le montre en pleine action : « L'empereur désignait du doigt ou du bout d'un bâton celui dont c'était le tour de réciter, ou qu'il jugeait à propos de choisir, ou bien il envoyait quelqu'un de ses voisins à ceux qui étaient placés loin de lui. La fin de la leçon, il la marquait par une espèce de son guttural : tous étaient si attentifs quand ce signal se donnait, que, soit que la phrase fût finie, soit qu'on fût à la moitié de la pause, le clerc qui suivait ne reprenait jamais au-dessus ni au-dessous... »

Il ne lui fut pas facile de généraliser la pratique du plain-chant. Il demanda au pape de lui envoyer douze clercs qui fussent d'habiles chanteurs. Charlemagne les accueillit avec honneur et s'empressa de les répartir entre les principales cathédrales. Mais, par malice ou insuffisance, ils inculquèrent des méthodes différentes à leurs élèves. Charlemagne s'en plaignit au pape. Il envoya à Rome deux de ses clercs les plus expérimentés. À leur retour, ils furent à même d'enseigner la modulation.

Le moine de Saint-Gall entremêle ses historiettes et ses croquis pris sur le vif de considérations plus sérieuses. Notant que Charles ne confia jamais plus d'un comté à chacun de ses comtes, si ce n'est dans les marches, il observe : « Jamais non plus il ne donna à aucun évêque, sinon par des conditions très déterminantes, des abbayes et des églises dépendant du domaine royal. Quand ses conseillers ou ses familiers lui demandaient pourquoi il agissait ainsi : "C'est, répondait-il, qu'avec le domaine ou la métairie attachés soit à une petite abbaye soit à une église, je m'acquiers un vassal fidèle, aussi bon ou même meilleur que tel comte ou tel évêque." »

Notker lui prête aussi cette réflexion riche de sens : « Si je sais déblayer, j'ai aussi appris à remplir. »

X

L'ORDRE LAÏQUE

Les trois ordres de l'âge féodal existaient de fait à l'époque carolingienne. Toutefois le passage d'un ordre à l'autre s'opérait plus facilement. La noblesse n'existait pas en tant que telle. C'était alors une aristocratie fondant sa puissance sur la propriété foncière. Il y avait cependant des familles illustres, où l'exercice des grands commandements, des hautes charges administratives et ecclésiastiques était quasi héréditaire. Tel était notamment le cas de certains comtes et marquis. Ces familles veillaient à accroître leur influence par des mariages d'intérêts. Aucune disposition légale n'interdisait cependant l'accès d'un homme libre à un commandement militaire ou aux fonctions comtales. Il est évident que les vastes conquêtes de Charlemagne offraient à de simples guerriers de sérieuses possibilités d'avancement. Mais les fonctionnaires n'étant pas rémunérés, les comtes devaient avoir des revenus personnels pour tenir convenablement leur rang et pour éviter la corruption. L'Église offrait aussi des possibilités de promotion sociale. Charlemagne s'appliquait à recruter de bons évêques, sans toujours y réussir. Il ne tenait pas compte de la naissance ni de la fortune des candidats. Pourtant il ne pouvait toujours repousser les recommandations de ses palatins. Or la position sociale d'un évêque équivalait à celle d'un comte. Elle lui était fréquemment supérieure par les revenus, car les évêchés possédaient des domaines souvent considérables. Il s'ensuit que nombre de familles aristocratiques convoitaient la mitre. Les prélats issus de ce milieu montraient une fâcheuse tendance à mépriser leurs pairs d'origine moins reluisante. Ils ne pouvaient s'empêcher de mener une existence seigneuriale, en oubliant un peu leurs obligations. Leur exemple faisait tache d'huile. Les épisodes du cavalier trop leste et du festin prématuré sont significatifs.

Aristocratie et clergé ne représentaient qu'une infime minorité par rapport au peuple. Faute d'éléments démographiques tant soit peu fiables, il est impossible de dénombrer celui-ci. On sait par contre que l'on mourait jeune, que la mortalité infantile était importante, que la disette, la peste et autres épidémies décimaient les populations de régions entières. Il est presque aussi difficile d'imaginer l'univers dans lequel vivaient les hommes de ce temps-là et leur existence quotidienne. Les forêts étaient plus nombreuses et plus vastes que de nos jours, malgré les défrichements que l'on avait pratiqués. En certaines contrées, les grandes villas, les abbayes, les villages et les agglomérations urbaines n'étaient encore que des clairières. La forêt conservait son mystère. Elle était utile aux paysans, car elle leur procurait du bois pour se chauffer et pour construire, des fruits pour se nourrir, des glands pour les porcs dont l'élevage était indispensable. Mais elle restait aussi un objet de terreur, car elle abritait les bêtes sauvages et les hors-la-loi. Les ours, les buffles, les sangliers, les cerfs, les lynx et les loups la hantaient. Ces derniers étaient si nombreux et si dangereux que Charlemagne dut organiser leur destruction et pourvoir chaque comté de louvetiers. Les paysans n'avaient pas le droit de chasse, mais ils pratiquaient volontiers le braconnage en dépit des gardes forestiers. On a déjà parlé des villas à propos du domaine royal, et du capitulaire *De villis* décrivant leur fonctionnement. Les grands domaines privés étaient souvent aussi vastes et leurs activités identiques. Ils avaient aussi leurs intendants, leur personnel agricole et artisanal. Nombre d'entre eux sont à l'origine des villages actuels, voire de certaines villes. Il existait aussi des domaines plus modestes. La moyenne et petite propriété subsistait tant bien que mal et, à la vérité, plutôt mal que bien. C'était celle des simples hommes libres qui possédaient une cinquantaine d'hectares et, subissant la pression des riches, se maintenaient à grand-peine. Les campagnes militaires représentaient pour eux une lourde charge. L'habitat variait selon les régions. La pierre dominait dans le Midi et le bois dans le Nord. L'inconfort était la règle. On se levait avec le jour et l'on se couchait à la tombée de la nuit pour économiser la chandelle. On souffrait du froid et c'était impatiemment que l'on attendait la fin de l'hiver.

Les historiens du droit ont l'habitude de classer le peuple carolingien en deux catégories : les libres et les non-libres. Cette partition commode traduit inexactement la réalité. Les hommes libres semblent appartenir à une classe privilégiée, parce qu'ils ont le périlleux honneur du service militaire, le droit de participer aux assemblées comtales et qu'ils existent juridiquement : ils peuvent en effet se marier librement, disposer de leurs biens, ester en justice et procéder. Le reste de la population est étroitement soumis à la volonté d'un maître et ne peut agir sans son autorisation. L'esclavage subsiste, alimenté par les captures de guerre, et l'on continue à en faire commerce. Mais, à côté des esclaves qui forment les équipes des grandes exploitations, il y a les affranchis et les colons installés dans leurs manses depuis des siècles et dont on ignore la condition : on les appelle demi-libres, mais en fait ils appartiennent *de facto* au domaine. De plus la différence entre libres, demi-libres et non-libres tend à s'estomper. Les petits propriétaires ont dû céder une partie de leurs biens, ne pouvant plus assurer l'entretien de leur famille. La vie qu'ils mènent est parfois plus dure que celle de certains colons locataires de plusieurs manses. Ce tassement social profite évidemment aux riches.

Pour les quatre cinquièmes le peuple carolingien est agriculteur, comme sous le règne des Mérovingiens. Que cultivait-il, et comment ? Le capitulaire *De villis*, les inventaires de quelques abbayes fournissent des renseignements acceptables. On connaissait plusieurs espèces de céréales. Labourage, semailles, hersage, moisson (à la faucille) et battage représentaient le travail majeur de chaque exploitation. Les enluminures nous montrent les laboureurs, semeurs et moissonneurs en pleine action. Les moulins hydrauliques commençaient à se répandre. Mais le rendement restait faible. La terre était plutôt grattée que défoncée par les araires primitifs. Hormis la cendre et le fumier, on ignorait les engrais, et les paysans rechignaient à employer la marne, dont Charlemagne avait cependant prescrit l'emploi. Les principales espèces de légumes étaient connues et cultivées dans les potagers : oignon, ail, échalotes, raves, laitues, choux, carottes, persil, cerfeuil, etc. Dans les vergers, il y avait des pommiers, des poiriers, des châtaigniers, des pruniers, des noyers, des figuiers, des amandiers, des mûriers. La vigne était en extension et certains crus étaient déjà réputés. Son entretien ressemblait beaucoup au travail actuel et la fabrication du vin était déjà à peu près la même. On élevait des bovins, des chevaux et des porcs. On savait conserver le foin pour les longs mois d'hiver. Les faneurs étaient déjà munis de la longue faux.

On ne peut dire que les techniques avaient évolué depuis les Gallo-Romains. La condition des travailleurs agricoles s'était toutefois améliorée. En principe les intendants avaient droit de vie ou de mort sur leurs esclaves, mais ils avaient intérêt à ménager la main-d'œuvre. Au surplus l'Église considérait les esclaves comme des chrétiens à part entière. Les demi-libres étaient redevables de corvées : pour entretenir les chemins et les ponts, surtout pour cultiver le domaine réservé du maître. Mais, là aussi, l'intendant devait pondérer ses exigences pour ne pas susciter de révoltes. Charlemagne interdit le travail pendant le jour du Seigneur ; il prévit trois exceptions : les charrois pour l'armée, le ravitaillement, l'enterrement du maître. Les femmes n'avaient pas le droit de broyer du lin, de filer, de coudre ni de laver : « Que de tous côtés tous s'assemblent pour célébrer la messe en l'église, et remercier Dieu de toutes les bonnes choses qu'il a faites pour nous en ce jour ! »

Les grands domaines pouvaient vivre en économie fermée. Ils produisaient tout ce qui était nécessaire à leurs habitants. Ils avaient leurs équipes de charpentiers, de menuisiers, de tisserands, de maçons, de forgerons, de tourneurs, voire de parcheminiers et d'orfèvres. Tout ce qui n'était pas consommé ou utilisé sur place était vendu.

Les marchés se multipliaient, signe non douteux d'une prospérité croissante et d'une meilleure sécurité. Les villes, groupées autour des basiliques épiscopales, reprenaient de l'importance. Elles avaient pour la plupart une origine romaine. Certaines se distinguaient déjà par leurs richesses : Pavie, Ravenne, Ratisbonne, Francfort, Trèves, Mayence, au second rang Paris, Orléans, Tours et Lyon. Là se groupaient les marchands et les meilleurs artisans, un commerce balbutiant, une industrie à peine naissante.

On exportait des céréales, du vin, des textiles, des outils de fer, des armes (avec la permission de l'empereur), des verreries et des céramiques, des pièces d'orfèvrerie, des fourrures. On importait d'Orient des pierreries, des soies, des épices et des parfums par l'intermédiaire des Juifs le plus souvent. Les marchands n'avaient pas bonne réputation. Charlemagne aurait voulu qu'ils s'enrichissent honnêtement, qu'ils pratiquassent le juste prix. Mais l'exemple venait de haut. Dans les périodes de disette, les grands n'avaient pas scrupule à stocker les grains et à les revendre au prix fort. Certains abbés cédaient aussi à la cupidité. Charlemagne interdit l'accaparement, tarifa les prix, enjoignit aux évêques et aux abbés de secourir les malheureux, fixa même le montant des aumônes. Il prescrivit l'entretien des établissements hospitaliers. Ces mesures n'évitaient pas toujours la mortalité, ni même le cannibalisme. Ce n'étaient d'ailleurs que des palliatifs.

Charlemagne ne manifesta pas en économie les mêmes talents qu'en politique. Il se contenta d'améliorer ce qui était. Les unités de mesure variaient d'un pays à l'autre. Il fixa le poids de la livre à 491 grammes environ et la capacité du muid à 52 litres. L'or s'était raréfié en Occident. Pépin le Bref avait dû substituer progressivement le denier d'argent au sou d'or mérovingien. Mais la monnaie d'or subsistait dans certaines parties du royaume franc, par exemple en Lombardie. D'où l'extrême difficulté du change et la complication des transactions. Charlemagne institua une nouvelle monnaie pour tout l'Empire. Le denier de Charlemagne était en argent pur et d'un poids constant : une livre de métal produisait 240 pièces. Après le pillage du Ring, il fit également frapper des sous d'or présentant les mêmes garanties. Il réserva aux ateliers royaux l'exclusivité de leur fabrication. Pour faciliter les transports, il prescrivit aux comtes d'assurer l'entretien des routes et des ponts. Il abolit les péages abusifs et tarifa les autres : les contrevenants étaient sanctionnés par de grosses amendes. Il accorda des exemptions aux marchands étrangers, notamment aux Anglo-Saxons. Bien que très chrétien, il pratiqua une tolérance totale envers les Juifs : ils ne furent pas groupés par quartiers, ne portèrent pas de signes ni de costumes distinctifs et pratiquèrent même l'usure sans être inquiétés en dépit de la condamnation de l'Église.

L'esprit associatif n'était pas absent du monde carolingien. Les marchands se groupaient déjà en guildes pour défendre leurs intérêts. Les paysans s'associaient pour les grands travaux : labours, fenaisons, moissons, vendanges, mais aussi pour assurer leur sécurité. Les chrétiens avaient leurs associations de prières et de charité. Charlemagne tolérait ces mouvements qui rendaient l'existence plus facile et protégeaient les humbles contre l'oppression des grands. Il savait aussi qu'il était nécessaire de se grouper pour traverser les forêts. Malgré l'appareil administratif et judiciaire, malgré les peines effroyables édictées par un capitulaire fameux, le brigandage persistait. Rien n'était parfait dans l'Empire carolingien, mais tout était en marche vers des temps meilleurs. Du moins Charlemagne pouvait le croire.

XI

LA RENAISSANCE CAROLINGIENNE

Au moment où Charlemagne commença à régner, l'étude des lettres n'avait pas entièrement disparu, mais elle était tombée au plus bas. La Francie était en retard sur l'Angleterre et la Lombardie. Le niveau du clergé franc était déplorable. Comment demander à des religieux quasi illettrés d'enseigner les Écritures aux fidèles, de prêcher efficacement ? En tentant de remédier à cette situation, Charlemagne avait deux mobiles : la piété et la curiosité intellectuelle. Désireux de promouvoir une élite chrétienne pour les raisons que l'on a déjà exposées, il était conscient de ses propres lacunes et cherchait à les combler ; de surcroît il aimait s'instruire. « Passionné pour les arts libéraux, écrit Éginhard, il eut toujours une grande vénération et combla de toutes sortes d'honneurs ceux qui les enseignaient. Le diacre Pierre de Pise, qui était alors dans sa vieillesse, lui donna des leçons de grammaire. Il eut pour maître dans les autres sciences un autre diacre, Albin, surnommé Alcuin, né en Bretagne[1] et d'origine saxonne, l'homme le plus savant de son époque. Le roi consacra beaucoup de temps et de travail à étudier avec lui la rhétorique, la dialectique et surtout l'astronomie. Il apprit le calcul, et mit tous ses soins à étu-

1. En Grande-Bretagne.

dier le cours des astres avec autant d'attention que de sagacité. Il essaya aussi d'écrire, et il avait toujours sous le chevet des feuilles et des tablettes pour accoutumer sa main à tracer des caractères lorsqu'il en avait le temps. Mais il réussit peu dans ce travail, qui n'était plus de son âge et qu'il avait commencé trop tard. » Ce passage est équivoque, surtout dans ses dernières lignes. Il semble résulter des termes mêmes d'Éginhard que Charlemagne savait écrire, sinon il n'aurait pas fait placer des feuilles et des tablettes au chevet de son lit pour s'en servir pendant ses insomnies. Éginhard veut probablement dire que son écriture était inélégante et ressemblait davantage à un griffonnage qu'à la caroline des scribes du palais. En outre, compte tenu de ses occupations écrasantes, de ses expéditions successives, de ses déplacements quasi continuels, il est très peu probable qu'il ait pu consacrer « beaucoup de temps et de travail à étudier », sauf peut-être dans les dernières années de son règne où, par force, il mena une existence plus calme. En revanche, la culture et sa diffusion furent chez lui un souci constant. Au hasard de ses voyages, des assemblées annuelles, des réunions plus restreintes, il avait été à même de constater l'ignorance des évêques et de la plupart des prêtres, sans parler de celle des fonctionnaires laïcs, comtes et centeniers. Il attirait au palais quiconque avait une réputation de lettré. Parfois il ramenait de ses conquêtes quelque docte personnage. L'exemple donné par Notker de deux moines irlandais « profondément versés dans les lettres profanes et sacrées » est à cet égard typique. Débarqués en Francie et cherchant un emploi, les deux moines proposaient à tout venant de vendre leur science contre le vivre et le coucher ! Charlemagne les convoqua et les prit à son service. Ce n'étaient là que de modestes professeurs, car ils n'ont laissé d'autres traces que dans le récit de Notker. Tout différent fut le cas de Pierre de Pise, de Paulin d'Aquilée, de Paul Diacre et surtout d'Alcuin et de Théodulfe. Pierre de Pise enseignait la grammaire à l'école de Pavie, lorsque Charlemagne s'empara de cette ville, le rencontra et l'emmena avec lui. Il en fut de même du Lombard Paul Warnefried, dit Paul Diacre, secrétaire du roi Didier; il était surtout historien. Paul d'Aquilée était né dans le Frioul; il enseignait les lettres et fut appelé par Charlemagne (qui le nomma par la suite évêque d'Aquilée[1]). Théodulfe était également d'origine italienne; il vint au palais en 781. Alcuin était anglo-saxon. Éginhard était moine au monastère de Fulda; il vint à la Cour en 791. Charlemagne prenait ce qu'il trouvait: il n'avait pas le choix, du moins au début de son règne. Ces beaux esprits ne brillaient pas tous par le désintéressement. Charlemagne devait, pour les conserver à son service, leur accorder des honneurs substantiels. Alcuin collectionna les grandes abbayes, dont Saint-Martin de Tours; il est vrai que ses mérites étaient exceptionnels, ce qui explique que Charlemagne ait enfreint en sa faveur le principe de ne pas donner plusieurs abbayes au même personnage. Eginhard et Théodulfe furent pareillement dotés. Bien qu'ils fussent grassement payés par Charlemagne, Pierre de Pise, Paul Diacre et Paulin d'Aquilée ne séjournèrent pas longtemps au palais; repris par le mal du pays, ils rentrèrent chez eux, fortune faite! Alcuin consentit à rester; il s'installa même définitivement en France. Or il passait pour l'homme le plus instruit de son temps; sans doute l'était-il. Né en Northumbrie (en 732 ou 735), il avait été élève à l'école d'York, où l'on enseignait la grammaire, la rhétorique, la poésie, l'astronomie, le calcul, la nature de l'homme et la zoologie, les saintes Écritures et les œuvres de l'Antiquité. Alcuin vendait son savoir, lorsque Charlemagne le rencontra en Italie. En 782, il entra à son service avec trois de ses disciples: Sigulfe, Fridugise et Witton. Il éblouit

---

1. C'est saint Paulin d'Aquilée.

Charlemagne par sa science universelle et par son éloquence, et devint son ami. Pédagogue-né, il fut d'abord le précepteur du grand roi et de sa famille, puis dirigea l'école palatine, puis anima le cénacle pompeusement appelé Académie du palais. Ensuite, aidé par Théodulfe, il se consacra, sans cesser d'enseigner, à la diffusion de la culture, jouant le rôle à la fois d'un ministre de l'Éducation et des Affaires culturelles.

Ce n'était pas un esprit original, encore moins un créateur, mais il avait une intelligence claire, une mémoire sans faille et la passion d'enseigner. Ce fut lui qui assigna sept degrés à l'enseignement : grammaire, rhétorique, dialectique, arithmétique, géométrie, musique et astronomie. Les sept arts libéraux restèrent en vigueur pendant tout le Moyen Âge. Alcuin avait le don d'éveiller le goût de l'étude. Il s'exprimait dans un latin élégant émaillé de citations. Il connaissait parfaitement la doctrine des Pères de l'Église et son orthodoxie était pure. Toute sa philosophie consistait à commenter la pensée des Anciens. Il se gardait d'innover et même de jeter le moindre doute dans les esprits. Il était cependant capable d'étudier les textes avec un esprit critique et donna une remarquable édition de la Bible. Au surplus, Charlemagne ne lui demandait pas d'être un grand auteur, de penser par lui-même ! Il voulait un maître capable de former les futurs évêques et les futurs comtes, rêvait d'un clergé qui fût l'éducateur du peuple. Il faut reconnaître qu'Alcuin seconda remarquablement ses vues. L'école du palais reçut non seulement les enfants des palatins, mais les enfants du peuple qui avaient été distingués par leurs mérites. Charlemagne ne dédaignait pas de jouer le rôle d'inspecteur. On connaît l'anecdote fameuse relatée par le moine de Saint-Gall. Au retour d'une campagne militaire, il se fait montrer les devoirs des élèves : ceux des enfants d'origine modeste sont excellents, ceux des enfants nobles, insuffisants. « Le très sage

Charles, imitant alors la justice du souverain juge, sépara ceux qui avaient bien fait, les mit à sa droite, et leur dit: "Je vous loue beaucoup, mes enfants, de votre zèle à remplir mes intentions et à rechercher votre propre bien de tous vos moyens. Maintenant efforcez-vous d'atteindre à la perfection, alors je vous donnerai de riches évêchés, de magnifiques abbayes, et vous tiendrai toujours pour gens considérables à mes yeux." Tournant ensuite un front irrité vers les élèves demeurés à sa gauche, portant la terreur dans leur conscience par son regard enflammé, tonnant plutôt qu'il ne parlait, il lança sur eux des paroles pleines de la plus amère ironie: "Quant à vous, nobles, vous fils des principaux de la nation, vous enfants délicats et tout gentils, vous reposant sur votre naissance et votre fortune, vous avez négligé mes ordres et le soin de votre propre gloire dans vos études, et préféré vous abandonner à la mollesse, au jeu, à la paresse, à de futiles occupations!" Ajoutant à ces premiers mots son serment accoutumé, et levant vers le ciel sa tête auguste et son bras invincible, il s'écria d'une voix foudroyante: "Par le roi des cieux, permis à d'autres de vous admirer; je ne fais, moi, nul cas de votre naissance et de votre beauté; sachez et retenez bien que, si vous ne vous hâtez de réparer par une constante application votre négligence passée, vous n'obtiendrez jamais rien de Charles." »

L'imagerie populaire s'empara de cette scène. Naguère, Charlemagne « instituteur » figurait dans les manuels scolaires. Il est de fait que nombre d'élèves formés à l'école palatine reçurent de hautes charges. Mais Charlemagne exigeait plus. On lit dans un capitulaire de 789: « Que les ministres de Dieu attirent auprès d'eux non seulement les jeunes gens de condition servile, mais les fils d'hommes libres. Qu'il y ait des écoles de lecture pour les enfants. Que les psaumes, les notes, le chant, le calcul et la grammaire soient enseignés dans tous les monastères et tous les évêchés. »

Théodulfe, nommé évêque d'Orléans, incita les curés de son diocèse à ouvrir des écoles paroissiales. Il institua lui-même des écoles du niveau supérieur dans les principales églises et abbayes de son diocèse. Son exemple fut suivi par plusieurs évêques. Il y eut donc au moins une ébauche d'enseignement primaire et gratuit.

L'Académie palatine réunissait une élite intellectuelle. Chacun y rivalisait de savoir et d'éloquence, dans la mesure de ses moyens. On avait emprunté des surnoms à l'Antiquité classique et judaïque. Charlemagne était David. Alcuin fut Horace (Flaccus). Le poète Angilbert s'appela Homère. L'évêque d'Autun, Moduin, fut Ovide (Naso); l'évêque de Salzbourg, Aquila. Éginhard remplissait alors la fonction d'architecte en chef du palais; lecteur assidu de Vitruve, il aurait pu prendre ce nom; il choisit pourtant celui de Beseleel, l'artisan inspiré de l'Ancien Testament. Théodulfe fut Pindare. Quelques femmes étaient admises dans cette assemblée. La sœur de Charlemagne, Gisèle, était Lucia. Sa fille Rotrude fut Columba. Ce n'étaient là que jeux de l'esprit. Mais ces érudits échangeaient leurs connaissances et, de leurs débats, durent naître plusieurs idées dont Charlemagne sut faire son profit. Il aimait ces doctes réunions, y prenait volontiers la parole. Sa volubilité suppléait ses insuffisances. On l'applaudissait. Il respirait ce douteux encens avec la naïveté d'un néophyte. Alcuin lui-même, le grand Alcuin, lui donnait l'illusion d'être un théologien sans pareil et un sage! L'académie contribuait à sa renommée. Au surplus, il serait injuste de nier qu'il était le centre et le levier d'un véritable renouveau intellectuel.

Est-ce à dire que ces érudits laissèrent de grandes œuvres littéraires? Ils avaient du talent, mais manquaient de génie et surtout d'audace. Tous étaient des clercs, donc liés à l'Église à des degrés divers. Sous l'impulsion de Charlemagne et compte tenu des nécessités de l'époque, leurs écrits devaient être d'abord utiles à la propagation de la foi. Il s'agissait donc pour eux de publier les saintes Écritures et les œuvres des Pères de l'Église, en se gardant de toute innovation dans la pensée, comme dans l'interprétation. À l'image de leur chef Alcuin, c'étaient des orthodoxes absolus, si l'on veut des conservateurs. Ils s'employaient, d'ordre de Charlemagne, à établir des textes corrects et à les faire recopier dans les ateliers de scribes. Ce fut dans cette perspective que Paul Diacre publia un recueil d'homélies, qu'Alcuin produisit une Bible. L'hagiographie fut florissante : on reprenait les anciennes *Vies* de saints, mais pour en corriger le style et les débarrasser des digressions. L'histoire prit un nouvel essor. Les *Annales royales*, dont les auteurs sont inconnus, reflètent un souci d'information tout à fait nouveau. La *Vie de Charles* par Éginhard est imitée de Suétone ; elle n'en contient pas moins des renseignements irremplaçables sur Charlemagne et sur son entourage et permet une approche non négligeable de la psychologie de son héros. Les poètes manquent d'imagination ; ils imitent Horace, Properce ou Lucain, Virgile ou Ovide. Ne leur jetons pas la pierre ! Cette fascination de l'Antiquité les conduisait à collecter les manuscrits d'œuvres qui, sans eux, seraient à jamais perdues, et à les faire recopier avec soin. La renaissance carolingienne fut principalement celle du livre. Les ateliers de copistes *(scriptoria)* s'étaient généralisés : les principaux se trouvaient à Aix-la-Chapelle, Tours, Reims et Metz. Charlemagne leur imposa l'usage de l'écriture caroline, élégante et facile à lire, dont s'inspirèrent les imprimeurs du XVIe siècle et qui se retrouve dans les caractères actuels. Il possédait lui-même plusieurs centaines de manuscrits. Les églises épiscopales, les abbayes, les grands du royaume eurent bientôt leur bibliothèque. Charlemagne fit traduire les homélies en pré-roman, pour qu'elles fussent comprises par les fidèles dont beaucoup ignoraient le latin. Il fit établir une grammaire tudesque et mettre par écrit ces *Cantilènes* qui célébraient les exploits des anciens guerriers germaniques et de leurs princes, d'où sortirent les chansons de geste. Curieux de tout et attentif à toute chose, il officialisa les noms tudesques des mois et des vents : la rose des vents carolingienne comportait douze divisions ; elle en a aujourd'hui seize.

À son avènement, l'état des bâtiments ecclésiastiques était à l'image du savoir, en plein déclin. Des mesures énergiques furent prises pour que les églises et les monastères fussent réparés, agrandis, ou remplacés. On bâtit de nouveaux édifices. Les travaux s'effectuaient sous la double surveillance des comtes et des évêques. On recourait aux corvées. On faisait venir des équipes d'ouvriers spécialisés. Un capitulaire avait réglé les conditions d'hébergement. Lorsque l'argent manquait, Charlemagne « subventionnait » les travaux. Y avait-il un style spécifiquement carolingien ? Les architectes s'efforçaient d'imiter les constructions romaines et byzantines, mais, faute d'expérience, simplifiaient leurs modèles à l'extrême. Ils utilisaient ce qu'on mettait à leur disposition : des débris de sculptures, des colonnes, des chapiteaux ioniens ou corinthiens trouvés ici et là dans ce qui restait des monuments gallo-romains. Il subsiste si peu d'églises de cette époque : l'octogone d'Aix-la-Chapelle et l'église de Germigny-des-Prés (proche de Fleury-sur-Loire) qui en est la maladroite copie ! Les documents iconographiques ne nous renseignent pas davantage, par suite de leur stylisation naïve. Cependant on sait que ces architectes étaient capables de construire des bâtiments aussi vastes que ceux de Saint-Wandrille, de Saint-Riquier ou de Saint-Gall (dont on a le plan). On sait aussi que de leurs essais plus ou moins réussis devait naître l'admirable style roman. Ces chapelles, ces églises carolingiennes, surmontées d'une tour-lanterne, ronde ou carrée, offraient au regard un extérieur dépourvu d'ornement, d'une rudesse quasi militaire. Mais l'intérieur était revêtu de peintures aux tons vifs et de mosaïques rutilantes d'or. Pour les âmes de ce temps-là, elles étaient vraiment les antichambres du paradis.

Les bijoux restaient proches de la barbarie, bien qu'ils fussent habilement ciselés. On appréciait surtout le poids de l'or et l'on utilisait indifféremment les pierres semi-précieuses, les intailles et les camées antiques. Pourtant ces objets sont dignes de respect. Ils suggèrent un monde en train de naître, une société qui se cherche et, tournée vers l'avenir, ne peut se déprendre du passé.

Un renouveau carolingien ? Bien plutôt l'amorce de ce renouveau. Charlemagne considérait comme un devoir régalien de promouvoir les arts et la culture. Ses efforts ne porteront leurs fruits qu'après sa mort. On retiendra pourtant qu'à une époque où quatre-vingt-dix pour cent de la population étaient analphabètes, il eut assez d'intelligence pour créer des écoles et faire partager cette passion du savoir qui l'animait.

CINQUIÈME PARTIE

QUATORZE ANS DE RÈGNE

800-814

I

LE NOUVEL EMPIRE

Le couronnement à Rome n'avait pas été seulement pour Charlemagne un triomphe personnel, l'aboutissement d'une carrière sans pareille! Son titre d'empereur ne s'ajoutait pas simplement à celui de roi des Francs et des Lombards. Dans les conceptions de l'époque, un empereur n'était pas un super-roi, mais le successeur de Constantin ou de Théodose. S'il gouvernait de vastes territoires et par là même exerçait des pouvoirs politiques étendus, il devait s'appuyer sur la religion et sur la morale enseignée par celle-ci pour faire régner la paix. Dieu lui avait donné la magistrature suprême pour maintenir la concorde entre les peuples et revivifier ses sujets. Telles étaient les idées d'Alcuin, dont l'influence sur Charlemagne fut prépondérante. Pour lui, le nouvel empire devait être essentiellement chrétien. Il voyait en Charlemagne non plus le prince des Francs, mais le chef des chrétiens. Il lui faisait obligation, puisque, disait-il, il tenait son pouvoir directement de Dieu et était inspiré par Lui, de donner à ses sujets, grands et petits, une règle de conduite. Il annonçait que l'Empire ouvrirait un nouvel âge d'or; que les peuples insoumis adhéreraient spontanément à l'Empire et se convertiraient.

Alcuin ne faisait qu'exprimer les idées qui avaient cours, en particulier dans les milieux ecclésiastiques.

Mais il excellait à les mettre en forme et à les clarifier. Elles étaient d'ailleurs à peu de chose près celles de Charlemagne. Étroitement lié à l'Église, il avait bâti un empire de fait, avant son couronnement par Léon III, et cet empire était chrétien. Chacune de ses conquêtes, ou presque, avait eu le caractère d'une croisade : les prêtres accompagnaient toujours les soldats, en grand nombre. Pourtant, après son retour de Rome, en 801, le moment de liesse passé, Charlemagne médita, longuement, sur son nouveau rôle, sur les responsabilités qui lui incombaient dorénavant. Sans doute consulta-t-il ses amis, notamment Alcuin. Mais ce fut au plus profond de lui-même que la mutation s'opéra. L'irritation des empereurs byzantins l'amena à s'intituler empereur des Francs, non des Romains : ce n'était là qu'une mesure de prudence et une solution toute politique. Le nouvel empire, l'Empire chrétien, s'élabora à partir d'une réflexion personnelle, d'un dialogue entre le croyant et le chef d'État. Dès lors, et plus encore que par le passé, Charlemagne se sentit comptable du salut de ses peuples. Il prit conscience des injustices qu'il avait tolérées, et de ses propres fautes. Alcuin prophétisait la reddition des peuples encore rebelles, l'instauration d'une Jérusalem terrestre, la crainte inspirée par le grand empereur retenant les méchants de méfaire. Charlemagne avait trop de réalisme pour partager ces illusions ; il connaissait les hommes ! Néanmoins, à partir de 800, les guerres de conquête prirent fin ; la politique extérieure de Charlemagne fut uniquement défensive. Il se préoccupa surtout de consolider les marches, mais consacra ses principaux efforts à réorganiser l'administration et la justice, plus exactement à insuffler à ses sujets un esprit nouveau, plus conforme à l'idéal chrétien. C'est en ce sens qu'il faut interpréter son activité législative intense, le ton inhabituel de ses capitulaires et de ses instructions.

Il est très probable qu'il recourut d'abord à une enquête sur les abus de toutes sortes commis par ses fonctionnaires et parfois par ceux qui étaient chargés de les inspecter (les *missi*). Les dignitaires ecclésiastiques eux-mêmes n'étaient pas à l'abri des soupçons. En dépit des instructions réitérées, les pauvres continuaient à supporter l'oppression des grands, et leurs exactions. La justice des comtes, la protection et la charité des évêques étaient de vains mots. Une lassitude générale était perceptible. Le ressort se détendait, par suite du laxisme des responsables, mais surtout de leur égoïsme.

En mars 802, Charlemagne réunit une assemblée à Aix-la-Chapelle. Les grands approuvèrent le programme de gouvernement qu'il leur proposa. Des *missi dominici* furent ensuite envoyés dans tout l'Empire. Ils avaient pour mission de recevoir un nouveau serment de fidélité et d'expliciter les devoirs qui en découlaient. Les clercs et les laïcs qui avaient déjà prêté serment au roi des Francs devaient le renouveler à l'empereur et à ses fils. Les autres devaient le prêter à partir de l'âge de douze ans. Il ne s'agissait plus seulement d'un engagement à servir le souverain fidèlement et loyalement, autrement dit d'un lien personnel, mais de concourir à la défense de l'État. On ne promettait plus seulement sa foi à l'empereur, la défense de sa personne et le respect de sa vie, mais de l'aider à promouvoir une société meilleure. Le serment de 802 impliquait donc des devoirs supplémentaires, dont le premier était l'obéissance aux ordres du souverain. S'ensuivait l'engagement de ne pas violer la loi, de ne pas se soustraire au service militaire et à l'impôt, de ne pas usurper un domaine royal, de ne pas entraver l'exercice de la justice, d'être bon chrétien, de n'infliger aucun dommage à l'Église, aux veuves, aux orphelins et aux étrangers. Désormais nul ne pouvait ignorer que tout devait se passer conformément à la loi et à la justice et que « ni récompense, ni salaire, ni flatterie, ni parenté, n'empêchera cellesci de triompher ». Chacun, « dans la mesure de son intelligence et de ses forces », devait donc participer, effectivement, à l'exécution du programme impérial. Il appartenait aux *missi* d'exposer avec soin la pensée de l'empereur. Comme on le constate, le serment de 802 introduisait une notion toute nouvelle, celle de l'État. Il n'intéressait plus exclusivement la personne du souverain, mais le corps social en entier, lequel se trouvait par là même associé à l'œuvre entreprise. Œuvre grandiose, puisqu'elle tendait à une régénération des mœurs, à l'instauration d'un véritable empire chrétien et à la promotion d'un idéal commun. Mesure-t-on le chemin parcouru par l'héritier de Pépin le Bref, profitant de la mort de son frère Carloman pour capter l'héritage de ses neveux ? Bien qu'il se prétendît empereur des Francs, c'était bien l'empire romain qu'il continuait dans son concept le plus étatique et le plus abstrait, humanisé toutefois par le christianisme.

On ne peut soutenir qu'il agissait intuitivement, que ces hautes pensées le dépassaient. Car, au mois d'octobre 802, il réunit à nouveau les principaux de son Empire à Aix-la-Chapelle. Aux évêques, il fit lire et commenter les canons de l'Église, et les décrets pontificaux. Aux abbés, la règle de saint Benoît. Aux uns et aux autres, les capitulaires ecclésiastiques. Aux comtes, il fit donner lecture des lois et de leurs règlements d'application. Évêques et abbés furent invités à observer dorénavant les préceptes régissant leurs activités. Les comtes, à dispenser une bonne justice et à veiller au respect de la loi. Il fut également décidé de revoir en les actualisant les vieilles lois nationales, de mettre par écrit celles qui restaient orales. Ainsi furent amendées ou rédigées la loi salique, celles des Ripuaires, des Thuringiens, des Saxons, des Frisons, des Chamaves, des Wisigoths. Charlemagne se comportait désormais en législateur. Il s'attribuait un droit qu'il se refusait en tant que roi des Francs. Il s'élevait d'un degré dans la hiérarchie des pouvoirs et s'intéressait à tous les domaines. C'est à cette époque qu'il faut rattacher l'unification des poids et mesures, les capitulaires touchant à la frappe des monnaies, à l'accaparement, à la réglementation des prix, à la sécurité intérieure, à la sauvegarde des pauvres, à l'interdiction des vendettas et des guerres privées, à la prohibition du port d'armes. Tous ces textes tendaient à assurer la paix sociale, à établir la concorde. Ils rappelaient constamment les obligations souscrites lors du serment de 802 : ne point frauder, éviter la vénalité, être équitable. Le législateur se doublait d'un moraliste chrétien. Les *missi*, de mieux en mieux choisis, devaient en effet tenir ce discours aux populations :

« Écoutez, très chers frères, l'avertissement que vous adresse par notre bouche notre maître l'empereur Charles. Nous sommes envoyés ici pour votre salut éternel et nous avons charge de vous inciter à vivre vertueusement selon la loi de Dieu et justement selon la loi du siècle. Nous vous faisons d'abord savoir que vous devez croire en un seul Dieu, le Père, le Fils et le Saint-Esprit, vraie Trinité et unité tout ensemble... Croyez qu'il n'y a qu'une seule Église, qui est la société de tous les hommes pieux sur la terre et que ceux-là seuls seront sauvés qui persévéreront jusqu'à la fin dans la foi et la communion de cette Église... Aimez Dieu de tout votre cœur. Aimez votre prochain comme vous-mêmes ; faites l'aumône aux pauvres selon vos moyens. Recevez les voyageurs dans vos maisons, visitez les malades, ayez pitié des prisonniers. Remettez-vous vos dettes les uns aux autres, comme vous voulez que Dieu vous remette vos péchés. Rachetez les captifs, aidez les opprimés, défendez les veuves et les orphelins... »

Ils devaient exhorter les ducs, comtes et autres fonctionnaires à rendre la justice au peuple, à se montrer miséricordieux envers les pauvres, à ne pas céder à l'attrait de l'argent, car « rien n'est caché à Dieu... La vie est courte et le moment de la mort est incertain ». Charlemagne se faisait prédicateur, auxiliaire de cette Église sans laquelle il était conscient de ne pouvoir réussir l'unité de l'Empire.

Ce fut dans le but évident de pérenniser cette unité qu'il se préoccupa de sa succession. Il était encore en bonne santé ; rien ne laissait prévoir sa disparition prochaine. Le problème était délicat pour lui. Il avait trois fils en âge de régner : Charles, Pépin et Louis. Tous trois avaient reçu l'onction royale à Rome. Pépin était roi d'Italie ; Louis, roi d'Aquitaine. Ils exerçaient, comme on a dit, les fonctions de vice-roi, leur père conservant la haute main sur les affaires. Charles, leur frère aîné, n'avait reçu aucun royaume, ce qui laisse supposer que Charlemagne le considérait d'ores et déjà comme héritier d'une large partie de l'Empire et du titre d'empereur. Il était impossible en effet de rompre avec la coutume successorale des Francs. Charlemagne, qui s'était donné tant de mal pour ériger son Empire en État, ne pouvait se permettre de violer la loi salique, qui prévoyait le partage du patrimoine entre les héritiers mâles. Il tint une assemblée à Thionville en 806 et fit adopter par les grands les dispositions qu'il entendait prendre. L'Empire serait partagé en trois royaumes, mais ce partage était assorti de telles garanties que l'unité de l'État serait préservée. Outre l'Italie, Pépin eut la Bavière, la Rhétie, la Thurgovie et le sud de l'Alémanie. Louis eut l'Aquitaine, la Gascogne, la Septimanie, la Bourgogne amputée de quelques comtés, la Maurienne, la Savoie et la Provence. Charles eut tout le reste, à savoir l'Austrasie, la Neustrie, la Saxe, la Thuringe et le Nordgau bavarois. Les trois frères s'engageaient à faire régner la paix, à ne point s'attaquer, ni se dérober leurs hommes et leurs biens par quelque artifice. Ils devaient s'entraider contre les ennemis de l'un ou de l'autre, tant à l'intérieur qu'à l'extérieur de leurs royaumes, et, en cas d'agression subite, se porter un rapide secours. Tout différend entre eux devait être réglé non par les armes, mais par un arbitrage. En cas de décès de l'un d'eux, la part des deux autres dans son héritage était prévue, afin d'éviter toute contestation: mais ils ne pouvaient empêcher que ses enfants fussent proclamés rois. Se souvenant des discordes et des luttes sanguinaires des Mérovingiens, il interdit que ses petits-fils fussent tonsurés, relégués dans des couvents ou mis à mort par leurs oncles. Par surcroît de précaution, les membres de l'assemblée de Thionville jurèrent de respecter ces dispositions et se portèrent par conséquent garants de leur exécution. Dans la conjoncture, Charlemagne ne pouvait faire davantage pour maintenir l'unité de l'État. Faute d'éviter le partage prévu par la tradition, il essayait de préserver au moins la paix entre les royaumes. Au surplus, dans l'immédiat, rien n'était changé. Charlemagne conservait la plénitude du pouvoir. Charles et ses frères restaient des sous-ordres. Quant au titre d'empereur, il n'en avait pas été question à Thionville, sinon officieusement.

II

LE CONTENTIEUX AVEC BYZANCE

Les Byzantins ne pouvaient en effet admettre qu'il y eût deux empereurs. Les basiléus persistaient à revendiquer la qualité de successeurs des Césars, bien que, depuis longtemps, leur pouvoir de contrôle sur l'Occident fût inexistant. Ils s'étaient désintéressés de la Gaule lors des grandes invasions. Ils n'avaient pas empêché Clovis d'accéder au trône, ni les Ostrogoths de s'installer en Italie, ni les Wisigoths en Espagne. Cependant, ils détenaient, symboliquement, les insignes de l'Empire d'Occident et, faut-il croire, n'avaient pas renoncé à restaurer l'Empire romain dans sa totalité. Depuis 476, ils se paraient du vain titre d'empereur romain. Faute de mieux, ils avaient toléré les dynasties mérovingienne, wisigothe et lombarde, puis l'avènement de Pépin le Bref et l'inquiétante ascension de son fils. De son côté, Charlemagne s'efforçait de ménager leurs susceptibilités, tout en se déclarant protecteur du Saint-Siège et en se rapprochant peu à peu de leurs frontières. Il voulait éviter un conflit dont l'issue lui paraissait incertaine. L'Empire byzantin disposait d'une armée entraînée et d'une puissante flotte de guerre. Toutefois il avait à affronter de redoutables voisins. Un moment, même, la montée de l'islam avait mis son existence en péril. Depuis lors, les basiléus étaient sur la défensive. Par ailleurs, une grave crise dynastique ajoutait à leurs difficultés. Bien que la vocation de Charlemagne fût d'abord celle d'un conquérant, il savait recourir à la diplomatie et disposait, semble-t-il, de palatins rompus aux négociations. Il parvint à maintenir de bons rapports avec Byzance. Les ambassadeurs avaient généralement une double, sinon triple mission : négocier, se renseigner, si possible créer un parti favorable à leur maître. À mesure que sa puissance grandissait, l'attitude de celui-ci prit une autre couleur. Il traita le basiléus en égal. Bien plus, après que l'impératrice Irène eut fait crever les yeux de son fils pour s'emparer du pouvoir, on a vu quel parti il avait su tirer de cette usurpation. Néanmoins les Byzantins considéraient comme une atteinte à leurs droits l'annexion de la Lombardie, la donation de l'exarchat de Ravenne et de la Pentapole au Saint-Siège, et les prétentions de Charlemagne sur le duché de Bénévent. Droits hypothétiques, car ils ne possédaient plus ces territoires depuis longtemps ! Charlemagne s'était, il est vrai, emparé de l'Istrie, mais il n'avait point cherché à conquérir le duché de Naples, ni Otrante, ni la Calabre, ni la Sicile, en dépit des intrigues byzantines. Cependant il fit un pas de plus. Le crime d'Irène lui en fournit le prétexte. L'opinion se répandit que cette usurpatrice, cette mère coupable, ne pouvait prétendre valablement au titre impérial. Il n'y avait donc plus d'empereur. Dès lors, le pape Léon III avait la possibilité de couronner Charlemagne. Ce dernier devint donc empereur des Romains et successeur unique de Constantin, en théorie du moins. Car, en fait, il ne s'intitula qu'empereur des Francs. Cette restriction montrait clairement qu'il n'avait nullement l'intention de soumettre les Byzantins. Pourtant la cérémonie de Noël 800 fut considérée par eux comme une grave offense. Ils tinrent le couronnement de Charles pour illégal, nul et non avenu. Ils estimèrent que le pape Léon III avait agi sans droit. Ils condamnèrent pareillement l'attitude conciliatrice de l'impératrice Irène. Menacée par les Arabes et par les Bulgares, ayant à combattre une opposition grandissante, que pouvait-elle faire d'autre que négocier avec l'« usurpateur » ? Charlemagne voulait éviter un affrontement entre deux nations chrétiennes, dont il savait bien qu'il eût fait le jeu des peuples païens et musulmans. Il accueillit donc avec honneur les ambassadeurs d'Irène, et les rassura. Tout ce qu'il voulait, c'était que les Byzantins le reconnussent pour empereur d'Occident. Il souhaitait une coexistence pacifique entre les deux empires pour le bien de la chrétienté. C'était en somme la légitimation de son titre d'empereur qu'il demandait, nonobstant ses victoires, ses conquêtes, sa réputation d'invincibilité. C'est assez dire le prestige dont bénéficiait encore l'Empire byzantin !... L'année suivante (802), d'accord avec Léon III, Charlemagne envoya une ambassade à Byzance. Le comte Helmgaud et Jessé, évêque d'Amiens, la conduisaient. Elle avait pour mission de demander la main d'Irène et de négocier le mariage. En épousant l'impératrice, Charlemagne tranchait le dilemme ; son titre d'empereur devenait incontestable. Eût-il gouverné les deux empires désormais confondus, ou laissé Irène à Byzance ? La question ne se posa pas. Quand l'ambassade franque arriva à Byzance, la ville était en pleine sédition. L'impératrice Irène fut déposée et reléguée dans un couvent, où elle ne tarda pas à mourir. Elle fut remplacée par Nicéphore Ier. Le nouveau basiléus était un homme pondéré. Il lui fallait d'abord consolider son pouvoir, c'est-à-dire gagner du temps. Il reçut les ambassadeurs de Charlemagne et se déclara prêt à négocier. Il les renvoya donc en Francie, mais accompagnés de ses propres ambassadeurs. Les diplomates byzantins rencontrèrent Charlemagne en Thuringe, à Salz (803). Ils lui remirent un projet de traité et regagnèrent Byzance avec les contre-propositions de la Cour franque. Nicéphore refusa d'accorder le titre impérial à l'« usurpateur ».

Mais, entre-temps, une faction vénitienne avait sollicité l'assistance de Charlemagne. Or Venise était encore sous la domination byzantine. Que s'était-il passé ? Les doges Maurice et Jean essayaient de rendre leurs fonctions héréditaires. Ils se heurtaient à l'hostilité de plusieurs citoyens de marque, notamment les tribuns Félix et Obelierius, et surtout Jean qui était patriarche à la fois de Grado et de la Vénétie. Grado était une petite ville située aux confins de l'Istrie (qui était carolingienne) et du territoire de Venise (qui était byzantin). Les deux doges et leurs partisans s'emparèrent de Grado par surprise et précipitèrent le patriarche du haut d'une tour. Fortunat succéda à ce dernier. Il résolut de venger sa mémoire et de châtier les assassins. Les Vénitiens refusèrent de prendre parti ; le patriarche Fortunat se rendit à Salz pour y rencontrer Charlemagne et demander sa protection. Or les diplomates byzantins se trouvaient encore au palais. L'empereur accepta les cadeaux de Fortunat, mais ne s'engagea pas à l'aider. Il espérait alors obtenir l'accord du basiléus. Maurice et Jean achevèrent paisiblement leur mandat et restèrent impunis. Beatus et Obelierius leur succédèrent. À la fin de 805, les nouveaux doges, accompagnés d'une délégation dalmate, se présentèrent devant Charlemagne. Il avait alors reçu la réponse négative du basiléus Nicéphore. Or les Vénitiens et leurs alliés dalmates le reconnaissaient pour suzerain et réclamaient en échange sa protection. Il accepta. Pensait-il réellement annexer Venise et la Dalmatie ? C'est peu probable. La possession de Venise, même quelque peu fictive, présentait trop d'avantages pour les Byzantins !

C'est, très précisément, dans ce contexte international qu'il convient de situer le projet de partage de l'Empire carolingien (806). Si Charlemagne n'attribua pas le titre impérial à son fils aîné, c'est que Byzance ne l'avait pas encore reconnu. Charlemagne n'était qu'empereur de fait, non de droit. Il considérait donc son titre comme personnel, et non pas héréditaire !

Comme il était prévisible, Nicéphore n'accepta pas la perte de Venise et de la Dalmatie. Il réagit avec vigueur. Ses troupes, commandées par le patrice Nicétas, infligèrent une sanglante défaite à Pépin d'Italie. Les Vénitiens s'empressèrent d'abandonner le parti carolingien et de reconnaître l'autorité du basiléus. Le patriarche Fortunat fut chassé de Grado. Les Dalmates firent également leur soumission. Les hostilités reprirent en 808. Les Byzantins attaquèrent, d'ailleurs en vain, Comacchio, ville de l'exarchat de Ravenne. Le port de Populania fut pillé. Mais en 809 leur flotte fut repoussée par les Vénitiens embrassant à nouveau l'alliance carolingienne. Pépin d'Italie en profita pour occuper la Dalmatie, dont il fut bientôt délogé. La volte-face vénitienne incita Nicéphore à traiter. Il menait alors un combat difficile contre les Bulgares. L'éventualité d'un conflit généralisé le mettait en fâcheuse posture. Il envoya vers Pépin d'Italie une ambassade dirigée par le spathaire Arsaf. Pépin d'Italie étant mort (le 8 juillet 810), Arsaf s'apprêtait à repartir, quand il fut mandé par Charlemagne. La rencontre eut lieu à Aix-la-Chapelle. Cette fois, les Byzantins étaient décidés à négocier. Les grandes lignes d'un traité furent arrêtées. Charlemagne rétrocédait la Vénétie au basiléus et reconnaissait à ce dernier la possession de la côte dalmate. En contrepartie, le basiléus confirmait le titre impérial de Charlemagne. Une ambassade franque partit pour Byzance, avec pour chefs Haidon, évêque de Bâle, le duc de Frioul et Hugues, comte de Tours.

Nicéphore venait d'être tué dans une bataille contre les Bulgares (en juillet 811). Son fils, Staurace, fut contraint d'abdiquer après deux mois de règne. Il fut remplacé par son gendre Michel Curopalate, surnommé Rangabé. Le nouveau basiléus était pacifique. Il accueillit fort bien les envoyés de Charlemagne, approuva le projet de traité et demanda l'une des filles de Charlemagne en mariage pour son fils. Le spathaire Arsaf retourna donc en Francie. Charlemagne reçut les ambassadeurs byzantins avec de grands honneurs. Ils le complimentèrent en grec, en lui donnant le titre de basiléus (empereur). Charlemagne leur remit le traité signé et scellé au cours d'une cérémonie qui se déroula dans la chapelle d'Aix, en présence de toute la Cour. À force de patience, il avait enfin obtenu satisfaction et pouvait désormais s'intituler légitimement empereur. Il ne restait plus qu'à obtenir l'approbation définitive du basiléus Michel.

Nouvel incident de parcours. Lorsque l'ambassade franque arriva à Byzance, le basiléus avait été déposé et le nouvel empereur, Léon V l'Arménien, guerroyait contre les Bulgares. Il fallut attendre son retour. Par bonheur, Léon V était dans les mêmes dispositions que ses prédécesseurs, d'ailleurs pour les mêmes raisons. Il confirma le traité sans difficulté. L'ambassade franque repartit pour l'Europe, flanquée d'une délégation byzantine. Quand elle parvint à Aix, Charlemagne était mort !

Il ne vit donc pas l'heureuse conclusion des négociations entreprises depuis quatorze ans. À vrai dire, la confirmation du basiléus Léon V n'avait plus grande importance. Charlemagne ne l'avait pas attendue pour prendre le titre d'empereur des chrétiens. La coexistence pacifique de l'Empire d'Occident et de l'Empire d'Orient lui paraissait acquise. Il savait – le spathaire Arsaf le lui avait naguère signifié – que le basiléus continuerait à s'intituler empereur des Romains. Il laissait cette satisfaction illusoire aux Byzantins.

Une fois de plus, ses calculs s'étaient révélés justes. La possession de Venise avait été un moyen de pression décisif. L'âge n'entamait en rien son sens politique et son habileté.

III

LES FRONTIÈRES DE L'EMPIRE

L'une des préoccupations majeures de Charlemagne restait la sécurité des frontières. Il y consacra le reste de son règne. Bien qu'il désirât par-dessus tout la paix depuis qu'il était empereur, on peut bien dire qu'il ne cessa pourtant de guerroyer pour consolider les frontières de son empire et préserver ses côtes des attaques arabes et normandes.

Dans la marche d'Espagne, la guerre était permanente, l'émir de Cordoue ne renonçant pas à reconquérir les villes dont les Francs s'étaient emparés. Chaque année, ou presque, le comte de Toulouse franchissait les Pyrénées et lançait une expédition. Ces actions sporadiques tenaient les soldats en haleine et les Arabes en alerte, mais elles n'obtenaient pas toujours les résultats escomptés. Charlemagne décida de frapper un grand coup et incita son fils, Louis d'Aquitaine, à tenir une assemblée à Toulouse. Il y fut décidé d'assiéger Barcelone. La possession de ce port serait déterminante pour les Francs : elle priverait en effet les Arabes d'une base logistique de premier ordre. C'était à Barcelone que s'abritaient les flottilles de pirates infestant les côtes méditerranéennes. Le roi Louis rassembla une grande armée, formée d'Aquitains, de Basques, de Gascons, de Septimaniens et de Bourguignons. L'émir de Cordoue, al-Hakam, tenta en vain une diversion. Il dut se replier, sans même combattre. La famine contraignit les défenseurs à capituler. Louis d'Aquitaine fit son entrée à Barcelone. Il envoya à son père les étendards et le butin tombé entre ses mains. Il semble toutefois qu'il ne sut pas, ou ne voulut pas, exploiter sa victoire. Il se contenta de transformer la barrière pyrénéenne en forteresse inexpugnable. Quantité de chrétiens espagnols fuyant la persécution des Maures cherchaient un refuge. Louis les répartit entre Narbonne, Carcassonne, Béziers, Roussillon, Ampurias, Girone et Barcelone. Il leur octroya des terres et des exemptions fiscales, à condition qu'ils servissent dans son armée en cas de besoin. Il constituait ainsi un corps de réserve immédiatement et aisément mobilisable. Charlemagne approuva ces mesures, si même il ne les suscita pas. Il prit d'ailleurs ces réfugiés-soldats sous sa protection, interdisant formellement aux comtes de les dépouiller.

Cependant la possession de Barcelone ne mettait point la marche à l'abri des incursions maures. L'émir de Cordoue avait fait de Tortose une nouvelle base d'opérations. La Navarre restait sous sa domination. L'est et l'ouest de la marche, coupés du royaume chrétien des Asturies, étaient menacés. Le comportement des Basques attirait les soupçons : toute occasion de recouvrer leur indépendance leur paraissait bonne, fût-ce avec l'aide des Arabes, et leur christianisme était douteux. Louis d'Aquitaine résolut de prendre Tortose, toujours avec l'accord de son père ! Il se mit en route, au début de l'été 809, enleva Tarragone et fonça vers Tortose. L'effet de surprise fut manqué. Louis investit la ville par le nord et, au cours de la nuit, envoya un corps d'armée vers le sud pour la prendre à revers. Les Francs furent aperçus alors qu'ils traversaient l'Èbre. Surpris dans une vallée, comme à Roncevaux, ils se frayèrent un chemin au prix de lourdes pertes. Leur retraite désordonnée entraîna celle de l'armée. Charlemagne ressentit douloureusement cet échec qui lui rappelait la campagne de 778 et la mort de plusieurs fidèles. L'année suivante, Louis voulut prendre sa revanche et mobilisa à nouveau son armée. Son père en confia le commandement au comte Ingobert. Ce fut un nouvel échec : à l'issue d'une sanglante bataille, les Francs durent lever le siège de Tortose. Pourtant les pertes avaient été sévères des deux côtés et l'acharnement des Francs inquiétait l'émir al-Hakam. Charlemagne accepta de recevoir ses ambassadeurs : les négociations n'aboutirent pas. En 811, Louis reparut devant Tortose, avec une armée accrue des contingents envoyés par son père et dotés de matériel de siège. La ville capitula au bout de quarante jours. Mais, en 812, l'un de ses lieutenants ne put s'emparer de Huesca. En 813, Louis se rendit en Navarre et obtint la soumission de Pampelune. Les Francs ne progressèrent pas au-delà. Au terme de cette lutte incessante, la marche d'Espagne formait une bande de territoires continue de la Méditerranée à l'Atlantique, avec au sud-est un prolongement jusqu'à Tortose. Charlemagne projetait naguère de l'étendre jusqu'à l'Èbre qui eût formé une frontière naturelle. Telle quelle, la marche d'Espagne hérissée de places fortes et de châteaux constituait cependant un solide bastion protégeant l'Aquitaine et la Septimanie.

Mais l'émir de Cordoue détenait aussi des escadres redoutables, menaçait les îles et les côtes méditerranéennes. Embarquant des chevaux, ses marins se changeaient en cavaliers et razziaient impunément. La Corse, mal défendue, était particulièrement visée. Charlemagne ne pouvait se désintéresser de cette grande île, dont la valeur stratégique ne lui avait pas échappé, et moins encore y laisser les Arabes s'installer. En 806, Pépin d'Italie reçut l'ordre de réunir une escadre. La Corse fut libérée, une première fois. L'année suivante, Charlemagne y envoya le connétable Burchard. Il détruisit une grande partie de la flotte ennemie. Les Arabes revinrent néanmoins en 809 et en 810, ravageant de fond en comble les villes et villages, emmenant en esclavage de nombreux captifs.

Sur ces entrefaites, le sultan Ibrahim ben Agab mit fin à l'anarchie qui divisait l'Afrique du Nord en fondant la dynastie Aghlabide. Son premier ouvrage fut de rassembler une puissante flotte. La Sicile et l'Italie se trouvaient directement menacées. Charlemagne envoya son cousin Wala pour aider Léon III à organiser sa défense. Il invita le patrice byzantin de Sicile à conjuguer ses efforts avec ceux des Francs. Par chance, en 813, une énorme tempête engloutit la flotte d'Ibrahim. Les Maures d'Espagne n'en revinrent pas moins en Corse, mais, en regagnant l'Espagne, ils furent battus par le comte d'Ampurias dans l'île de Majorque.

Cette guerre sur mer était aussi coûteuse et acharnée que la guerre terrestre. Ses résultats furent décevants. Charlemagne dut racheter des milliers de captifs. Il parvint toutefois à protéger les côtes de son empire des incursions maures. À bout de souffle, l'émir de Cordoue se résigna à demander à nouveau la paix. Un traité fut signé en 812. Trois ans après, quand il eut reconstitué ses escadres, al-Hakam le dénonça.

Pour Charlemagne, les Normands étaient un autre souci. Le moine de Saint-Gall raconte que l'empereur s'étant arrêté dans une villa pour dîner, une de leurs flottilles fut signalée. Son entourage[1] prétendit qu'il s'agissait de marchands juifs ou bretons.

« Ces vaisseaux, eût dit l'empereur, ne sont point chargés de marchandises, mais remplis de cruels ennemis. »

Il avait identifié les navires à leur construction et à l'agilité de leurs manœuvres, selon Notker. Il était à la vérité facile de reconnaître les drakkars ; ils ne pouvaient certes être confondus avec des nefs de commerce ! La petite escadre vira soudain de bord et disparut avec « une inconcevable rapidité ».

1. Il situe inexactement la scène en Narbonnaise !

« Le religieux Charles cependant, saisi d'une juste crainte, se levant de table, se mit à la fenêtre qui regardait l'orient, et demeura très longtemps le visage inondé de pleurs. Personne n'osant l'interroger, ce prince belliqueux, expliquant aux grands qui l'entouraient la cause de son action et de ses larmes, leur dit : "Savez-vous, mes fidèles, pourquoi je pleure si amèrement ? Certes, je ne crains pas que ces hommes réussissent à me nuire par leurs misérables pirateries ; mais je m'afflige profondément que, moi vivant, ils aient été tout près de toucher ce rivage, et je suis tourmenté d'une violente douleur quand je prévois de quels maux ils écraseront mes neveux et leurs peuples." »

Les larmes de Charlemagne sont évidemment symboliques. Le petit récit de Notker traduit en effet une angoissante réalité : il est sûr que Charlemagne pressentit le danger normand et s'efforça de le prévenir. Les Normands occupaient alors le Danemark, le sud de la Norvège et de la Suède. Ce n'étaient point les Barbares forcenés que dépeignent les chroniques. Ils étaient organisés, vivaient de pêche, de culture et de commerce. Ils obéissaient à un roi. Charlemagne avait eu de bons rapports avec eux. Bien qu'ils aient accordé plus d'une fois asile au rebelle Widukind, ils n'avaient pris aucune part à la guerre saxonne. Soudain leur comportement changea. Sans doute poussés par la nécessité, les paisibles marchands de Normanie se muèrent en pirates. Ils agressèrent les ports de part et d'autre de la Manche, bordèrent les côtes atlantiques. Ils s'en prirent aux îles d'Oléron et de Ré ; on les vit sur la Seudre et la Garonne. Les habitants, encadrés par les comtes aquitains, les repoussèrent et coulèrent plusieurs de leurs bateaux. Ce n'était que la première tentative ; on pouvait prévoir un retour en force. Avant de se rendre à Rome, Charlemagne inspecta les côtes de la Manche et les mit en état de défense. En 802, il prescrivit une surveillance systématique de tout le littoral de la Francie, avec des vaisseaux armés en guerre. Les habitants étaient associés à cette mesure de protection et punis d'amendes en cas de négligence. Les Normands se tinrent tranquilles, ou passèrent au large. En 804, l'attitude des Saxons habitant la Wigmodie (la région de Brême) obligea Charlemagne à intervenir. C'étaient les voisins immédiats des Normands. Tout laissait penser qu'ils pactisaient avec ces derniers et, forts de leur appui, préparaient une rébellion. Charlemagne recourut au moyen extrême : il déporta plusieurs milliers de familles. Envoyées en Francie de l'Ouest, on leur attribua des terres. Godefried, roi des Normands, prit fait et cause pour les vaincus. Il donna asile aux fugitifs. Charlemagne attribua la Wigmodie aux Abodrites, sur la fidélité desquels il pouvait compter. Godefried rassembla sa flotte et sa cavalerie à Sliesthorp, dans l'intention évidente de combattre. Charlemagne se trouvait non loin de là. Il proposa une rencontre à Godefried. Ce dernier ne donna pas suite à cette proposition, mais n'osa attaquer. Il préférait attendre le départ du puissant empereur ! En 808, il envahit brusquement le territoire des Abodrites, chassa leur roi, ravagea plusieurs de leurs cités et leur imposa tribut. Charlemagne se trouvait à Aix-la-Chapelle, quand il apprit cette agression. Il expédia aussitôt son fils Charles en Saxe, avec une forte armée. Charles reprit possession de la Wigmodie, la rendit aux Abodrites et restaura leur roi. Godefried ne bougea pas. Il se contenta de bâtir un retranchement au sud du Danemark, entre la mer du Nord et la Baltique. Pour gagner du temps, il engagea même des pourparlers de paix avec l'empereur. Ce qui ne l'empêcha pas de faire assassiner le roi des Abodrites, après l'avoir attiré dans un piège. Charlemagne fit alors construire sur un affluent de l'Elbe, en face du retranchement de Godefried, une grande place forte. Francs et Normands purent s'observer à loisir ! Mais Godefried manquait de patience. Ne pouvant forcer la défense franque, il envoya deux cents navires ravager les îles frisonnes. On apprit par des espions qu'il se vantait de conquérir promptement la Frise et la Saxe et même de paraître sous peu devant le palais d'Aix-la-Chapelle ! Cette arrogance provoqua le courroux de l'empereur. Il retrouva son ardeur combative, mobilisa ses meilleures troupes, ordonna à Louis de rester en Aquitaine pour surveiller les côtes, fit fortifier les embouchures des fleuves et des rivières, et, accompagné de Charles, marcha vers la Saxe. Il avait atteint le camp de Verden, lorsqu'il apprit la mort de Godefried, assassiné par un de ses officiers. Une fois de plus la chance le servait. Une épidémie décimait en effet les bovins dans toute l'Europe. Les bœufs destinés à nourrir l'armée venaient de périr.

L'opportune disparition de Godefried ouvrit une période d'anarchie. Hemming, son successeur, demanda à traiter. La paix fut signée en 811, ce qui n'empêcha pas Charlemagne de mettre sur pied une grande flotte capable d'affronter à tout moment les Normands. Elle se rassemblait à Boulogne. Charlemagne vint l'inspecter. Il fit en cette circonstance remettre en état de fonctionnement le phare construit par les Romains. À la fin de la même année 811, Hemming mourut. S'ensuivit une sanglante révolution, dont les vainqueurs, Hériold et Rogenfried, s'empressèrent de négocier avec les Francs. Renversés en 813, ils se placèrent sous la protection de Charlemagne. L'anarchie continuant chez les Normands, tout danger semblait, momentanément, écarté. Charlemagne aurait pu les vaincre et détruire leurs escadres. Il s'abstint.

Tous les peuples habitant la rive droite de l'Elbe, les Linons, les Wilzes, les Sorabes et les Bohémiens, avaient été soumis. Mais, songeant à l'avenir, c'était sur ce fleuve que Charlemagne avait établi la vraie frontière de son empire. Il en fortifia la rive gauche depuis la Normanie jusqu'à la forêt de Bohême. Cette ligne de châteaux et de camps retranchés rejoignait la Bavière et la Carinthie qui touchaient elles-mêmes au duché de Frioul. Ainsi, de la mer du Nord à l'Adriatique, l'Empire était à l'abri d'un *limes* analogue à celui des Romains. En outre, le commandement militaire d'Avarie, avec son propre système de défense, séparait les Slaves du Nord de ceux du Sud et tenait les uns et les autres en respect. L'Empire ressemblait à une vaste forteresse. Au-delà de l'Elbe, de l'Avarie et des quelques peuples tributaires énumérés plus haut, c'était l'inconnu. On ne savait rien de ces terres lointaines, sinon que jadis les envahisseurs barbares en étaient partis.

IV

HAROUN AL-RACHID

L'influence de Charlemagne, entretenue par des échanges diplomatiques plus fréquents qu'on ne l'imagine, s'étendait au royaume des Asturies, à la tétrarchie de Grande-Bretagne, au califat de Bagdad, à Jérusalem. Le roi des Asturies, Alphonse II le Chaste, n'avait cessé d'être son fidèle allié ; il le reconnaissait quasi comme suzerain. Charlemagne intervint à plusieurs reprises dans les affaires d'Angleterre. Offa, roi de Murcie, avait érigé l'évêché de Lichfied en archevêché, au détriment de celui de Cantorbury. Charlemagne obtint de Cenulf, successeur d'Offa, le rétablissement des droits de l'archevêque de Cantorbury et mit fin à une crise religieuse assez grave. Il aida Egbert, prince saxon auquel il donnait asile depuis plusieurs années, à remonter sur le trône du Wessex, en 802. Lorsque Easdulf, roi de Northumbrie, fut chassé de ses États à l'instigation de l'archevêque d'York, Charlemagne, avec l'accord de Léon III, lui rendit le pouvoir. Les rois anglais ne le reconnaissaient pas pour maître, mais ils recouraient à son arbitrage et ils avaient besoin de sa protection contre les Normands. Quant aux prélats, de même que les évêques de Francie, ils le considéraient comme Gouverneur de la chrétienté à égalité avec le pape.

Les chrétiens, prêtres et moines, qui vivaient à Jérusalem, les pèlerins qui se rendaient dans la Ville sainte, tournaient aussi leurs regards vers Charlemagne. Les Arabes occupaient la Palestine depuis un siècle et demi. Ils manifestaient à l'égard des chrétiens une tolérance relative, respectaient à peu près les églises et les monastères qu'ils avaient construits. Cependant, en 796, ils mirent à sac le couvent de Saint-Saba et tuèrent dix-huit moines. Charlemagne en fut informé, sans doute par des pèlerins rentrés en Europe. Cette nouvelle l'émut profondément. Il envoya aussitôt une ambassade à Bagdad, pour demander au calife Haroun al-Rachid de mettre fin à ces pillages. Cette ambassade avait pour chefs Sigismond et Lantfrid, peut-être deux comtes palatins, assistés d'un interprète, le Juif Isaac. Sans doute aussi était-elle chargée de distribuer des secours aux chrétiens et de remettre des présents à Georges, patriarche de Jérusalem, car elle s'arrêta dans la Ville sainte. Le patriarche s'empressa de manifester sa reconnaissance. Ses envoyés, le prêtre Zacharie et deux moines, débarquèrent en Italie. Ils arrivèrent à Rome le soir du couronnement et remirent à Charlemagne les clefs du Saint Sépulcre et du Calvaire, ainsi que l'étendard de Jérusalem. Ces « clefs » étaient des distinctions analogues aux clefs de Saint-Pierre, dont le pape honorait les grands serviteurs de l'Église. L'étendard de Jérusalem n'avait aucune signification politique. En le remettant au nouvel empereur, Zacharie ne lui demanda pas d'assurer la défense de la Ville sainte ; il lui transmit la bénédiction du patriarche et le remercia de son aide. Néanmoins l'hommage du patriarche Georges fit une grosse impression. Nul ne douta dès lors que Charlemagne, se substituant à l'empereur byzantin, ne prît les chrétiens d'Orient sous sa protection. Certains rêvèrent sans doute d'une intervention militaire qui eût abouti à la délivrance des Lieux saints. De là naquit plus tard la légende d'une croisade de l'empereur en Palestine, légende reprise en compte par Primat dans *Les Grandes Chroniques de France*. Charlemagne avait trop le sens des réalités, il connaissait trop bien ses limites, pour envisager une expédition de cette nature ! En tout cas, l'alliance effective du basiléus lui eût été nécessaire ; or, ce dernier éprouvait assez de difficultés à défendre ses frontières contre les Arabes et les Bulgares !

En 801, alors que s'achevait son voyage en Italie et qu'il s'apprêtait à franchir les Alpes, on lui annonça l'heureuse conclusion des négociations avec le calife de Bagdad et le retour du Juif Isaac. Sigismond et Lantfrid étaient morts au cours du voyage. Cependant Isaac avait mené à bonne fin les entretiens avec Haroun al-Rachid. Il attendait sur la côte africaine, avec les magnifiques présents rapportés de Bagdad. Charlemagne lui envoya quelques navires. Retardé par la fonte des neiges, Isaac ne se présenta qu'en juillet 802 à Aix-la-Chapelle. Il remit solennellement à l'empereur les somptueux présents que lui destinait le calife, parmi lesquels un éléphant nommé Aboul-Abbas. C'était la première fois que l'on voyait cet animal en Europe. Il stupéfia l'assistance. Aboul-Abbas prit place dans la ménagerie du palais. Charlemagne l'aimait beaucoup, voyant peut-être en lui l'image de sa propre puissance, le symbole de sa force tranquille.

Cependant les engagements souscrits par Haroun al-Rachid furent imparfaitement tenus. Il est probable que le calife ne contrôlait pas complètement les mouvements des nomades pillards. Les établissements religieux de Jérusalem furent à nouveau victimes d'une agression assez grave pour que le patriarche Georges fît une seconde démarche auprès de Charlemagne. Il lui envoya deux moines, qui le rejoignirent à Salz. À la suite de quoi, une nouvelle ambassade franque partit pour Bagdad, en passant par Jérusalem. Éginhard prétend qu'Haroun al-Rachid préférait l'amitié de Charlemagne à l'alliance de tous les souverains de la terre, et qu'il le regardait comme le seul auquel il dût accorder des marques d'honneur et de munificence ! Il oubliait, ou ignorait, que Pépin le Bref avait naguère entretenu des relations avec le calife al-Mansur ; qu'il existait une tradition de courtoisie entre les rois francs et les « Portes ». Aussi, ajoute-t-il, « lorsque les ambassadeurs que Charles avait envoyés avec des présents pour visiter le tombeau sacré de notre divin Sauveur et le lieu de la résurrection se présentèrent devant lui et lui exposèrent la volonté de leur maître, il ne se contenta pas d'accueillir la demande du roi, mais il voulut encore lui concéder l'entière propriété de ces lieux consacrés par le mystère de notre rédemption ».

Ces dernières lignes ont suscité des interprétations diverses. On a supposé que le calife avait accordé à Charlemagne pleine souveraineté sur Jérusalem. Haroun avait certes un noble caractère et le cœur généreux. Mais il était musulman et Jérusalem lui était à ce titre aussi chère qu'aux chrétiens. Comment aurait-il pu oublier la vénération dont ses coreligionnaires entouraient la mosquée d'Omar ? Éginhard avait pourtant pris soin de préciser la nature de la concession faite par Haroun : « ces lieux consacrés par le mystère de notre rédemption » ; c'est-à-dire le Saint Sépulcre et non la ville de Jérusalem. Charlemagne devenait propriétaire du caveau du Christ, le gardien de ce lieu sacré entre tous. Cette restriction n'atténue nullement l'hommage rendu par le chef suprême des musulmans au chef des chrétiens. Il faut souligner toutefois qu'il était de l'intérêt d'Haroun de conserver l'amitié de Charlemagne. Le califat de Bagdad était affaibli par la dissidence des Maures d'Espagne, et l'Empire de Byzance était son voisin. Il lui fallait donc ménager le maître de l'Occident. Ils avaient en tout cas l'émir de Cordoue pour ennemi commun. La diplomatie ne perdait pas ses droits : Haroun jouait Charlemagne contre l'émir rebelle ; Charlemagne jouait Haroun contre Byzance.

En 807, une ambassade conduite par Abdallah et accompagnée par des représentants du patriarche de Jérusalem se présenta à Aix-la-Chapelle. « Ils offrirent à Charles les présents que lui envoyait le roi de Perse, et qui consistaient en un pavillon et en tentures d'appartement d'une dimension et d'une beauté merveilleuses. Le tout était en étoffe de lin, et les tentures, aussi bien que les cordes, étaient teintes en diverses couleurs. Il y avait aussi parmi ces présents du roi de Perse de nombreux vêtements de soie d'un grand prix, des parfums, des aromates, du baume, et une horloge de bronze doré, construite avec un art admirable. Un mécanisme mû par l'eau marquait le cours des douze heures, et au moment où chaque heure s'accomplissait, un nombre égal de petites boules d'airain tombaient sur un timbre placé au-dessous et le faisaient tinter par leur chute. Il y avait encore douze cavaliers qui, lorsque les douze heures étaient révolues, sortaient par douze fenêtres, en fermant derrière eux, dans le choc de leur sortie, ces fenêtres qui étaient ouvertes auparavant. On admirait encore beaucoup d'autres merveilles dans cette horloge, mais il serait trop long de les rapporter ici. Il y avait aussi parmi ces présents deux candélabres d'airain d'une beauté et d'une grandeur admirables... » (Éginhard). L'ambassade d'Haroun resta dans toutes les mémoires, car Notker de Saint-Gall s'en fait l'écho. Il dit que Charlemagne, ayant revêtu sa tenue d'apparat pour recevoir les envoyés d'Haroun, leur parut si imposant « qu'ils crurent n'avoir vu avant lui ni roi ni empereur », ce qui est peut-être un peu exagéré ! Il dit encore que, regardant les palatins dans leurs vêtements de cérémonie, ils déclarèrent : « Jusqu'à présent nous n'avions vu que des hommes de terre, mais aujourd'hui nous en voyons d'or. » Il est probable que les Francs, peu familiarisés avec la politesse orientale, prenaient ces flatteries au sérieux. Le moine de Saint-Gall raconte encore que Charlemagne offrit une chasse à ses hôtes. Ignorant la crainte et oubliant son âge, il dégaina, chargea un cerf, le blessa et eut la cuisse éraflée par les bois. L'un de ses fidèles acheva la bête d'un coup de javelot. Évoquant les présents d'Haroun, singes, nards, parfums et drogues, « il semblait, dit-il, qu'ils en eussent épuisé l'Orient pour en remplir l'Occident ». Et il prête ces paroles aux envoyés du calife :

« Certes, empereur, votre puissance est grande, mais elle est bien moindre cependant que celle que la renommée en a publié dans les royaumes d'Orient. »

— Pourquoi, mes enfants, parlez-vous ainsi ? leur eût demandé Charlemagne. D'où vous vient une pareille pensée ? »

Ils racontèrent leur voyage depuis Bagdad, et déclarèrent :

« Nous autres, Persans, Mèdes, Arméniens, Indiens et Élamites, nous vous craignons plus que notre propre maître Haroun... Mais les grands de ce pays ne nous semblent pas assez soigneux de vous plaire, si ce n'est en votre présence ; et en effet quand, comme voyageurs, nous les avons suppliés de faire quelque chose en notre faveur, par respect pour vous que nous venions chercher de si loin, ils nous ont renvoyés sans nous écouter et les mains vides. »

L'empereur eût pris des sanctions contre les comtes et les évêques fautifs. Du moins Notker l'affirme. Mais il tombe sous le sens qu'il fabule, entraîné par un enthousiasme rétrospectif. Il est en revanche certain qu'en vertu de ses accords avec Haroun al-Rachid Charlemagne put faire bâtir un hospice et un couvent à proximité du Saint Sépulcre, envoyer des moines à Jérusalem et secourir les chrétiens de ses subsides. « Toujours prêt à secourir les pauvres, poursuit Eginhard, ce n'était pas seulement dans son pays et dans son royaume qu'il répandait ces libéralités gratuites que les Grecs appellent aumônes : mais au-delà des mers, en Syrie, en Égypte, en Afrique, à Jérusalem, à Alexandrie, à Carthage, partout où il savait que les chrétiens vivaient dans la pauvreté, il compatissait à leur misère et leur envoyait de l'argent. S'il cherchait avec autant de soin l'amitié des rois d'outre-mer, c'était surtout pour procurer aux chrétiens vivant sous leur domination des secours et du soulagement. » En protégeant les minorités chrétiennes, il restait dans son rôle de Gouverneur de l'Église.

V

LE TESTAMENT DE 811

Son ami Alcuin était mort en 804, dans le monastère de Saint-Martin de Tours, après une longue et douloureuse maladie. Il avait été son principal conseiller, en particulier pour les affaires ecclésiastiques, et le promoteur du parti impérial avant le couronnement. Retiré dans son monastère, il était resté en correspondance avec son ancien maître, lequel supportait difficilement son éloignement. En 810, Charlemagne perdit sa sœur Gisèle, abbesse de Chelles, et sa fille Rotrude, naguère fiancée au basiléus Constantin VI. Pépin d'Italie mourut la même année, le 8 juillet, à trente-trois ans : il laissait un fils, Bernard, et cinq filles. Charlemagne en ressentit un chagrin profond. Au dire d'Éginhard, il les pleura même sans retenue. Ce manque de « fermeté d'âme » surprit sans doute les palatins. Ils connaissaient pourtant la tendresse de l'empereur pour sa famille.

Les hommes de cette époque étaient attentifs aux signes. L'année 810 en fut remplie. Les deuils successifs qui frappaient Charlemagne, l'épidémie qui sévissait en Europe, la destruction du superbe pont de Mayence[1], la

1. Cet ouvrage d'art qui permettait de traverser le Rhin était considéré comme le chef-d'œuvre de Charlemagne, avec le palais d'Aix-la-Chapelle. Il avait fallu dix ans pour le construire. Il fut détruit en quelques heures par un incendie, car il était en bois.

mort même de l'éléphant Aboul-Abbas semblaient autant de présages, éveillaient les superstitions. Plus encore la chute de cheval de l'empereur, pendant la campagne contre Godefried, roi des Normands, chute dont la cause paraissait inexplicable. Éginhard : « Un jour qu'étant sorti du camp avant le lever du soleil il venait de se mettre en marche, il vit tout à coup descendre du ciel un météore d'une lumière éclatante qui, par un temps serein, traversa l'air de droite à gauche, et, pendant que tout le monde admirait ce prodige et cherchait à l'interpréter, le cheval, sur lequel le roi était monté, tomba la tête en avant et le renversa à terre avec tant de violence, que l'agrafe de sa saie en fut arrachée, son baudrier brisé, et que lui-même, après avoir été sur-le-champ débarrassé de ses armes par les officiers qui l'entouraient, ne put se relever sans leur aide. Un javelot, qu'il tenait par hasard à la main au moment de l'accident, fut emporté si loin qu'on ne le retrouva qu'à une distance de plus de vingt pieds. » Il s'agissait vraisemblablement d'un éclair ; les témoins de l'accident y virent un mystérieux avertissement. Depuis lors, il est vrai, l'empereur boitait. Sa santé s'altérait. Il était sujet à des accès de fièvre, dont les médecins ne pouvaient détecter la cause et qu'ils essayaient de soigner par la diététique. Éginhard : « Dans ces temps de souffrance, il se traitait plutôt à sa fantaisie que d'après les conseils de ses médecins, qui lui étaient devenus presque odieux parce qu'ils lui défendaient les rôtis auxquels il était habitué, pour l'astreindre à ne manger que des viandes bouillies. » Ses douleurs et ses infirmités ne l'empêchaient d'ailleurs pas de se livrer à ses sports favoris avec une fougue quasi juvénile : la chasse et la natation. On eût dit qu'il ne consentait pas à vieillir, bien que la fatigue crût en lui et qu'il préférât la vie sédentaire aux déplacements incessants. Éginhard signale que, dans la même période, la terre trembla à Aix-la-Chapelle et que la foudre abattit la boule d'or qui ornait le faîte de la basilique.

Charlemagne affectait de ne pas croire aux présages. Pourtant ces événements successifs l'amenèrent à prendre ses précautions. Il redoutait moins la mort que ses conséquences. Il décida donc de faire son testament. Ce document, recopié par Éginhard et que je voudrais citer en entier, commence de la sorte : « Au nom du Seigneur Dieu tout-puissant, le Père, le Fils et le Saint-Esprit. Inventaire et partage faits par le très glorieux et très pieux Seigneur, Charles empereur auguste, l'an de l'incarnation de Notre-Seigneur Jésus-Christ 811 ; la quarante-troisième année de son règne en Francie, la trente-septième de son règne en Italie, la onzième de son empire, la quatrième de l'indiction. Ce partage, que des considérations de piété et de prudence l'ont engagé à faire et qu'il a, grâce à Dieu, accompli, comprend l'argent et tous les trésors qui se sont trouvés dans sa chambre[1]. Par cet acte, il a voulu surtout pourvoir non seulement à ce que la distribution d'aumônes que les chrétiens ont coutume de faire solennellement avec leurs biens, se fît pour lui par ses propres deniers d'une manière régulière et raisonnable, mais encore à ce que ses héritiers, n'ayant désormais aucune incertitude sur ce qui devait leur revenir, pussent reconnaître clairement et se partager, suivant la division établie, sans procès ni contestation, leurs parts respectives. C'est donc dans cette intention et dans ce but que tous les objets tant en or qu'en argent, toutes les pierres précieuses et les ornements royaux que l'on a pu, comme il est dit, trouver ce jour-là dans sa chambre, ont été divisés par lui d'abord en trois grands lots ; et qu'ensuite, subdivisant ces lots, il a fait des deux premiers vingt et une parts, et réservé le troisième en son entier… »

---

1. Il s'agit de la *camera*, c'est-à-dire de l'ensemble des salles où s'entassaient les trésors de Charlemagne et dont le chambrier avait la garde.

La double part des deux premiers lots était destinée aux vingt et une métropoles de l'Empire. Leur liste est intéressante à connaître : Rome, Ravenne, Milan, Fréjus, Grado, Cologne, Mayence, Salzbourg, Trèves, Sens, Besançon, Lyon, Rouen, Reims, Arles, Vienne, Moûtiers en Tarentaise, Embrun, Bordeaux, Tours et Bourges. On explique assez bien l'omission d'Éauze, dont la basilique avait été détruite, ou d'Aix qui avait été rattachée à Bordeaux, mais non de la métropole de Narbonne, si ancienne et si importante. Était-ce une omission volontaire ?

Chacune des parts fut placée dans un coffre séparé, portant l'inscription de la ville à qui elle était destinée. Les coffres furent scellés devant témoins. Quant au troisième lot, l'empereur s'en réservait l'usage sa vie durant. Il prescrivit toutefois qu'après sa mort[1] on en fît quatre parts :

— la première devait être ajoutée à celles des églises métropolitaines ;

— la seconde devait être répartie entre ses fils, ses filles et ses petits-enfants, « d'une manière juste et raisonnable » ;

— la troisième serait consacrée aux pauvres ;

— la quatrième serait partagée entre les serviteurs et les servantes du palais.

Charlemagne adjoignit toutefois à ce troisième lot – composé comme les deux autres d'or, d'argent et de pierreries – « tous les ustensiles d'airain, de fer ou d'autre métal, les armes, les vêtements, tous les objets mobiliers plus ou moins précieux destinés à divers usages, tels que courtines, couvertures, tapisseries, étoffes de laine, cuirs, selles et tout ce qui sera trouvé

---

1. Éginhard écrit textuellement : « après sa mort ou son renoncement volontaire aux choses de ce monde ». On a supposé que Charlemagne avait eu, un moment, l'intention de se retirer dans un couvent après avoir abdiqué, comme le fit plus tard Charles Quint !

dans la chambre et dans son vestiaire ce jour-là, afin que la quantité des parts en soit augmentée et qu'ainsi la distribution de l'aumône puisse s'étendre à un plus grand nombre ». Les ornements de la chapelle du palais étaient hors partage. Par contre, les livres de la bibliothèque impériale devaient être vendus au profit des pauvres. Charlemagne possédait aussi trois tables d'argent et une table d'or. La première était carrée et représentait la ville de Constantinople : il en fit don à la basilique Saint-Pierre de Rome. La deuxième représentait la Ville éternelle : il la destina à la cathédrale de Ravenne, ainsi que la troisième formée de trois plateaux représentant l'univers. La table d'or fut ajoutée au troisième lot.

Ces précisions, pour fastidieuses qu'elles soient, donnent quelque idée des richesses accumulées par Charlemagne pendant son long règne. Vingt-sept évêques, abbés et comtes souscrivirent cet acte et jurèrent de veiller à son exécution.

On aura noté que ce testament ne concernait que le trésor de la chambre considéré comme une propriété personnelle, et non comme le trésor de l'État. Il n'avait aucune implication politique. Le partage de 806 restait donc valable : cependant Charlemagne n'avait pris aucune décision relativement à la succession de Pépin d'Italie. Cette attitude s'explique par le fait que Bernard, fils du défunt roi d'Italie, n'était pas encore en âge de régner

À la fin de 811, un nouveau malheur accabla l'empereur. Son fils aîné, Charles, mourut soudainement ; il avait trente-neuf ans, de grandes capacités et une solide expérience de la guerre. Ce décès brutal bouleversait la situation. Désormais Charlemagne n'avait plus qu'un fils : Louis, qui était roi d'Aquitaine. Mais, attendant le résultat des négociations avec le basiléus, il ne voulait pas investir Louis d'un titre dont la légitimité restait en suspens. Sentant ses forces décliner et le basiléus ayant donné son accord, il prit enfin sa décision. Différer davantage risquait de compromettre l'œuvre qu'il avait accomplie et dont il tenait à ce qu'elle lui survécût. La mort de Pépin et celle de Charles, quelque cruelles qu'elles parussent, assuraient néanmoins l'unité de l'Empire, maigre consolation ! Au début de l'automne 813, il fit venir Louis de son royaume d'Aquitaine et convoqua tous les grands de l'Empire, ecclésiastiques et laïcs. Cette assemblée se réunit à Aix-la-Chapelle. Charlemagne vanta les mérites et la loyauté de Louis et demanda aux grands s'ils étaient d'avis qu'il lui léguât son titre d'empereur. Tous répondirent que « c'était l'ordre de Dieu ». Cette approbation unanime remplaçait l'élection, suivie de l'acclamation, des anciens rois francs. À vrai dire, ce n'était plus qu'une formalité, mais la tradition était sauve ! Charlemagne exhorta ensuite l'assistance, « avec douceur et bienveillance », à se montrer fidèle envers son fils. Tous acquiescèrent…

Nous voici maintenant dans la chapelle du palais, ce dimanche 11 septembre 813. Les évêques, les comtes palatins, une foule nombreuse en habits de fête se pressent dans la nef et dans l'octogone. On voit s'avancer le vieil empereur soutenu par son fils. Il a coiffé la couronne impériale aux gemmes étincelantes. Il porte ses habits d'apparat, brodés d'or. Il s'agenouille lentement devant le maître-autel. Louis s'agenouille près de lui. Tous deux prient longuement. Puis Charlemagne se relève et, se tournant vers son fils, il l'invite « à craindre et à aimer le Dieu tout-puissant, à observer en tout Ses préceptes, à bien gouverner l'Église de Dieu et à la protéger contre les hommes pervers ». Parlant d'une voix forte, de manière à être entendu par tous, il lui recommande de montrer une clémence inépuisable envers ses frères et sœurs plus jeunes que lui, envers ses neveux et tous ses proches, d'honorer les prêtres, d'aimer ses peuples comme ses enfants, de contraindre les superbes et les méchants à marcher droit, d'être le consolateur des pauvres et des religieux. Il lui conseille de bien choisir ses serviteurs, de ne dépouiller injustement aucun homme de ses honneurs et bénéfices, et de se montrer lui-même irréprochable aux yeux de Dieu et de ses sujets. Il lui demande ensuite s'il est prêt à appliquer ces préceptes. Louis répond qu'il le fera volontiers, avec l'aide de Dieu.

Alors son père lui montre une couronne neuve qu'il a fait déposer sur l'autel. Il lui ordonne de la prendre[1], de la soulever de ses propres mains et de la placer sur sa tête. Ainsi ce ne sont pas les évêques, ou le représentant du pape, qui couronnent Louis. Ce n'est pas davantage son père. C'est lui-même qui se couronne, avec la permission de celui-ci, et c'est donc de lui seul qu'il tient l'Empire. Il y a là une grande différence avec le couronnement à Rome. En cette circonstance mémorable, Charlemagne manifeste très clairement son intention. Il ne veut pas que l'Église s'arroge le droit de faire les empereurs, tout en recommandant à Louis de la protéger et de la gouverner. Une messe solennelle clôt la cérémonie. Puis les deux empereurs regagnent le palais, le jeune soutenant le vieux, tous deux vêtus d'or et couronnés. La foule les acclame d'un même cœur.

Charlemagne avait profité de la réunion des grands pour régler le sort de l'Italie. Il fit reconnaître pour roi le prince Bernard, son petit-fils, qui fut envoyé à Pavie afin d'y prendre possession de son trône. Charlemagne le plaça néanmoins sous la tutelle d'Adalhard, son parent. On crut qu'il partagerait le pouvoir avec le second empereur. Mais il ne voulait pas lâcher les rênes. Comme écrit plaisamment Thegan[2], il « lui permit de retourner en Aquitaine ». Ce qui signifie que Louis fut renvoyé à Toulouse pour y être, comme par le passé, le lieutenant de son père. « Quelques

1. C'est la version de Thegan, historien de Louis le Pieux. Selon Éginhard, ce fut Charlemagne qui imposa le diadème à son fils, ce qui ne change rien au fond du problème.
2. Voir Bibliographie.

jours après, conclut Thegan, Charlemagne l'honora de présents magnifiques. Avant de se séparer, ils se serrèrent mutuellement dans leurs bras et s'embrassèrent, commençant à pleurer à cause de leur tendre amour. Louis partit pour l'Aquitaine, et le seigneur empereur maintint la gloire de son trône et de son nom d'une manière digne de lui. » Quelle qu'eût été la déception de Louis, il n'en était pas moins l'héritier déclaré, reconnu et couronné, de l'Empire. Charlemagne, l'ayant associé au trône, continuait à exercer le pouvoir. Hugues Capet en fera autant de son fils, Robert le Pieux, et lui aussi continuera de gouverner jusqu'à sa mort.

VI

MORT DE CHARLEMAGNE

Selon Thegan, après le départ de son fils pour l'Aquitaine, « le seigneur empereur ne fit plus que s'occuper de prières et d'aumônes, et corriger des livres. En effet, l'année qui précéda sa mort, il avait soigneusement corrigé, avec des Grecs et des Syriens, les quatre Évangiles de Jésus-Christ, intitulés Évangiles selon saint Matthieu, selon saint Marc, selon saint Luc et selon saint Jean ». Il est probable en effet qu'aux approches de la mort, l'empereur redoubla de piété. Que, méthodique en toutes choses, il prépara son passage dans l'au-delà. Pour autant il ne changea rien à son mode de vie. Il n'essaya pas non plus de remettre un peu d'ordre dans le palais où la licence était sinon permise, du moins tolérée. Après la mort de sa dernière femme légitime, la reine Liutgarde, morte en 800, il avait eu successivement, comme on a dit, quatre concubines, peut-être épousées suivant le rite germanique, encore que cela soit douteux. Elles lui avaient donné plusieurs enfants. Thierry, le dernier fils de l'empereur, avait alors trois ans ! Toute cette marmaille grandissait au palais, élevée avec les filles de Pépin d'Italie que Charlemagne avait fait venir après la mort de celui-ci. Les princesses nées de la reine Hildegarde et de la reine Fastrade n'avaient point quitté leur père. Elles lui étaient toujours aussi chères, bien que la conduite de certaines d'entre elles prêtât à critiques. Mais sur ce chapitre le très pieux empereur se montrait indulgent. Le voyant proche de sa fin, les palatins s'enhardissaient jusqu'à faire venir des courtisanes dans leurs logements. L'historien de Louis le Pieux, dont on ignore le nom et que l'on appelle l'Astronome, dit qu'après la mort de son père Louis « résolut de faire sortir du palais toute cette multitude de femmes qui le remplissaient, à l'exception d'un petit nombre qu'il jugea nécessaires au service royal ». La présence de ces joyeuses filles scandalisait le nouvel empereur qui était de mœurs austères, ou s'efforçait de paraître chaste. Charlemagne n'avait jamais dissimulé son penchant pour les femmes ; il ignorait l'hypocrisie ! D'ailleurs son comportement à cet égard ne différait en rien de celui des aristocrates et des gens du peuple. Avait-il même le sentiment de pécher ? Il donnait à la nature ce qui lui revenait. Il ne semble pas que les évêques de son entourage aient tenté, par leurs réprimandes et leurs exhortations, de réformer les mœurs. Il faut oublier ici le rigorisme, les idées sorties de la Contre-Réforme, comprendre que les mentalités étaient différentes. Les évêques vantaient la piété de Charlemagne, car elle était sincère et agissante. Ils célébraient unanimement ses œuvres. N'avait-il pas sauvé le pape, assuré à l'Église une position qu'elle n'avait jamais eue et n'espérait même pas avoir ? Ils le disaient, ils le croyaient inspiré par Dieu qui l'avait choisi, entre tous les princes de son temps, pour remplir le rôle de Protecteur de l'Église. Ils séparaient sa vie publique de sa vie privée qui leur paraissait sans grande importance. Telle était aussi la façon de penser de Charlemagne. Tout au long de son règne, il avait pratiqué avec exactitude et surtout accumulé un prodigieux capital de prières. Toutes les églises de l'Empire, le pape, les évêques, les prêtres, les moines, l'immense peuple des fidèles, n'avaient cessé et ne cessaient de prier pour lui, pour la réussite de ses projets et pour son salut. Il n'avait pas seulement accumulé les richesses matérielles tout au long de son règne, les lingots, les objets d'art et les belles étoffes; il s'était assuré un prodigieux trésor spirituel! C'était sa manière de croire. Par surcroît, il avait réformé l'éducation du clergé, les rites liturgiques, les chants religieux. Aucun monarque n'avait pareillement magnifié le service de Dieu! Charlemagne avait le cœur tranquille et l'âme sereine. Il croyait même prendre place parmi les Justes, une place dont il estimait qu'elle lui revenait presque de droit! L'humilité n'avait jamais été sa vertu dominante. À la fin de sa vie, il s'inquiétait davantage du sort de l'Empire que de son salut. Avait-il des raisons de douter des talents de Louis; connaissait-il les faiblesses de son caractère, en particulier son manque de fermeté? L'histoire est muette sur ce point. Cependant rien n'échappait à la sagacité du vieil empereur. Sa tendresse paternelle ne l'aveuglait point sur les défauts de ses enfants. Il est pourtant singulier qu'après le couronnement de Louis il ne l'ait pas gardé près de lui, afin de compléter sa formation, de l'initier aux problèmes de l'Empire. Était-il aussi jaloux de son pouvoir, ou cédait-il aux conseils de Wala, son nouveau confident?

Il s'efforçait de ne rien changer à ses habitudes, de paraître en bonne santé. Après le départ de Louis pour l'Aquitaine, il voulut chasser. Les médecins ne purent l'en dissuader. On sait le peu de compte qu'il faisait de leurs conseils. Comme au temps de sa jeunesse, il conduisit la joyeuse troupe des veneurs dans une forêt proche d'Aix-la-Chapelle. Quand il regagna son palais, il tremblait de fièvre. Il parut ensuite se rétablir, mais les accès devinrent de plus en plus fréquents et les douleurs s'accrurent. Il dut renoncer aux offices de nuit. En janvier 814, il prit froid en sortant d'un bain. Terrassé par la fièvre, il fut obligé de s'aliter. Il crut que la diète le guérirait. Ce remède lui avait toujours réussi. Mais, bien qu'il s'abstînt de nourriture et ne bût qu'un peu d'eau, la fièvre augmenta. Il s'agissait probablement d'une pleurésie. Conscient de son état, le moribond fit appeler l'archichapelain Hildebald. Ce dernier lui administra les derniers sacrements. Tel était le privilège de l'archichapelain, Charlemagne ne l'avait pas oublié ! Les jours suivants, il tomba dans une grande faiblesse. Le 22 janvier, à la pointe du jour, on le vit faire le signe de la croix sur son front, sa poitrine et tout son corps. Ses pieds se rapprochèrent. Ses mains se nouèrent sur sa poitrine pour une ultime prière. Il s'était donné lui-même l'attitude des gisants ! Il ferma les yeux. On l'entendit psalmodier le sixième vers du Psaume trente-neuf : « Seigneur, je recommande et je remets mon âme entre vos mains. » Puis son souffle s'éteignit.

Éginhard : « Après l'accomplissement des lotions et des soins funéraires, son corps fut transporté et inhumé dans l'église, au milieu du deuil profond de tout le peuple. On avait d'abord hésité sur le choix du lieu de sa sépulture, parce que lui-même, de son vivant, n'avait rien prescrit à cet égard : mais tout le monde s'accorda pour décider qu'il ne pourrait être enseveli nulle part plus honorablement que dans cette basilique qu'il avait lui-même, à ses propres frais, fait construire à Aix, pour l'amour de Dieu, de Notre-Seigneur Jésus-Christ, et en l'honneur de la Vierge sainte et éternelle, mère du Sauveur. »

L'absence du nouvel empereur dut en effet poser un grave problème. Certains se souvenaient que le défunt avait exprimé naguère le vœu d'être inhumé près de Pépin le Bref et de la reine Berthe, à Saint-Denis. Cependant la famille impériale décida qu'il reposerait dans la chapelle d'Aix, ce qui était logique et d'ailleurs conforme à la tradition. Le corps revêtu des ornements impériaux fut placé dans un sarcophage de marbre blanc, dont les bas-reliefs représentaient l'enlèvement de Proserpine par Pluton et Minerve. Nul ne protesta contre ce choix. C'était probablement le seul sarcophage disponible. Personne ne fut choqué par le motif païen de la sculpture. Savait-on même l'interpréter ? Le corps de Charlemagne fut enseveli dans une fosse creusée sous le pavement de la basilique. Lorsque l'empereur Louis arriva enfin à Aix-la-Chapelle (à la fin de février), il fit élever une arcade dorée au-dessus du tombeau de son père, et placer cette inscription :

« Dans ce tombeau repose le corps de Charles, grand et orthodoxe empereur, qui étendit glorieusement le royaume des Francs et gouverna avec bonheur pendant quarante-sept années[1]. Il mourut septuagénaire, l'an du Seigneur huit cent quatorze, la septième de l'indiction, le cinq des Calendes de février. »

La mort de Charlemagne frappa l'Europe entière de stupeur. L'invincible empereur semblait ne jamais devoir mourir. Sa perte fut durement ressentie par les grands, encore que l'avènement de Louis dût attiser leurs convoitises. Le peuple le pleura sincèrement. Charlemagne lui avait épargné les invasions, assuré au moins la paix et la sécurité. Les clercs le regrettèrent unanimement et magnifièrent sa mémoire. Je ne retiens que cette « Complainte sur la mort de Charlemagne » attribuée à Colomban, abbé de Saint-Trond. Il y évoque avec force l'affliction universelle et son propre chagrin :

« Hélas ! depuis les lieux où le soleil se lève jusqu'aux rivages du couchant une même plainte s'échappe de toutes les bouches. Les peuples d'outre-mer sont frappés d'une amère douleur. Les Francs, les Romains et tous les croyants sont plongés dans le deuil. Les enfants, les vieillards, les évêques illustres, les matrones pleurent la perte de César. Des fleuves de larmes ne cessent de couler : le monde entier pleure la mort de Charles.

---

1. Le texte original est en latin. L'année de l'avènement de Charlemagne et celle de sa mort sont comptées dans la durée de son règne, suivant l'usage du temps. Il était en réalité dans sa soixante-huitième année et régnait depuis un peu plus de quarante-cinq ans.

Christ, père des orphelins, des pèlerins, des veuves et des vierges, toi qui commandes aux milices célestes, donne à Charles le repos dans ton royaume. Le glorieux empereur Charles est maintenant sous la terre, enseveli dans son tombeau. Malheur à toi, Rome, à toi, peuple romain, à toi, belle Italie, à tes villes renommées ! La France qui a souffert tant de cruelles injures, n'a jamais éprouvé pareille douleur. Depuis que l'auguste Charles repose dans la terre à Aix-la-Chapelle, la nuit ne m'apporte plus le sommeil, et le jour est pour moi sans clarté. Ô Colomban, sèche tes larmes et offre pour lui tes prières au Seigneur. Que le Christ reçoive le pieux Charles dans sa demeure sainte au milieu de ses Apôtres ! »

Ce poème était prémonitoire, comme il arrive parfois. L'empire édifié par Charlemagne était, sur bien des points, malgré les apparences, inachevé. La frontière orientale n'était pas sûre, malgré les retranchements de l'Elbe et la marche d'Avarie. En dépit d'efforts incessants et coûteux, la marche d'Espagne n'atteignait pas l'Èbre. Les pirates maures menaçaient les côtes d'Italie, de Provence, de Septimanie. Les Normands étaient contenus, non vaincus. Trop de peuples ne s'étaient soumis que du bout des lèvres, pour éviter le pire ; ils gardaient la nostalgie des libertés perdues. Trop de comtes, en dépit des ordres réitérés, étaient des juges prévaricateurs et tyrannisaient les humbles. Trop d'évêques se montraient cupides. Les *missi* eux-mêmes n'étaient pas tous exemplaires. En vérité, l'immense Empire n'avait pas les structures administratives et judiciaires correspondant à son étendue, à sa diversité. L'extension de la vassalité, encouragée par Charlemagne dans le but que l'on sait, constituait une menace sous-jacente.

Ce furent les hommes, et d'abord son fils et ses petits-enfants, qui ruinèrent l'œuvre politique du grand empereur. Il était l'Empire à lui tout seul, je veux dire qu'il incarnait véritablement le concept impérial. Tout pliait devant sa volonté et tout convergeait vers lui. Sa personnalité exceptionnelle maintenait debout l'édifice. On ne tarda pas à s'en apercevoir. Il eût fallu que son successeur eût le même esprit de décision, la même ténacité, la même autorité. Or Louis ne sut être que pieux et débonnaire. L'Europe impériale s'effondra en peu de temps, mais l'Europe chrétienne perdura jusqu'à nos jours. L'idéal que Charlemagne avait promu, cet ordre carolingien qu'il avait si durement imposé persistèrent dans les mémoires et pendant des siècles. Français, Allemands, Autrichiens, Danois, Belges, Hollandais, nos racines sont carolingiennes.

Quand la paix de Charlemagne fut remplacée par les luttes sanglantes entre ses petits-fils, son règne apparut comme un âge d'or. Tant de malheurs s'abattaient sur les humbles que l'on oubliait les misères passées, les épidémies et la disette, l'iniquité des juges et les abus des fonctionnaires. On regrettait les grandeurs abolies. On comprenait enfin ce que le grand empereur avait voulu réaliser. Loin de s'estomper, son souvenir allait grandir avec les siècles. Des cantilènes reprises au coin du feu célébraient ses hauts faits dans les chaumières et les châteaux. Il devint l'empereur à la barbe fleurie sous la plume du vieux Turold. Les poètes s'emparèrent de lui, mais aussi le chroniqueur Primat. Il courut dès lors de nouvelles aventures, accomplit des exploits imaginaires. Ce fut sa seconde vie. Sa grandeur inspira les actes et les pensées des empereurs germaniques et même de Napoléon Ier, comme on a vu dans l'avant-propos de ce livre. Sa dépouille fut exhumée, translatée du sarcophage de Proserpine dans un premier reliquaire, puis dans un autre. Ses os furent numérotés, mesurés, étudiés par des archéologues-médecins. Il fut inscrit au calendrier des saints, puis contesté, mais son culte continua d'être célébré à Aix-la-Chapelle et à Paris. Les écoliers révérèrent longtemps son patronage : ils avaient raison, car Charlemagne eut l'immense mérite de comprendre les avantages de l'instruction et de concevoir un système d'enseignement étendu à toutes les classes de la société.

On peut dire qu'à la fin de son règne tout restait à l'état d'ébauche. Mais, quand on considère les différents aspects de son action politico-religieuse, il apparaît clairement que, sans avoir rien terminé peut-être, c'était l'histoire de l'Europe qu'il avait préparée, pour un millénaire ! Dès lors, qui pourrait se permettre de ne pas l'admirer et lui refuserait l'épithète de Grand ?

Je ne puis clore ce chapitre sans retranscrire l'hommage que lui rendit son petit-fils, l'historien Nithard, né des amours d'Angilbert et de la princesse Berthe. Ce sont assurément les lignes les plus touchantes qui lui furent consacrées :

« Surpassant en sagesse et en toute sorte de vertus les hommes de son temps, il paraissait à tous les habitants de la terre à la fois redoutable, aimable et admirable. Il rendit sa domination honnête et utile de toutes les manières, comme tous le virent clairement. Ce que je regarde comme le plus merveilleux, c'est que seul, par la crainte qu'il inspirait, il adoucit tellement les cœurs durs et féroces des Francs et des Barbares que la puissance romaine n'avait pu dompter, qu'ils n'osaient rien entreprendre dans l'Empire que ce qui convenait à l'intérêt public. »

Il tenta, en effet, dans une époque où la force primait le droit, de faire prévaloir l'esprit de justice et, à travers l'universalisme chrétien, de régler les rapports entre les hommes, d'instaurer une morale sociale. Elle régit encore certains de nos comportements.

SIXIÈME PARTIE

LE DÉCLIN

814-843

I

LOUIS LE PIEUX OU LE DÉBONNAIRE

Le fils de Charlemagne avait alors trente-six ans. Son épouse, Hermengarde, lui avait donné trois fils : Lothaire, Pépin et Louis (qui sera connu sous le nom de Louis le Germanique). Son père l'avait nommé roi d'Aquitaine en 781. Bien que cette royauté fût une simple lieutenance, l'expérience ne faisait pas défaut à Louis. La défense contre les Maures, la conquête progressive de la marche d'Espagne pouvaient être portées à son crédit. Il avait su imposer son autorité aux Aquitains, apaiser leurs discordes et coordonner leurs efforts devant le péril commun. Charlemagne n'avait finalement qu'à se louer de ses services. Cependant Louis était moins préparé que Charles, son frère aîné, à assumer le rôle d'empereur. En outre, si Charlemagne avait été pieux, Louis donnait dans la dévotion, sous l'influence de Benoît d'Aniane.

Son règne, en tant qu'empereur, se divise en deux parties. De 814 à 821, il poursuivit et consolida même l'œuvre paternelle : on eut un moment l'illusion que l'Empire devenait un véritable État, la notion d'intérêt public tendant à se substituer au droit dynastique. Puis cette façade tomba, laissant place à l'anarchie, à la déliquescence du pouvoir et du concept impérial. Cette interminable agonie dura de 821 à 840. Les petits-fils de Charlemagne se disputèrent alors son héritage et, après la sanglante bataille de Fontenoy-en-Puisaye, conclurent le fameux traité de Verdun (843) consacrant la fin de l'Empire carolingien. Louis le Pieux, par sa pusillanimité, fut le principal responsable de cet effondrement. Il ne sut pas échapper à l'influence de l'Église, encore moins à celle de la reine Judith, sa seconde femme.

Il jetait pourtant feu et flamme quand, en février 814, il arriva au palais d'Aix-la-Chapelle. Il se faisait alors la plus haute idée de son rôle d'empereur. Rigoriste, la licence qui régnait à la Cour et la conduite de ses sœurs l'indignaient. Lors de son couronnement en 813, il avait noté le comportement douteux de plusieurs palatins, la présence de courtisanes dans le palais. « Quoique débonnaire par nature », il résolut de nettoyer les écuries d'Augias, punit les palatins coupables et chassa « la multitude de femmes » encombrant le palais et ses abords. Il fit ensuite ouvrir par le chambrier les salles du trésor. Le testament de Charlemagne fut appliqué à la lettre. Les coffres furent envoyés dans les métropoles. Le troisième lot fut partagé entre les pauvres, les serviteurs de l'empereur défunt et la famille carolingienne. Louis racheta même la table qui lui était destinée, et en distribua le produit en aumônes. Ses sœurs reçurent leur part et... l'autorisation de se retirer dans les domaines qui venaient de leur père. Quant aux bâtards, Louis différa sa décision, encore qu'il envisageât certainement de les faire tonsurer, par mesure de prudence et selon la tradition. De nombreux ambassadeurs se présentèrent au palais, parmi lesquels les envoyés du basiléus Léon V. Ils venaient confirmer à Charlemagne la reconnaissance du titre impérial. Dès lors, Louis put s'intituler « Par la Providence divine empereur Auguste », abandonnant les titres de roi des Francs et des Lombards figurant dans les actes de son père. On peut en déduire qu'il se considérait comme le successeur des Césars romains, sans la moindre réserve et, faut-il ajouter, sans beaucoup de discernement. Mais c'était l'Empire romain en tant qu'État dont il se prétendait le maître, si l'on veut l'Empire romain d'Occident. Encore une fois, ces notions abstraites ne pouvaient être comprises que par les têtes pensantes de l'Église. Louis restait aux yeux de ses peuples l'empereur des Francs.

La première année de son règne fut marquée par deux faits d'inégale importance. Il tint, en août 814, une assemblée générale à Aix-la-Chapelle. Il faut croire qu'il fut submergé de doléances, car il envoya aussitôt des *missi* de son choix, afin que, « sévères observateurs de l'équité, ils corrigeassent les abus et dispensassent la justice à tous avec une balance égale », c'est-à-dire afin de soulager le peuple trop longtemps opprimé et pressuré par les comtes. Recevant l'envoyé du duc de Bénévent, il convertit en 7000 sous d'or les 20000 du tribut annuel incombant à ce prince. Ce trait de bienveillance fut porté au crédit de sa débonnaireté ; c'était plutôt un signe de faiblesse. Il avait confirmé les capitulaires de son père. Il restitua pourtant aux fils des rebelles saxons et frisons leur droit sur les héritages paternels. Charlemagne avait suspendu ce droit pour les empêcher de méfaire. La décision de Louis fut mise sur le compte de la générosité par les uns, de l'imprévoyance par les autres.

Thegan, qui le connut bien, trace de lui ce portrait suggestif : « Il était d'une taille ordinaire ; il avait les yeux grands et brillants, le visage ouvert, le nez long et droit, des lèvres ni trop épaisses, ni trop minces, une poitrine vigoureuse, des épaules larges, les bras robustes ; aussi pour manier l'arc et le javelot personne ne pouvait lui être comparé. Ses mains étaient longues, ses doigts bien conformés ; il avait les jambes longues et grêles pour leur longueur ; il avait aussi les pieds longs, et la voix mâle. Très versé dans les langues grecque et latine, il comprenait cependant le grec mieux qu'il ne le parlait. Quant au latin, il pouvait le parler aussi bien que sa langue maternelle. Il connaissait très bien le sens spirituel et moral des Écritures saintes, ainsi que leur sens mystique. Il méprisait les poètes profanes qu'il avait appris dans sa jeunesse, et ne voulait ni les lire, ni les entendre, ni les écouter. Il était d'une constitution vigoureuse, agile, infatigable, lent à la colère, facile à la compassion. Toutes les fois qu'il se rendait à l'église, les jours ordinaires, pour prier, il fléchissait les genoux et touchait le pavé de son front; il priait humblement et longtemps, quelquefois avec des larmes. Toujours orné de toutes les pieuses vertus, il était d'une générosité dont on n'avait jamais ouï parler dans les livres anciens ni dans les temps modernes, tellement qu'il donnait à ses fidèles serviteurs, et à titre de possession perpétuelle, les domaines royaux qu'il tenait de son aïeul et de son bisaïeul. Il fit dresser, pour ces donations, des décrets qu'il confirma en y apposant son sceau et en les signant de sa propre main. Il fit cela pendant longtemps. Il était sobre dans son boire et son manger, simple dans ses vêtements; jamais on ne voyait briller l'or sur ses habits, si ce n'est dans les fêtes solennelles, selon l'usage de ses ancêtres... Jamais il ne riait aux éclats, pas même lorsque, dans les fêtes et pour l'amusement du peuple, les baladins, les bouffons, les mimes défilaient auprès de sa table, suivis de chanteurs et de joueurs d'instruments. Alors le peuple, même en sa présence, ne riait qu'avec mesure; et, quant à lui, il ne montra jamais en riant ses dents blanches... »

En août, « époque où les cerfs sont le plus gras », commençaient les chasses de Louis. Elles se prolongeaient jusqu'à l'automne, saison des sangliers. Thégan lui reproche moins de consacrer trop de temps à la chasse que de se fier aveuglément à ses conseillers et d'élever les humbles au rang d'évêque! Car, prétend-il, « après que de tels hommes ont atteint le faîte, ils ne sont jamais, comme auparavant, assez doux ni assez familiers pour ne point devenir aussitôt colères, querelleurs, médisants, obstinés, orgueilleux, prodigues de menaces envers tous les sujets... Ils s'efforcent d'arracher leurs ignobles parents au joug d'une servitude faite pour eux... ». Thegan, qui était issu d'une famille noble, n'avait pu lui-même obtenir l'évêché de Trèves ; il n'était que chorévêque. On comprend son amertume, et d'autant qu'il était, et resta, l'un des fidèles de Louis le Pieux. Le portrait qu'il donne de son maître (un maître qu'il révérait !) est riche d'enseignement. Il montre que Louis ressemblait à son père par plus d'un trait. Mais sa majesté n'était qu'une apparence, comme sa fermeté. Certainement plus instruit que lui, il n'avait ni la même perspicacité, ni le même réalisme. La piété de Charlemagne dégénérait chez lui en bigoterie et laissait prévoir quelle serait l'influence de l'Église ! Sa générosité excessive était aussi lourde de conséquences. Son père, son grand-père faisaient en sorte que leurs donations n'amoindrissent pas leur patrimoine. Ils accordaient des bénéfices à titre viager. Louis distribuait les domaines royaux à titre perpétuel, oubliant la cruelle leçon des Mérovingiens. Il avait pareillement distribué en aumônes sa part sur le trésor impérial, sans se soucier de l'avenir. Il imitait la simplicité de son père, mais il n'avait pas son visage rieur. Ce n'était pas un bon vivant. C'était une sorte d'évêque couronné. Il haïssait les pantomimes, les chansons et la musique profanes, parce que l'Église les condamnait.

Au plan de la politique, ses débuts furent assez prometteurs. Il confirma d'abord Bernard comme roi d'Italie, envoya deux de ses fils, Lothaire et Pépin, l'un en Bavière, l'autre en Aquitaine. Les descendants de Godefried contestant à Hériold son titre de roi des Normands, Louis le prit sous sa protection et promit de le remettre sur son trône. L'année suivante (815), il réunit effectivement une armée saxonne, mais n'en prit pas le commandement et se contenta de tenir l'assemblée générale de l'Empire à Paderborn. Les fils de Godefried évitèrent le combat : la campagne ne donna pas les résultats escomptés.

À Paderborn, Louis reçut les délégations de nombreuses nations. Le changement de règne ne semblait pas affecter la sécurité de l'Empire. Toutefois les premiers craquements ne tardèrent pas à se manifester. Ce furent les Romains qui commencèrent. Tant que Charlemagne avait vécu, les factions hostiles au pape Léon III s'étaient tenues tranquilles. Après sa mort, elles reprirent leurs intrigues. Léon III réussit à mater la révolte, fit arrêter et exécuter les fauteurs de troubles. Mais il tomba malade ; les rebelles en profitèrent pour remettre la main sur les domaines qu'il avait confisqués. Louis chargea Bernard d'Italie de rétablir l'ordre. Puis les Slaves sorabes s'agitèrent dangereusement. Une armée composée de Saxons et de Francs réprima la révolte. Ensuite ce furent les Gascons prenant fait et cause pour un duc révoqué en raison « de son insolence et de sa dépravation ». Il fallut deux campagnes pour obtenir leur soumission. Après les Gascons, ce furent les Bretons qui, pour assurer leur indépendance, se donnèrent pour roi un certain Morman. Ils résistèrent jusqu'à la mort de celui-ci, en 818.

Le 11 juin 816, le pape Léon III mourut et fut remplacé par Étienne IV. Ce dernier parut d'abord dans les mêmes dispositions que son prédécesseur. Il ordonna pareillement aux Romains de prêter serment de fidélité à Louis. Puis il fit part à celui-ci de son désir de se rendre en Francie. Le lieu de rencontre fut fixé à Reims. La venue du pape éveillait en Louis une joie sans mélange. Il en ignorait le but et n'apercevait point le piège qu'Étienne IV lui tendait. Il s'empressa d'envoyer ses officiers au-devant de lui et, quand l'approche du pontife fut signalée, il marcha à sa rencontre. Tous deux descendirent de cheval. L'empereur se prosterna par trois fois, et dit :

« Bénissons celui qui vient au nom du Seigneur. Le Seigneur est le vrai Dieu et il a fait paraître sa lumière devant nous. »

Le pape répondit :

« Béni soit le Seigneur notre Dieu, qui a accordé à nos yeux de voir un second roi David. »

Ils s'étreignirent, s'embrassèrent et, côte à côte, s'en furent prier dans la basilique de Reims. Étienne IV fit enfin connaître l'objet de sa visite : c'était le couronnement de Louis et de l'impératrice Hermengarde. Louis n'y vit pas malice. Au contraire, l'initiative du pape comblait ses vœux. Le dimanche suivant, au cours d'une magnifique cérémonie, le pape Étienne lui imposa le diadème (il l'avait apporté de Rome). Il couronna aussi Hermengarde, à laquelle il conféra le titre d'Auguste ! Louis n'avait nul besoin d'être couronné, puisqu'il l'était déjà. Or il tenait désormais sa couronne de l'Église, ce que Charlemagne avait voulu éviter en 813, pour les raisons que l'on a indiquées ! Tant que le pape séjourna à Reims, Louis ne le quitta guère : « Il s'entretint chaque jour avec lui sur les intérêts de la sainte Église de Dieu », écrit Thegan. Entretiens fructueux, car le pape obtint l'indépendance de l'État romain et la liberté de l'élection pontificale. Les papes, au terme de cet accord, redevenaient seuls maîtres à Rome, libres de leurs alliances et de leur gouvernement. Ils n'auraient plus à faire entériner leur élection par l'empereur. Le nouveau César commençait par perdre Rome !

En 817, Louis fut victime d'un accident sans gravité. Un portique, dont la charpente était vermoulue, s'effondra, entraînant la chute de l'empereur et d'une vingtaine de personnes. Louis n'eut que des contusions et des blessures superficielles. Il avait cependant couru un réel danger. Est-ce sous le coup de cette impression qu'il décida de régler sa succession, ainsi que Charlemagne l'avait fait en 806, alors qu'il avait encore trois fils ? Il exposa son projet à l'assemblée générale de 817, à Aix-la-Chapelle et obtint l'adhésion des grands. Il promulgua ensuite l'*Ordinatio imperii* dont les dispositions principales étaient celles-ci : Lothaire devenait empereur associé ; ses frères cadets, Pépin et Louis, devenaient respectivement rois d'Aquitaine et de Bavière. Pépin gouvernait déjà l'Aquitaine, il ne ferait que continuer ses fonctions. Louis le Germanique était encore trop jeune pour exercer le pouvoir dans son royaume. L'*Ordinatio* de 817 était très différente du partage de 806 qui remettait en cause l'unité de l'Empire. Elle conférait à Lothaire un véritable droit d'aînesse. Les royaumes d'Aquitaine et de Bavière n'étaient pas autonomes ; ils étaient subordonnés à Lothaire. Leurs rois ne seraient guère plus que des vice-rois. Toutefois les intérêts personnels de Pépin et de Louis le Germanique se trouvaient relativement préservés : si l'un d'eux décédait, son fils hériterait du royaume. Si Lothaire mourait, l'assemblée des grands lui donnerait pour successeur Pépin ou Louis. Sans abroger les dispositions successorales de la loi salique, Louis le Pieux en modifiait fondamentalement l'esprit. L'Empire n'était plus considéré par lui comme un patrimoine, mais comme une entité politique en somme gouvernée par délégation. Les grands, laïcs et ecclésiastiques, s'engagèrent par serment à respecter l'*Ordinatio*. On peut soutenir qu'à cet instant l'Empire carolingien touchait à son zénith et que son avenir paraissait assuré. L'exemple donné par Louis, qui sacrifiait ses fils cadets aux intérêts supérieurs de l'État, ne pouvait qu'être bénéfique, imposer par voie de conséquence la notion de service public.

Mais cette initiative était prématurée. L'empereur Louis avait alors trente-neuf ans. Il ne régnait que depuis trois ans, et se comportait en vieil homme. En outre, Lothaire avait été proclamé et couronné empereur. Il devenait donc effectivement empereur associé et se trouvait dès lors habilité à prendre part au gouvernement. L'*Ordinatio* irrita profondément Bernard d'Italie : il faut dire que son royaume n'avait même pas été mentionné, ce qui laissait supposer que Lothaire l'annexerait à la première occasion. Bernard craignit de perdre son trône et prit les devants. Il fortifia les cluses, rassembla une armée et fit jurer fidélité aux représentants des villes. L'Italie entière entrait en ébullition, mais ce n'était qu'un mouvement passager. Louis le Pieux fut informé de cette rébellion, alors qu'ayant terminé ses chasses dans les Vosges il regagnait Aix-la-Chapelle. Depuis son avènement il suspectait le loyalisme de Bernard. Il mobilisa une armée et marcha vers l'Italie, résolu à abattre promptement la révolte et à capturer son chef. Bernard comprit que sa seule chance était de se soumettre sans conditions et sans combat. Déjà, ses partisans l'abandonnaient. Il se rendit donc à Chalon-sur-Saône, avec ses lieutenants et complices, dont plusieurs de ses grands officiers, les évêques de Crémone et de Milan. Ayant imploré la clémence de Louis le Pieux, ils comparurent devant le tribunal des Francs pour y répondre du crime de lèse-majesté. Ils furent condamnés à mort. Leur exécution fut cependant différée, car on approchait des fêtes de Pâques. L'empereur s'accorda quelques jours de réflexion, puis il gracia les condamnés, mais ordonna qu'ils fussent « privés de la vue ». Ce supplice était appliqué de deux façons : on crevait les yeux ou on les brûlait au fer rouge. Bernard et son chambellan Reginhard en moururent au bout de trois jours. Le pauvre roi n'avait que dix-neuf ans ; sa jeunesse n'atténua pas la rigueur du pieux empereur ! La même année, il fit tonsurer et reléguer en divers monastères Drogon, Hugues et Thierry, ses demi-frères, bâtards de Charlemagne. En veine d'activité, ou de cruauté, il se rua ensuite sur les Bretons, toujours en révolte, livra une bataille rangée à leur roi Morman, s'empara de toutes les places fortes, se fit livrer des otages. Le pseudo-royaume de Bretagne avait cessé, momentanément, d'exister. Au retour de cette expédition, la reine Hermengarde mourut, pour le malheur de son époux et plus encore de l'Empire ! Ce veuf inconsolable était bien incapable de supporter son état ; il se remaria l'année suivante avec la belle Judith, dont nous reparlerons.

De même que son père, Louis le Pieux se déplaçait fréquemment. L'assemblée des grands se réunissait tantôt à Aix-la-Chapelle, tantôt à Paderborn, à Ingelheim ou à Thionville, selon les circonstances. La ligne de l'Elbe, établie par Charlemagne dans les dernières années de son règne, s'avérait fort utile. Elle tint bon malgré les révoltes de certains peuples tributaires : les Abodrites, les Wilzes et les Slaves. Deux expéditions bien menées eurent raison de leur résistance. Les Normands eux-mêmes parurent entrer dans l'obédience impériale : leur roi abjura le paganisme et Louis accepta d'être son parrain. Cependant des troubles sporadiques, agitant l'intérieur de l'Empire, montraient l'affaiblissement du pouvoir central. Les guerres privées étaient interdites. Cela n'empêcha pas le Gascon Loup de Centulle, Bérenger, comte de Toulouse, et le comte d'Auvergne, Warin, de s'entre-tuer avec leurs vassaux. Loup comparut devant l'empereur, ne put se disculper et fut seulement condamné à un exil temporaire. Quand on compare ce traitement à celui que subit Bernard d'Italie, on mesure les progrès accomplis par les grands. Un peu plus tard, Louis montra la même indulgence à l'égard de Béra, comte de Barcelone. Béra avait été accusé de trahison. Il provoqua son accusateur en duel, fut vaincu. Réputé coupable par le Jugement de Dieu, car il s'agissait d'un duel judiciaire, il comparut devant Louis, qui l'exila à Rouen. L'indocilité des grands ne fit que croître, frisant la désobéissance, sinon pis.

Louis était un cyclothymique. Il passait, sans transition ni motifs, de l'autorité à la mollesse, de l'activité à l'abandon. Rien n'est plus dangereux chez un chef d'État ! Charlemagne avait des accès de colère, mais vite apaisés. Le trait dominant de son caractère était la maîtrise de soi. En cas de revers, il conservait son calme et réagissait vigoureusement. Il avait en outre l'optimisme chevillé au cœur. Son fils était un anxieux, facilement influençable. La mort de Bernard d'Italie ne cessait de le tourmenter. Les évêques qui fréquentaient la Cour, le clergé palatin, ne firent rien pour soulager son chagrin. Tout au contraire, ils l'exploitèrent à fond. L'occasion se présentait à eux, inespérée, de mettre l'empereur en condition, de lui dicter sa conduite et, à travers lui, de dominer la Cour. Il ne décela pas leurs intentions. Il consentit à confesser publiquement ses fautes, à s'humilier comme le dernier des criminels ! Cette cérémonie expiatoire eut lieu dans le palais d'Attigny, en présence des grands. Il déclara vouloir se réconcilier avec tous ceux qu'il avait offensés, d'abord avec ses trois demi-frères tonsurés malgré eux. « Après quoi il fit une confession publique de ses fautes, et imitant l'exemple de l'empereur Théodose, il subit de son gré une pénitence pour tout ce qu'il avait fait tant envers son neveu Bernard qu'envers les autres. Puis, réparant ce qui avait pu être fait de mal par lui-même ou par son père, il s'efforça d'apaiser la Divinité par de si abondantes aumônes, par les prières ardentes que firent pour lui les serviteurs de Jésus-Christ, et par une telle exactitude dans ses devoirs, qu'on eût cru que toutes les peines qui avaient légitimement frappé chaque coupable avaient été l'œuvre de sa cruauté » (l'Astronome). Il rendit aux complices de Bernard d'Italie leurs biens et dignités. Il étendit même son pardon à ceux dont il s'était débarrassé par prudence après son avènement. Le redoutable Wala, qui avait été le dernier favori de Charlemagne, et son frère Adalhard furent rappelés d'exil. Tout était en place pour le drame qui allait se jouer.

II

L'IMPÉRATRICE JUDITH

Songeant à subir une seconde fois le joug du mariage, comme l'écrivait plaisamment l'Astronome, Louis recourut à un moyen inusité. Ce prince, dont, paraît-il, on craignait qu'il abandonnât le siècle, organisa un concours de beauté entre les plus riches héritières de son empire ! Il porta son choix sur Judith, fille du comte Welf. Elle avait vingt ans de moins que lui, elle était très belle et pleine d'esprit. Le comte Welf possédait des biens considérables en Bavière et en Alémanie. Judith prit tout de suite un ascendant considérable sur son faible époux. Elle avait certainement plus de caractère que lui et n'était pas atteinte de cyclothymie. L'humiliation à laquelle Louis s'abaissa ne dut pas le grandir à ses yeux ! Elle n'appréciait pas non plus l'*Ordinatio* de 817 et il est probable que, d'entrée de jeu, ses rapports avec Lothaire ne furent pas excellents. Cependant n'ayant pas d'enfant après plusieurs années de mariage, elle était obligée de ménager ses adversaires potentiels et de rester sur l'expectative. Tout au plus pouvait-elle attiser les désaccords entre Lothaire et Louis. L'empereur associé déplorait la politique de son père à l'égard des évêques. Il comprenait la nécessité de poursuivre les réformes ecclésiastiques amorcées par Charlemagne, mais il admettait mal que Louis ait renoncé à gouverner effectivement l'Église et se contentât d'être désormais le lieutenant du pape en Francie. La renonciation à la possession de la ville de Rome l'irritait. Wala et ses amis partageaient cette opinion. Louis le Pieux oscillait entre deux partis et ne parvenait pas à maîtriser une situation qui allait en se dégradant. Il crut trouver une solution en éloignant Lothaire et Wala. Il les envoya en Italie. Ce royaume ayant été ajouté à la part de Lothaire prévue par l'*Ordinatio,* il était logique qu'il en prît possession et réglât les problèmes restés en suspens. Lothaire, bien conseillé par Wala, montra de quoi il était capable. Il tint des assemblées, légiféra, trancha les différends et imposa son autorité à toutes les villes. Le pape Étienne IV était mort. Il avait été remplacé par Pascal Ier. Lothaire se rendit à Rome et se fit couronner empereur. Ce n'était pas une volte-face de sa part, mais une précaution indispensable : il savait que l'impératrice Judith était enceinte ! Il se réservait d'ailleurs le droit de régler ultérieurement les rapports entre le pape et l'empereur. Sur ces entrefaites le primicier Théodore et le nomenclateur Léon furent décapités, dans le palais du Latran, après avoir eu les yeux crevés. On accusa le pape d'avoir ordonné ce double attentat, Théodore et Léon passant pour servir les intérêts de Lothaire. Louis le Pieux envoya des commissaires à Rome, pour enquêter. Mais Pascal Ier se justifia par serment purgatoire. Louis le Pieux lui pardonna, au bénéfice du doute et surtout parce qu'il n'osait sévir contre lui. Ce dernier tomba gravement malade et mourut peu après. Les factions romaines se disputèrent la tiare. Deux papes furent élus simultanément : Eugène et Zizim. Finalement Eugène l'emporta. Lothaire se rendit à nouveau à Rome. Il réforma la constitution romaine, apaisa les troubles en restituant les biens injustement confisqués, réprima les abus de certains prélats, bref se comporta en maître. Charlemagne semblait ressuscité. Le jeune roi venait d'annuler *de facto* la renonciation consentie par son père et de ressaisir Rome. La situation était inversée. Il va sans dire que Wala n'avait pas été étranger à ces mesures. Louis le Pieux ne pouvait que se féliciter d'avoir associé Lothaire au pouvoir. Désormais les noms des deux empereurs figuraient conjointement dans l'énoncé des capitulaires.

Mais il y avait l'impératrice Judith ! Le 13 juin 823, elle avait donné le jour à un fils qui reçut le prénom de son grand-père, Charles (futur Charles le Chauve). Dès lors, elle ne songea plus qu'à l'avenir de son enfant, et mit tout en œuvre pour ruiner l'*Ordinatio*. Louis le Pieux était trop amoureux d'elle pour résister à ses reproches, à ses caresses, à ses supplications assorties de larmes opportunes. Lothaire avait décelé les intentions de Judith. Il savait qu'il ne pouvait faire fond sur la fermeté de son père, quand bien même l'unité de l'Empire était en jeu. Il recruta des partisans : Wala lui procura l'appui de l'épiscopat, périlleuse alliance, car l'Église n'avait pas renoncé à jouer les premiers rôles. Son autorité croissait, au détriment de celle de son père.

En 826, l'émir de Cordoue, Abd-er-Rahman II, vint assiéger Barcelone défendue par le duc de Toulouse, Bernard de Septimanie. Louis le Pieux ordonna aux comtes Hugues de Tours et Matfrid d'Orléans de se porter à son secours. Ils refusèrent d'obéir. Bernard de Septimanie vainquit cependant Abd-er-Rahman. Cette victoire enhardit Louis le Pieux. Il condamna à mort Hugues et Matfrid, puis leur retira leurs comtés. Or Hugues était le beau-père de l'empereur Lothaire ! Bernard fut appelé au palais. Il gagna les bonnes grâces de Judith dont il embrassa le parti et devint le principal conseiller de Louis le Pieux. Autant dire qu'il fut dès lors le maître de la politique. Les rivalités entre les grandes familles aggravèrent donc les luttes d'influence dans l'entourage immédiat de Louis. Pépin d'Aquitaine se sentit menacé et se rapprocha de Lothaire. Judith était parvenue à dresser les fils contre le père. L'avenir de l'Europe était dans le berceau du petit Charles !

En 829, elle eut gain de cause. Louis le Pieux, stimulé par sa belle épouse, se décida à faire preuve d'autorité. À l'assemblée de Worms, prétextant que Charles entrait dans sa septième année et qu'il convenait d'assurer son avenir, il lui octroya un apanage comprenant l'Alémanie, la Rhétie, l'Alsace et une partie de la Bourgogne. Ces territoires étaient enlevés au seul Lothaire. L'*Ordinatio* se trouvait par là même remise en cause. On ne pouvait retirer à Lothaire son titre d'empereur, puisqu'il avait reçu le diadème, mais il fut renvoyé en Italie. Wala fut exilé dans son monastère de Corbie. Bernard de Septimanie fut nommé chambellan. Il « épura » le haut personnel du palais. Judith triomphait sur tous les points. Louis le Pieux avait dû toutefois négocier avec les grands et surtout avec les évêques. Il officialisa ainsi la participation effective des uns et des autres au pouvoir. Sous Charlemagne ils n'avaient été que les instruments de ce pouvoir ! Dès lors, il paraissait difficile de sanctionner leurs fautes, plus difficile encore de les priver de leurs « honneurs ». La féodalité était en marche, confortée par les progrès de la vassalité. Les évêques obtinrent de leur côté la liberté des élections épiscopales et abbatiales, ainsi que de la gestion des biens ecclésiastiques. Pour complaire à Judith, Louis le Pieux avait scié la branche qui le portait. Il ne comprenait pas que l'Église s'efforcerait désormais de le tenir en lisière et, à travers lui, de contrôler l'État.

Lothaire devint tout naturellement le chef de l'opposition, avec l'appui de Pépin d'Aquitaine et de Louis le Germanique. De son côté Wala, retiré dans son monastère de Corbie, rameuta ses partisans. La révolution de palais accomplie par Louis le Pieux, la faveur insigne dont bénéficiait Bernard de Septimanie soutenu par Judith suscitaient un vif mécontentement. Il était encore possible de sauver l'unité de l'Empire.

Lothaire se trouvait en position de force pour négocier avec son père. Il pouvait aussi le faire déposer par les grands pour incompétence. Mais son ambition d'assumer la plénitude du pouvoir cadrait mal avec leurs propres désirs. En outre, retenu par le respect envers son père, il agissait clandestinement au lieu d'affirmer clairement et publiquement sa position. Une véritable campagne de calomnies se déchaîna contre Judith. On l'accusait d'adultère avec Bernard de Septimanie et l'on fustigeait la complaisance de l'empereur à leur endroit. On disait que les deux amants pratiquaient des sortilèges pour faire périr les trois fils de la défunte reine. Louis le Pieux ne tint aucun compte de ces attaques. Il avait confiance en Judith et son affection pour son chambellan redoubla. Bernard de Septimanie devint le second personnage de l'Empire. Il abusait impudemment du pouvoir, comme le dit Nithard, et bouleversait entièrement un gouvernement qu'il aurait dû affermir. Nouvel Architophel, il incita Louis le Pieux à rectifier le partage de l'année précédente.

Une première révolte éclata en 830. Alors que l'empereur s'apprêtait à conduire une expédition contre les Bretons, ses fils, Pépin d'Aquitaine et Louis le Germanique, décidèrent d'agir. Louis le Pieux n'opposa aucune résistance et se laissa capturer. Il confessa ses fautes et s'engagea à ne rien faire sans l'accord de ses fils et des grands. On lui enleva Judith, qui fut enfermée dans le couvent Sainte-Radegonde de Poitiers. Le jeune Charles (le Chauve) fut confié à des moines. Bernard de Septimanie n'avait pas attendu la catastrophe pour s'enfuir à Barcelone. Son frère eut les yeux crevés et ses partisans furent mis hors d'état de nuire. Louis et Pépin voulaient parfaire la destitution de leur père en le tonsurant et en le reléguant dans un monastère. Lothaire, accouru d'Italie, s'y opposa. Il estimait plus adroit de conserver la fiction d'un pouvoir bicéphale, tout en tenant son père à demi captif. Il confirma et aggrava les mesures prises par ses frères à l'encontre des partisans de Judith et du chambellan Bernard, son amant présumé. Il constitua un nouveau gouvernement. Son premier acte fut d'annuler le partage de Worms. Louis le Germanique et Pépin comprirent qu'ils avaient fait un marché de dupes et travaillé pour le seul profit de leur aîné. Ils s'estimaient en droit d'obtenir des compensations, mais Lothaire ne voulait rien changer à l'*Ordinatio*. Les gens d'Église se prenaient à redouter son autoritarisme. La promptitude qu'il avait montrée à remettre la main sur Rome leur donnait à penser. De leur côté les grands préféraient un empereur compréhensif. « Chacun alors, livré à ses passions, ne cherchait que son propre intérêt » (Nithard).

L'empereur déchu – mais non légalement destitué – regrettait surtout sa femme et le petit Charles. Le chagrin, la colère réveillèrent son énergie. Il gardait quelques fidèles, surtout parmi les religieux. Il envoya des messagers à Louis le Germanique et à Pépin d'Aquitaine. Il leur promettait d'agrandir leur héritage, s'ils consentaient à le servir. Louis et Pépin n'hésitèrent pas à trahir Lothaire. À l'assemblée d'Aix-la-Chapelle (831), un nouveau partage fut promulgué. Abstraction faite de l'Italie qui était laissée à Lothaire, l'Empire était divisé en trois parts égales. On ne se préoccupa nullement de la continuité du pouvoir impérial. Les royaumes de Pépin, de Louis le Germanique et de Charles devaient être autonomes. La suprématie de Lothaire sur ses frères était abolie. L'impératrice Judith fut retirée de son couvent, rendue à son cher époux, avec le petit Charles. Elle se lava des accusations d'adultère et de sorcellerie par un serment purgatoire. Les partisans de Lothaire furent destitués, voire suppliciés. Lui-même fut obligé de se retirer en Italie, après avoir juré de ne rien entreprendre contre son père.

C'était la pire des solutions. Comme on pouvait le prévoir, Pépin d'Aquitaine et Louis le Germanique se disputèrent la première place. Tous deux se révoltèrent successivement et furent vaincus. Ce fut alors que Judith imagina de partager l'Empire entre son fils et Lothaire. Elle évinçait ainsi Pépin et Louis de l'héritage. Le résultat ne se fit pas attendre. Lothaire prit la tête d'une nouvelle rébellion. Il décida le pape, qui était alors Grégoire IV, à se rendre en Francie afin d'arbitrer le conflit. Louis le Pieux rassembla ses fidèles et marcha contre ses fils. La rencontre eut lieu dans la région de Colmar, en un lieu qui fut ensuite appelé « Champ du Mensonge ». Les deux armées campèrent face à face. Grégoire IV s'entremit pour éviter la bataille. L'irrésolution de l'empereur lui aliéna ses partisans. Bientôt son armée presque entière passa à l'ennemi. Louis le Pieux ne voulut pas exposer la vie de ses derniers fidèles et se rendit au camp de ses fils. Il fut arrêté, dépouillé de ses armes, enfermé sous bonne garde dans un pavillon avec le jeune Charles. Judith fut expédiée dans une forteresse à Tortone, en Lombardie ; elle s'en tirait à bon compte. Charles fut relégué au monastère de Prüm, toutefois sans être tonsuré, mais « pour s'accoutumer à la vie monastique ». Louis et Pépin repartirent dans leurs royaumes respectifs. Déjà, l'on murmurait contre l'attentat qui venait d'être commis et le peuple plaignait l'infortune de Louis le Pieux. Afin d'en finir, Lothaire réunit une assemblée à Soissons, en octobre 833. Il obtint des grands la déposition en bonne et due forme de son père. Bien plus, Louis le Pieux dut répéter la scène de 817, s'humilier, proclamer publiquement ses crimes contre ses fils et accepter la pénitence prononcée contre lui par l'archevêque de Reims. On lui enleva les insignes impériaux et on le revêtit d'un cilice. Lothaire continua cependant à le persécuter, le traînant d'un palais à l'autre.

« Cependant, écrit Nithard (qui fut, en raison de ses origines, témoin direct de ces événements), les peuples de France, de Bourgogne, d'Aquitaine, de Germanie, se réunirent pour faire entendre leurs plaintes sur le destin du malheureux empereur. » Lothaire ne parvenait pas à maîtriser la situation. Il avait pourtant désintéressé ses frères par un nouveau partage de l'Empire, mais ils refusaient d'être ses subordonnés et conspiraient contre lui. Les grands s'estimaient mal récompensés de l'aide qu'ils lui avaient accordée. Passons sur des détails aussi fastidieux que navrants. Louis et Pépin unirent leurs forces contre Lothaire qui dut libérer l'empereur déchu et s'enfuir en Italie. Ce furent les évêques qui avaient condamné Louis à Soissons qui lui rendirent ses insignes, après avoir aboli la sentence. Il se fit couronner une seconde fois. Judith et Charles lui furent rendus.

L'impératrice tenait sa revanche. Débarrassée de Lothaire, elle ne craignait ni Pépin ni Louis. Son seul but fut dès lors d'assurer à son fils le plus vaste royaume possible. Elle avait repris son ascendant sur Louis le Pieux. Il avait néanmoins accordé son pardon à ses fils coupables, continuait de les aimer et ne voulait point compromettre leur avenir. Mais Judith le dominait entièrement. À l'assemblée d'Aix-la-Chapelle en 837, il attribua à Charles la Frise, tout le territoire compris entre la Seine et la Meuse, plus une partie de la Bourgogne. Pépin mourut en 838. Frustrant les héritiers de celui-ci, l'empereur donna l'Aquitaine à Charles et le fit couronner à Quierzy-sur-Oise.

Déjà il vieillissait, touchait à la décrépitude. Prévoyant sa fin prochaine et redoutant l'avenir, Judith le persuada de se réconcilier avec Lothaire. À l'assemblée de Worms, en 839, l'Empire fut à nouveau partagé. Lothaire choisit l'Italie et tous les territoires situés à l'est de la Meuse. Charles eut l'ouest. La Bavière était laissée à Louis le Germanique. Ainsi Charles devenait l'égal de Lothaire. Le titre impérial ne fut même pas évoqué. Lothaire feignit d'accepter cet arrangement. Louis le Germanique ne sut pas montrer la même patience. Il se rebella, mais prit la fuite à l'approche de l'armée de son père. Ébranlé par tant de secousses, Louis le Pieux tomba malade et se fit transporter à Mayence. Il y mourut le 20 juin 840. Son demi-frère Drogon, qu'il avait nommé évêque de Metz, le fit inhumer dans la basilique Saint-Arnoul, aïeul des Carolingiens. Ainsi s'acheva le triste règne de ce prince qui, après des débuts prometteurs, était parvenu en moins de trois décennies à ruiner l'œuvre de Charlemagne. Il n'avait point usurpé le surnom de Débonnaire qui lui fut attribué ultérieurement par les historiens.

III

LES FRÈRES ENNEMIS

Sentant sa mort prochaine, Louis le Pieux avait envoyé à Lothaire « une couronne et une épée enrichie d'or et de pierres précieuses, à condition qu'il garderait sa foi à Charles et à Judith, et qu'il abandonnerait et protégerait toute la portion de l'Empire dont ce jeune prince avait été mis en possession devant Dieu et tous les seigneurs du palais » (l'Astronome). Lothaire ne tint pas ses engagements. Il considérait comme nuls les projets successifs de partage de l'Empire. Ce fut l'*Ordinatio* de 817 qu'il prétendit appliquer. Dès qu'il apprit la mort de Louis le Pieux, il envoya partout des messagers pour annoncer son intention de prendre possession de l'Empire, « promettant qu'il conserverait à chacun les honneurs et bénéfices qu'avait accordés son père, et qu'il voulait même les augmenter. Il ordonna aussi qu'on fît prêter serment de fidélité aux gens dont il doutait, leur enjoignant en outre de venir à sa rencontre le plus vite qu'ils pourraient, et menaçant de la peine de mort ceux qui s'y refuseraient » (Nithard).

Un grand nombre de seigneurs et d'évêques se présentèrent à lui, « entraînés par l'avidité et la crainte ». Il était venu d'Italie non pas avec une escorte, mais avec une armée. Sa position paraissait inattaquable. L'*Ordinatio* gardait sa valeur légale, et d'autant plus que Lothaire avait reçu le diadème et portait le titre d'empereur. Les partages subséquents n'avaient point reçu d'application ; ils étaient restés à l'état de projets tant que Louis le Pieux avait vécu. Lothaire n'attachait pas la moindre importance aux promesses qu'il avait faites à ses frères. Il s'en tenait au fait qu'il avait naguère cosigné les actes de gouvernement et que son père lui avait envoyé la couronne et l'épée, montrant par là même qu'il lui léguait l'Empire. Il ne voulait point dépouiller ses frères, mais les subordonner et surtout réduire la part de Charles le Chauve.

Ce dernier n'avait que dix-sept ans, mais sa mère veillait. Elle s'employait à le faire reconnaître pour roi par les grands de Neustrie. Louis le Germanique bataillait en Saxe pour réprimer une révolte ; il ne disposait que d'une petite armée. Les Aquitains s'étaient regroupés autour de Pépin II, fils de Pépin d'Aquitaine, injustement spolié par Louis le Pieux. Ils ne voulaient point obéir à Charles le Chauve.

Lothaire croyait facile de vaincre séparément les trois roitelets et leurs partisans. Pour affaiblir Charles, il promit son appui à Pépin II d'Aquitaine. Tout en amusant Charles de fausses promesses, il débauchait ses hommes et cherchait à faire enlever Judith. Il se dirigea soudain vers l'est et occupa la ville de Worms, dans le dessein d'attaquer Louis. Mais ce dernier avait pris ses dispositions. Les deux armées campèrent à faible distance l'une de l'autre. Elles n'engagèrent pas le combat. Lothaire accorda à Louis une trêve d'un an. Puis il se retourna contre Charles et marcha vers la Loire. Au passage, il reçut les serments de la plupart des grands. Gérard, comte de Paris, et l'abbé de Saint-Denis, Hilduin, abandonnèrent eux-mêmes le parti de Charles, aimant mieux, « comme des esclaves, trahir leur foi et leurs serments que d'abandonner leurs biens pour un peu de temps » (Nithard). Or Charles avait envoyé deux ambassadeurs auprès de Lothaire, pour le conjurer « de se rappeler les serments qu'ils s'étaient prêtés, l'un à l'autre, d'observer les conventions que leur père avait conclues entre eux, de songer à ce qu'il devait à son père, à son filleul[1], de se contenter de garder pour lui ses propres États, et de laisser à son frère, sans combat, ce que leur père lui avait accordé de son consentement. Charles promit que, si Lothaire agissait ainsi, il lui serait fidèle et soumis, comme il convenait de l'être à un frère aîné. Il promit en outre qu'il pardonnerait de cœur à Lothaire tout ce qu'il avait fait jusque-là contre lui, le suppliant de ne pas exciter davantage ses sujets à la révolte et de ne plus troubler le royaume que Dieu lui avait confié. Enfin il l'engagea à respecter en toutes choses la paix et la concorde, l'assurant que lui et les siens en feraient autant de leur côté et que, si Lothaire doutait de lui, il lui donnerait de ses intentions pacifiques tous les gages qu'il pourrait désirer». Nithard étant l'un des ambassadeurs de Charles, connaissait bien les arguments mis en avant par celui-ci. Lothaire réserva sa réponse. Cette ambassade fut suivie de plusieurs autres, qui n'obtinrent pas de meilleur résultat. Chacun des adversaires cherchait à gagner du temps. Charles parvint à rallier quelques grands et à mettre en déroute une armée de Pépin II d'Aquitaine. Cependant Lothaire se rapprochait d'Orléans. Les deux armées campèrent à six lieues l'une de l'autre. Une fois de plus, Lothaire évita le combat, bien qu'il eût la supériorité numérique. Ce fut sa seconde erreur. Il estimait, à tort, que l'armée de Charles s'amenuiserait de jour en jour, alors que la sienne augmenterait. Les Bretons venaient de se donner à lui. Les Aquitains se déclaraient ses alliés. Il accorda une trêve à Charles et lui concéda, à titre provisoire, l'Aquitaine, la Septimanie, la Provence et dix comtés de Neustrie. On convint d'une rencontre ultérieure, à Attigny, pour arrêter les conditions d'un traité définitif. Charles n'avait pas le choix ; il accepta cet arrangement. Il profita de la trêve pour rallier

1. Lothaire avait en effet accepté d'être le parrain de Charles.

d'autres grands seigneurs à sa cause: les comtes de Mâcon et du Mans et surtout Bernard de Septimanie. Le duc des Bretons, Nominoë, n'hésita pas à tourner casaque, oubliant le serment prêté à Lothaire. Ces adhésions restaient précaires. En réalité les grands tiraient parti de la situation et attendaient l'issue du conflit pour se donner au vainqueur. Lothaire ne se présenta pas à Attigny, où Charles était venu l'attendre. Il avait franchi le Rhin et s'avançait vers les États de Louis. L'armée de ce dernier prit la fuite et il dut lui-même se retirer en Bavière, suivi de quelques fidèles. Victorieux sans avoir combattu, Lothaire repassa le Rhin et se rendit à Aix-la-Chapelle. Il avait chargé le duc d'Austrasie, Adhelbert, de barrer éventuellement le passage à l'armée de Louis. Troisième erreur!

Charles et Louis restaient en liaison; ils s'étaient promis assistance; ils avaient concerté une action commune. Au printemps de 841, Louis balaya les troupes du duc d'Austrasie et marcha vers l'ouest. De son côté, Charles venait de forcer le passage de la Seine et s'avançait à la rencontre de son frère. L'impératrice Judith lui amenait des renforts. Lothaire méprisait Louis le Germanique et sous-estimait les forces de Charles le Chauve. Il n'essaya pas d'empêcher leur jonction. Elle s'opéra dans les environs d'Auxerre. Les deux frères tinrent d'abord conseil. Ils envoyèrent des messagers à Lothaire pour lui proposer un accord et l'engager à la modération. Mais Lothaire n'attendait que l'arrivée des troupes de Pépin II d'Aquitaine pour se mettre en route. Il avait confiance en son armée. Il répondit hautainement aux envoyés de ses frères « qu'il ne voulait rien terminer sans combattre ». Informé de l'arrivée prochaine de Pépin II, il donna l'ordre de marche et se dirigea résolument vers Auxerre. Il établit son camp, sans doute le 20 juin, à 30 kilomètres au sud-ouest de cette ville, à Fontanet, aujourd'hui Fontenoy-en-Puisaye. Louis et Charles campaient non loin de là. Ils l'aperçurent, « couvert de ses armes », effectuant une reconnaissance et s'avancèrent vers lui. On échangea des messagers. Louis et Charles lui proposaient une entrevue ; ils lui offraient toutes les garanties qu'il pouvait souhaiter pour sa sécurité. Lothaire différa sa réponse. Le lendemain, ils renouvelèrent leur tentative. Les deux armées, séparées par un marécage et par un bois, se préparaient au combat. Louis et Charles exhortèrent Lothaire à « se souvenir qu'il était leur frère, à permettre à l'Église de Dieu et à tout le peuple chrétien de vivre en paix, à leur accorder les royaumes que, de son consentement, leur père leur avait donnés... ». Le retard de Pépin II inquiétait Lothaire. Il demanda un délai pour « examiner avec soin quel était l'intérêt commun, tant d'eux-mêmes que de tout le peuple, pour le régler selon la justice qui doit régner entre des frères et les peuples du Christ ». Ces intentions pacifiques, corroborées par un serment, rassurèrent Charles et Louis. Ils devaient pourtant savoir que les serments ne coûtaient guère à leur frère aîné ! Le 24 juin, Pépin II arriva enfin au camp de Lothaire. Aussitôt celui-ci jeta le masque. Il fit savoir à Charles et à Louis « qu'ils savaient qu'une autorité supérieure lui avait donné le titre d'empereur ». Il les incitait à « réfléchir à la grandeur dont il avait besoin pour remplir une charge si haute ». Charles et Louis demandèrent à son envoyé si des compensations étaient prévues à leur endroit. Il répondit par la négative. Ainsi Lothaire prétendait les obliger à le reconnaître pour empereur, sans même leur offrir un dédommagement. Dès lors le recours aux armes était inévitable. Charles et Louis firent savoir à Lothaire qu'ils s'en remettaient au Jugement de Dieu et lui offrirent le combat pour le lendemain, 25 juin 841. Lothaire méprisa cette menace.

Évoquant le souvenir de cette bataille à laquelle il participa, Nithard se met curieusement en scène, non pas en combattant mais en scribe penché sur son manuscrit : « Tandis que j'écris ces choses auprès de Saint-Cloud, dans le pays situé au-dessus de la Loire, le jour du dimanche 18 octobre, à la première heure du jour, une éclipse de soleil arrive dans le signe du Scorpion... » Les souvenirs l'assaillent de toutes parts. On dirait qu'il répugne à donner des détails. Pour lui ce combat qu'il qualifie de « grand et rude », d'« opiniâtre », reste fratricide, un peu honteux. Pourtant il fut l'un des artisans de la victoire, puisqu'il commandait un corps d'armée. Il dit que Charles et Louis firent mouvement à l'aube du 25 juin et occupèrent une colline proche du camp ennemi. On en vint aux mains et l'acharnement fut tout de suite extrême. Lothaire se défendit vaillamment pendant plusieurs heures, mais Charles et Louis ne montraient pas moins de valeur. Finalement l'armée de Lothaire plia. Il ne put empêcher la débandade et dut se résoudre à fuir. Son sort était désormais scellé ! Nithard a le cœur serré en montrant les siens qui, le lendemain de la bataille, enterraient les milliers de morts, amis et ennemis, fidèles et infidèles, et secouraient les blessés. On avait épargné les prisonniers, par miséricorde et dans l'espoir qu'ils serviraient désormais les deux rois. Le poète Angilbert avait aussi pris part à la bataille. Il dit que les vêtements de lin des guerriers morts[1] blanchissaient la sinistre plaine comme le plumage des oiseaux migrateurs. Une partie de la noblesse franque avait été fauchée en ce jour mémorable : elle ferait sous peu cruellement défaut ! La victoire de Fontenoy incita les hésitants à se rallier. Tel fut le cas de Bernard de Septimanie, qui avait répondu à l'appel de Charles, mais s'était abstenu de combattre.

Lothaire ne renonça pas. Il reprit ses intrigues, s'efforçant de rompre l'alliance entre Charles et Louis. Il tenta, une fois encore, de les attaquer séparément. Pépin II d'Aquitaine et plusieurs grands abandonnèrent alors son parti. Il atermoya, laissa à nouveau ses

1. Il était d'usage de dépouiller les morts ; on ne leur laissait que leur chemise.

frères réunir leurs forces. Charles et Louis se rencontrèrent à Strasbourg et décidèrent de renforcer leur alliance par un double serment prêté devant leurs troupes respectives. Le 14 février 842, Louis, en sa qualité d'aîné, s'adressa à ses guerriers en langue tudesque. Il leur dit, selon Nithard :

« Vous savez combien de fois, depuis la mort de notre père, Lothaire s'est efforcé de poursuivre et de perdre moi et mon frère que voici. Puisque ni la fraternité, ni la chrétienté, ni aucun moyen n'ont pu faire que la justice fût maintenue, et que la paix subsistât entre nous, contraints enfin, nous avons remis l'affaire au Jugement de Dieu tout-puissant, afin que sa volonté accordât à chacun ce qui lui était dû. Dans ce débat, comme vous le savez, et par la miséricorde de Dieu, nous sommes demeurés vainqueurs. Lothaire vaincu s'est réfugié où il a pu avec les siens. Émus pour lui d'une amitié fraternelle, et touchés de compassion pour le peuple chrétien, nous n'avons pas voulu le poursuivre et détruire lui et son armée. Nous lui avons demandé, alors comme auparavant, que chacun jouît en paix de ce qui lui revenait. Mais, mécontent du Jugement de Dieu, il ne cesse de poursuivre à main armée mon frère et moi ; il désole de plus nos sujets par des incendies, des pillages et des meurtres. C'est pourquoi, forcés par la nécessité, nous nous réunissons aujourd'hui. Et, comme nous croyons que vous doutez de la sûreté de notre foi et de la solidité de notre union fraternelle, nous avons résolu de nous prêter mutuellement un serment en votre présence. Ce n'est point une avidité coupable qui nous fait agir de la sorte ; nous voulons être assurés de nos communs avantages et que, par votre aide, Dieu nous donne enfin le repos. Si jamais, ce qu'à Dieu ne plaise, je violais le serment prêté à mon frère, je vous délie tous de toute soumission envers moi et de la foi que vous m'avez jurée. »

Charles s'adressa dans les mêmes termes à sa propre armée, mais en langue romane. En sa qualité d'aîné,

Louis prêta serment le premier, et il le fit en langue romane. Charles prononça ensuite le même serment en langue tudesque. Ainsi, chacun des deux rois put-il être compris par les guerriers des deux nations. Nithard a pris soin de noter les deux versions du serment; en voici la traduction:

« Pour l'amour de Dieu et du peuple chrétien, pour notre salut commun dorénavant, autant que Dieu me donnera savoir et pouvoir, je secourrai ce mien frère Charles (ou Louis) et l'aiderai en toute chose, comme on doit secourir par droit son frère, à condition qu'il en fasse de même pour moi. Et je ne conclurai avec Lothaire nul arrangement qui serait dommageable à mon frère Charles (ou Louis). »

Les deux armées, chacune dans leur langue, prêtèrent ensuite le serment de ne pas donner assistance à Charles, s'il enfreignait l'engagement souscrit envers Louis, et inversement. Nithard se plaît à rappeler la bonne entente qui régnait alors entre Charles et Louis: « La sainte et respectable concorde de ces deux frères servait d'exemple à toute la noblesse, car ils se donnaient continuellement des repas, et tout ce qu'ils avaient de précieux, l'un le donnait généreusement à l'autre. Une même maison leur servait pour les repas et pour le sommeil. Ils traitaient avec le même accord et les affaires générales et les affaires particulières. L'un des deux ne demandait à l'autre rien de plus que ce qui lui paraissait utile et convenable. Ils fréquentaient souvent afin de prendre de l'exercice, des jeux auxquels on procédait dans l'ordre suivant... » Il décrit alors une sorte de tournoi très primitif, très animé, en signalant qu'on évitait avec soin de se blesser ou de s'insulter. C'était un simulacre de combat à la lance.

Pourtant cet aimable spectacle ne pouvait distraire Nithard de ses pensées. Il avait grandi à la Cour de Charlemagne. Il connaissait la pensée de ce grand-père auquel il vouait une admiration sans réserve.

Certes, il se félicitait de la bonne entente entre Louis et Charles, puisqu'il avait choisi de servir celui-ci. Mais il comprenait aussi, et mieux que quiconque, la signification réelle du serment de Strasbourg. « Mon esprit accablé d'innombrables tristesses, écrivait-il, cherche dans ses méditations où je pourrais me retirer entièrement des affaires publiques. Par malheur, la fortune m'a lié de si près à tout ce qui se passe, qu'elle m'entraîne au milieu de cruelles tempêtes… »

IV

LE TRAITÉ DE VERDUN

L'histoire des petits-fils de Clovis allait-elle se répéter, et produire les mêmes désastres ? On pouvait le penser. Les affaires publiques étaient négligées. Le peuple souffrait. Ce n'était pas impunément que les trois princes avaient requis l'aide des grands pour vider leur querelle, ni recouru à l'arbitrage toujours intéressé des évêques. En dépit de ses insuffisances, Louis le Pieux avait légué un empire géographiquement intact à ses fils. Depuis sa mort, la situation s'était dégradée. Les Normands, les Arabes, jusqu'ici contenus tant bien que mal, reprenaient de l'audace, menaçaient à nouveau les côtes. Mais l'unique souci des héritiers du défunt empereur était d'assouvir leur appétit de terre.

Le serment de Strasbourg ne préparait pas seulement la dislocation de l'Empire. Il mettait implicitement fin à l'absolutisme royal. En associant les guerriers à leur serment, les deux rois reconnaissaient leur participation effective à la décision qu'ils avaient prise. L'autorité des grands s'en trouvait renforcée ; ils étaient désormais certains que les rois ne pouvaient rien faire sans leur appui. Si Charles et Louis crurent qu'ils pourraient ressaisir l'intégralité du pouvoir et imposer leur volonté aux comtes de leur parti, ils déchantèrent vite. Mais, pour l'heure, tout leur réussissait. Lothaire était aux abois ; il évacua précipitamment Aix-la-Chapelle, non sans emporter le trésor. Charles et Louis occupèrent le palais de Charlemagne. À leur demande, les évêques se réunirent pour examiner le cas de Lothaire. Ils étaient trop heureux de jouer ce rôle de justiciers. Sans entendre Lothaire, ils estimèrent que le Jugement de Dieu avait sanctionné ses crimes à la bataille de Fontenoy. Coupable d'avoir emprisonné et destitué son père, d'avoir essayé de spolier ses frères de leur héritage au mépris de ses promesses, coupable aussi d'avoir tyrannisé l'Église, perpétré des meurtres, des incendies et des pillages, il était indigne de régner. En conséquence le gouvernement de ses États était dévolu à ses frères. « En vertu de l'autorité divine, déclarèrent les évêques, nous vous engageons, exhortons et ordonnons de prendre le royaume et de le gouverner selon les lois de Dieu. » À la suite de quoi chacun des frères choisit douze de ses fidèles pour diviser équitablement le royaume de Lothaire. Nithard faisait partie de cette commission. Ce n'étaient donc pas les deux rois qui procéderaient en réalité au partage, mais les grands ; il ne leur resterait qu'à avaliser les décisions de ces derniers. C'est ainsi qu'il faut interpréter ce passage de Nithard : « On tint moins compte dans ce partage de la fertilité et de l'égalité des parts, que de la proximité et des convenances. » Cela signifie que les grands du parti de Charles veillèrent à ce que leurs comtés et domaines patrimoniaux ne fussent pas dans la part de Louis, en tout ou partie, et vice versa.

Le partage ne fut pas du goût de tout le monde. Il y eut des murmures. L'ambition de Charles et de Louis fut jugée excessive par certains. Les deux rois se prenaient à douter de leur bon droit, malgré la condamnation de Lothaire et sa destitution prononcée par les évêques. L'influence des grands se faisait sentir. Ils préconisaient un arrangement, car ils espéraient en tirer profit. Charles et Louis regrettaient d'ailleurs de spolier entièrement leur frère aîné, alors que Louis le Pieux lui avait constamment réservé une portion du royaume. Ils lui firent savoir qu'ils étaient prêts à négocier sur la base d'un partage de l'Empire en trois parts égales, l'Italie, la Bavière et l'Aquitaine devant rester à leurs possesseurs actuels.

Lothaire céda. Dans sa situation, cette offre était inespérée. Il déplora toutefois « le malheur de ceux qui avaient embrassé sa cause, attendu que, dans la part qu'on lui proposait, il n'aurait pas de quoi les indemniser des biens qu'ils perdaient ailleurs ». Cette réponse corrobore la déclaration de Nithard. De même que ses frères, Lothaire était d'ores et déjà dans la main des grands. Lui aussi serait contraint d'accepter les décisions de ceux-ci. Les négociations furent laborieuses. Pendant ce temps, les Normands s'en donnaient à cœur joie. Ils ravageaient les ports de Frise et de Neustrie, pillaient Quentovic et Rouen, rançonnaient le monastère de Saint-Wandrille, s'emparaient de Nantes qu'ils mettaient à sac, descendaient vers l'estuaire de la Gironde. Les pirates maures désolaient la Provence et le sud de l'Italie. Les Aquitains rebelles s'alliaient aux Bretons contre Charles le Chauve.

Les trois rois et les grands avaient d'autres soucis que la défense des peuples maritimes ! Le 15 juin 842 (huit jours avant la prise de Nantes par les Normands !), ils se réunirent dans la petite île d'Ansille, près de Mâcon, arrêtèrent le principe d'un accord et se jurèrent une paix perpétuelle. On convint d'envoyer des commissaires dans tout l'Empire afin de recueillir les informations utiles. Charles le Chauve eut le temps de mater les rebelles aquitains et d'épouser Ermentrude, fille du comte Eudes d'Orléans apparenté aux plus grandes familles de Neustrie et d'Austrasie ; Louis le Germanique, de réprimer une nouvelle révolte des Saxons. Lothaire continuait à espérer une augmentation de sa part et il eût rallumé le conflit, si les grands ne lui avaient imposé le respect de la trêve. Il fallut plus d'un an pour que les commissaires aboutissent à un accord définitif.

Le traité fut signé en août 843, près de Verdun, par les trois frères enfin réconciliés. Les archives ne gardent pas trace de cet acte ; il est néanmoins possible d'en reconstituer indirectement la teneur. Lothaire conservait le titre d'empereur. Son royaume s'étendait de la Méditerranée à la mer du Nord ; il englobait donc l'Italie et toute la région comprise entre les Alpes, l'Aar et le Rhin à l'est, le Rhône, la Saône, la Meuse et l'Escaut à l'ouest, c'est-à-dire une bande de terre longue de 2000 kilomètres, large de 200. Il détenait les deux capitales : Rome et Aix-la-Chapelle. Louis le Germanique recevait les territoires situés à l'est du Rhin (Bavière, Carinthie et Saxe). Charles le Chauve eut la partie occidentale, c'est-à-dire approximativement l'ancienne Gaule augmentée de la marche d'Espagne. Si la frontière entre Lothaire et Louis le Germanique était bien délimitée (les Alpes, le Rhin), il n'en était pas de même du royaume de Charles le Chauve. On l'avait augmenté de la Frise et du comté de Châlons, mais amputé de plusieurs comtés sur la rive droite du Rhône. Il eût été logique de suivre la ligne de ce fleuve, mais on avait tenu compte des « convenances » dont parle Nithard, c'est-à-dire des desiderata des grands. Ceux qui avaient embrassé le parti de Charles le Chauve ou de Lothaire devaient rester avec le prince de leur choix, au risque de perdre leurs « honneurs » : on ne pouvait s'engager par serment envers deux maîtres à la fois. La vieille Austrasie, berceau de la dynastie carolingienne, se trouvait morcelée. Lothaire avait Metz, la ville de saint Arnoul, mais Charles le Chauve gardait Laon et les territoires du Nord. Le traité de Verdun comprenait aussi des dispositions d'ordre politique, que nous ignorons, mais que l'on peut déduire des faits ultérieurs. Chacun des trois frères s'intitula roi des Francs : ainsi l'unité de l'Empire fut-elle fictivement maintenue. Lothaire était empereur et roi, mais il n'avait aucun pouvoir sur les deux autres royaumes. Ses frères ne lui étaient point assujettis. Sans doute la concorde leur fut-elle recommandée dans l'intérêt de leurs peuples et de la chrétienté. Les royaumes de Charles le Chauve et de Louis le Germanique présentaient une certaine homogénéité. Au contraire, l'hétérogénéité du royaume de Lothaire laisse apercevoir sa prompte dislocation, ainsi que les luttes séculaires entre la France et l'Allemagne pour s'approprier les Flandres et la Lorraine. Car le traité de Verdun est la première esquisse de la carte européenne : la France, l'Italie forment désormais des entités géopolitiques. Il n'existait alors que deux zones linguistiques ; elles vont se diversifier et les différences iront en s'accentuant. La France, l'Allemagne, l'Italie commenceront à exister par elles-mêmes ; elles auront leurs propres orientations.

La division de l'Empire en *Francia occidentalis* (France occidentale), *Media Francia* (France médiane) et *Francia orientalis* (France orientale) mettait le point final à l'épopée des Francs. Leur foi et leur pugnacité soutenues par le génie de Charlemagne les avaient conduits à l'empire. Ils s'étaient crus un moment maîtres du monde, missionnés par Dieu pour convertir les peuples et protéger le Saint-Siège. Les rois, les grands les avaient trahis, rendant inutiles les dévouements et les sacrifices. Le *Regnum Francorum* avait cessé d'être. L'élan était brisé. L'ordre carolingien allait faire place à l'anarchie.

Le traité de Verdun fut ressenti comme une catastrophe par l'opinion. Nithard s'en fait l'écho, quand il écrit :

« Dans le temps du grand Charles, d'heureuse mémoire, qui mourut il y a déjà près de trente ans, le peuple marchait d'un commun accord dans la droite voie, la voie du Seigneur ; aussi la paix et l'harmonie régnaient partout. Mais à présent, au contraire, comme chacun marche dans le sentier qui lui plaît, partout éclatent les dissensions et les querelles. Autrefois régnaient l'abondance et la joie, maintenant partout sont la disette et la tristesse. Les éléments mêmes étaient jadis favorables à tous les rois, et maintenant ils leur sont hostiles, comme l'atteste l'Écriture, don précieux de Dieu. Tout l'univers combattra contre les insensés. »

C'est en ces termes pathétiques que le poète Florus déplore la division de l'Empire : « Hélas ! où est-il cet Empire qui s'était donné pour mission d'unir par la foi des races étrangères et d'inspirer aux peuples domptés le frein du salut ? Le nom et la gloire de l'Empire sont également perdus... Les royaumes, jusqu'alors unis, ont été déchirés en trois parties. Au lieu d'un roi, il y a un roitelet ; au lieu d'un royaume, des morceaux de royaume. »

On comprend l'amertume de ceux qui avaient connu Charlemagne, combattu sous ses ordres, avec la fierté de porter à son zénith la gloire des Francs. Ils avaient partagé avec lui l'illusion d'élever un édifice incomparable. C'étaient les nostalgiques d'une grandeur déchue. La génération montante n'était pas animée par les mêmes sentiments. Elle les rejetait dans leurs souvenirs. Cependant le concept impérial n'était pas entièrement effacé. Après la mort de ses frères, Charles le Chauve porta le titre désormais fictif d'empereur pendant deux ans (875-877). Inversement, un descendant de Louis le Germanique, l'empereur Charles le Gros, devint éphémèrement roi des Francs en 884. Aucun de nos rois ne parvint ensuite à coiffer la couronne impériale. Le titre resta en Germanie. Après l'extinction de la lignée de Louis le Germanique, il passa aux Ottoniens, qui étaient saxons. En France, les derniers princes carolingiens disputaient le trône aux Robertiens, depuis que Charles le Chauve avait amené avec lui un certain Robert le Fort[1].

1. Ancêtre des Robertiens-Capétiens ; voir *Hugues Capet, le fondateur*, même auteur, éditions Pygmalion/Gérard Watelet.

Cependant, qu'ils fussent carolingiens ou robertiens, les rois de France se voulaient empereurs en leur royaume ; ils ne reconnaissaient pas l'autorité des Césars germaniques. La France avait déjà sa propre destinée, comme l'Allemagne et l'Italie avaient les leurs. C'est en ce sens que l'on peut dire que le traité de Verdun est l'acte de naissance de l'Europe.

« Pleurez sur la race des Francs, s'écriait Florus, qui, par don du Christ élevée au rang d'Empire, est réduite ce jour en poussière ! »

Ce n'était point la race des Francs qui tombait en poussière, mais l'œuvre politique de Charlemagne, c'est-à-dire un agrégat de nations dissemblables par leurs aspirations et par leur passé. Une œuvre à la vérité trop vaste, trop hâtive, trop fragile dans ses structures, et dont l'accomplissement n'avait tenu qu'au génie d'un seul homme, pour cela même menacée de disparaître avec lui ! Un songe grandiose et généreux se défaisait. Cependant l'essentiel était préservé, à savoir les valeurs intellectuelles et spirituelles dont Charlemagne avait été le promoteur obstiné, plus encore, une façon commune d'être, de croire et de penser, en un mot : *l'âme de l'Europe*. Elle reste, pour nous Européens à l'aube du XXIe siècle, le meilleur de notre héritage et le garant de notre pérennité.

ANNEXES

FAMILLE DE CHARLEMAGNE

Charlemagne eut quatre fils et sept filles légitimes; quatre fils et trois filles naturels.

ÉPOUSES ET ENFANTS LÉGITIMES :

— Désiderate, ou Hermengarde, fille de Didier, roi des Lombards, épousée en 770 et répudiée l'année suivante, sans enfants.

— Hildegarde, épousée en 772, morte à Thionville en 783, et qui lui donna :

Quatre fils : Charles, roi d'Austrasie, né en 772, mort sans enfants en 811 ; Pépin, roi d'Italie, né en 776, mort en 810 ; Louis le Pieux ou le Débonnaire, né en 778, mort en 840, empereur de 814 à 840 ; Lothaire, né en 778, mort en bas âge (frère jumeau de Louis).

Cinq filles : Adélaïde, née en 773, morte jeune ; Rotrude, née en 775 (?), morte en 810 (elle avait été fiancée au basiléus Constantin VI) ; Berthe, née vers 775 (?), morte vers 853 (?): elle épousa Angilbert ; Gisèle (781 ?) et Hildegarde, née en 782, morte en 783.

— Fastrade, fille de Rodolphe, comte de Franconie, épousée en 783, morte en 794, et qui lui donna :

Deux filles : Théoderade, abbesse de Notre-Dame d'Argenteuil, et Hiltrude, abbesse de Faremoutiers.

— Liutgarde, épousée vers 794 et morte en 800, sans enfants.

Concubines et enfants naturels :

— Himilitrude qui, avant 770, donna deux enfants à Charlemagne : un fils, Pépin le Bossu (qui se révolta contre son père et mourut au monastère de Prüm en 811) et une fille, Rothais, encore vivante en 806.

— Maltegarde qui lui donna une fille, Rothilda, abbesse de Faremoutiers (?).

— Gersuinde qui lui donna une fille, Adaltrude.

— Regina qui lui donna deux fils : Drogon, évêque de Metz de 825 à 857, et Hugues, abbé de Saint-Quentin, mort en 844.

— Adalinde qui lui donna Thierry, né en 810 et tonsuré en 818 en même temps que Drogon et Hugues.

DYNASTIE CAROLINGIENNE JUSQU'EN 843

— Pépin le Bref, roi des Francs de 751 à 768, eut deux fils : Charles (le futur Charlemagne) et Carloman, entre lesquels il partagea son royaume. Le royaume fut réunifié en 771 après la mort de Carloman.

— Charlemagne, d'abord roi et couronné à Noyon en 768, puis roi des Lombards en 774, enfin empereur en 800, mort en 814. Il eut pour fils : Pépin le Bossu (qui se révolta contre lui et fut enfermé dans un monastère), Charles, Pépin d'Italie (roi d'Italie de 781 à 811), Louis (qui devint empereur) et plusieurs bâtards.

— Louis Ier le Pieux, ou le Débonnaire, empereur de 814 à 840. D'abord roi d'Aquitaine (781), il devint empereur après la mort de Charlemagne. Il eut pour fils : Lothaire, Pépin d'Aquitaine (voir ce nom dans les Notices biographiques), Louis le Germanique, Charles le Chauve.

— Lothaire Ier fut associé par Louis le Pieux au titre d'empereur en 817 et fut roi des Lombards en 820. Il détrôna par deux fois son père (830 et 833). Resté seul empereur à la mort de Louis le Pieux, il fut contraint de partager l'Empire en 843 par le traité de Verdun. Il conserva le titre désormais fictif d'empereur et la France médiane ; Louis le Germanique eut la France orientale et Charles le Chauve, la France occidentale. Le traité de Verdun consacra la dislocation de l'Empire carolingien.

CARTES

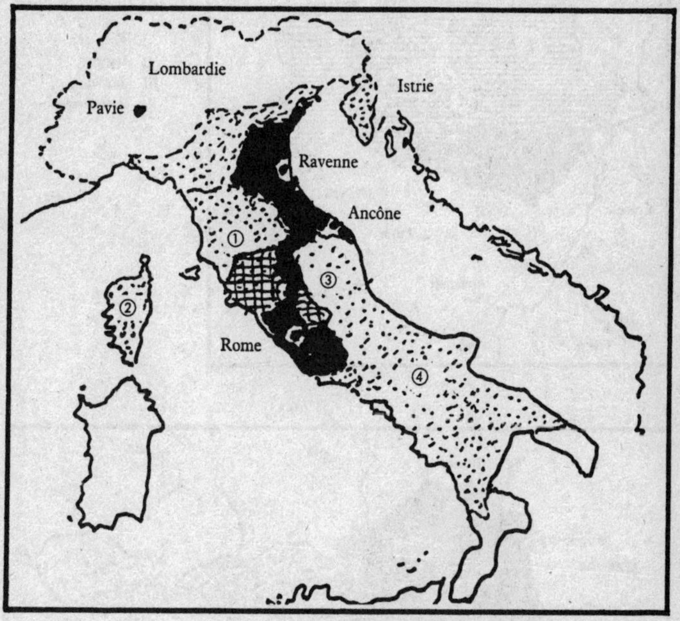

Conflit de Charlemagne avec le pape

État pontifical avant 774

Donation-promesse de 774

Territoires effectivement cédés au pape

① *Tuscie lombarde*

② *Corse*

③ *Duché de Spolète*

④ *Duché de Bénévent*

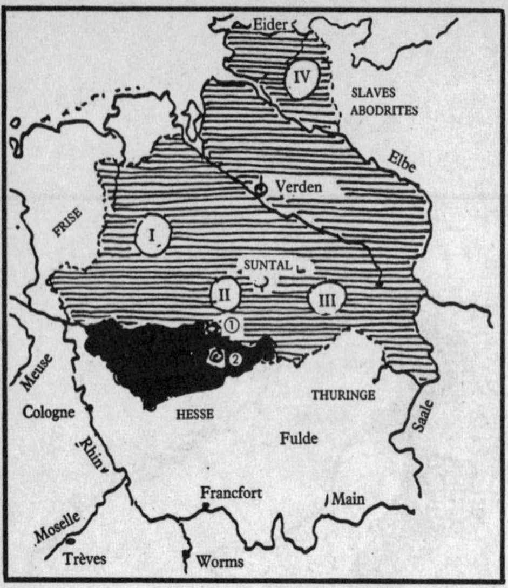

Conquête de la Saxe
(777-799)

Partie conquise en 777

1 *Paderborn*
2 *Eresburg*

Conquêtes ultérieures

I *Westphalie*
II *Angrarie*
III *Ostphalie*
IV *Nordalbingie*

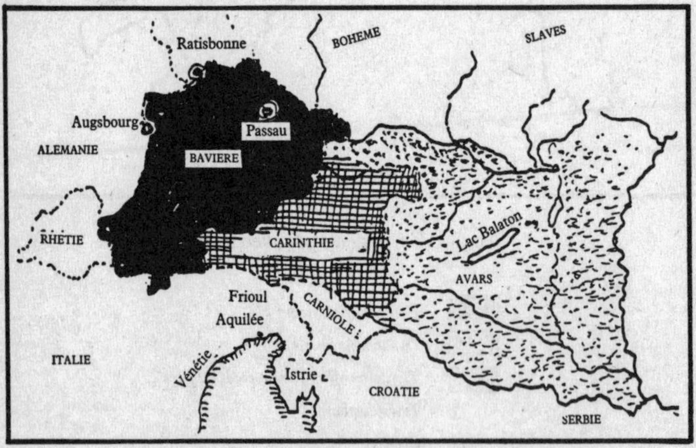

Annexion de la Bavière, de la Carinthie et de l'État des Avars

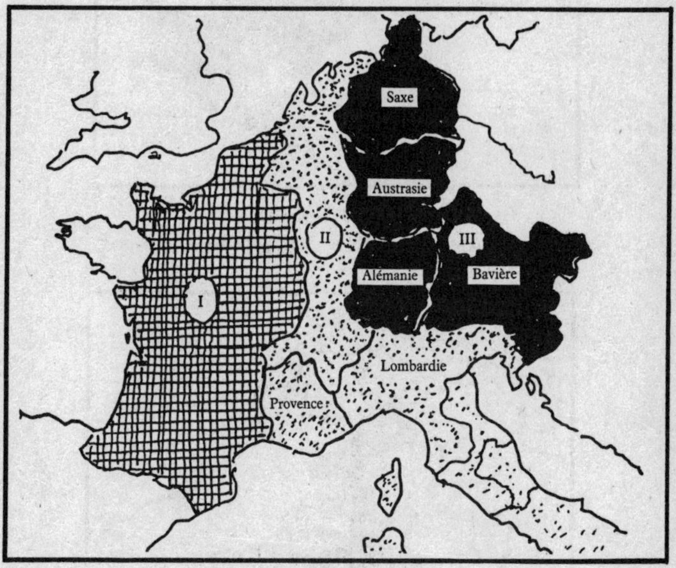

Le traité de Verdun de 843.
Partage de l'Empire entre les trois petits-fils de Charlemagne

(I) *Charles le Chauve*
(II) *Lothaire*
(III) *Louis le Germanique*

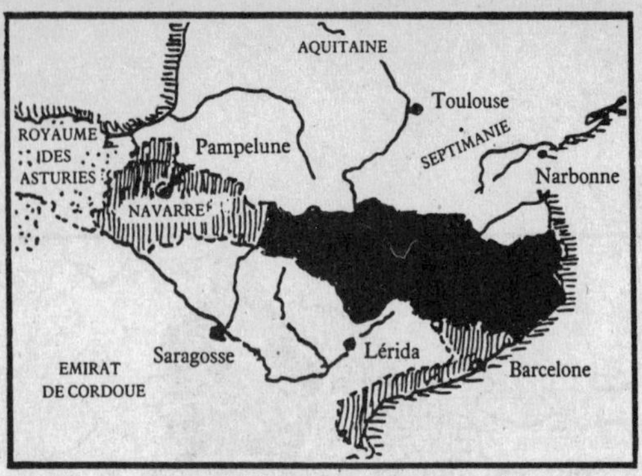

La marche d'Espagne

Annexions avant 800 — *Annexions après 800*

Le royaume d'Italie et l'État pontifical

Royaume d'Italie, ex-royaume de Lombardie — ① *Exarchat de Ravenne*

Possessions byzantines — ② *Pentapole*

État pontifical — ③ *Duché de Rome*

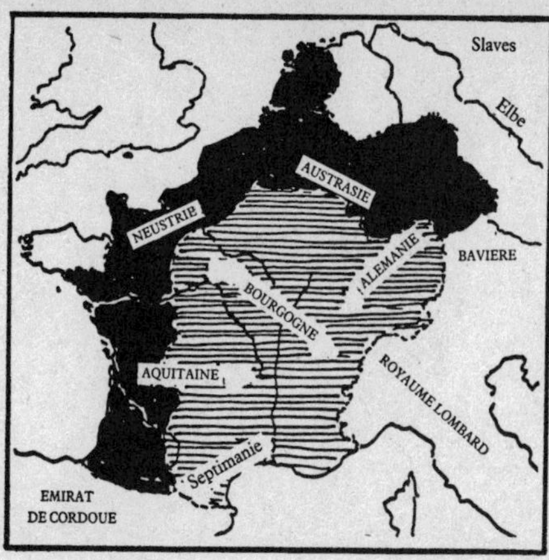

Partage du royaume
de Pépin le Bref
en 768

Part de Charlemagne

Part de Carloman

L'Empire de Charlemagne

Royaume franc en 768

Conquête de Charlemagne

Aix-la-Chapelle

① *Royaume de Lombardie*

② *Saxe*

③ *Bavière et Carinthie*

④ *Avars*

⑤ *Marche d'Espagne*

États tributaires

NOTICES BIOGRAPHIQUES

Abd-er-Rahman Ier-el-Dachil, mort en 788. Petit-fils du calife Hicham, il fut le seul des Omeyyades à échapper au massacre perpétré en 750 par les Abbassides. Il fonda en 756 l'émirat de Cordoue qu'il rendit indépendant des califes abbassides de Bagdad. Il étendit son autorité à presque toute l'Espagne.

Abd-er-Rahman II ibn al-Hakam, né en 792, mort en 852, émir de Cordoue, arrière-petit-fils du précédent. Il repoussa une attaque des Normands à Séville en 843.

Adalard (ou Adalhard) (saint), né vers 751, mort en 826. Parent de Charlemagne, il fut abbé de Corbie et joua un rôle important à la Cour impériale. Disgracié par Louis le Pieux, il recouvra ses fonctions en 821. Il fonda avec son frère Wala l'abbaye de Corvey en Westphalie.

Adalgise, mort en 788. Fils de Didier, roi de Lombardie, et frère de Désirée, épouse de Charlemagne, il fut chassé d'Italie lors de l'expédition de celui-ci en 773 et se réfugia à Byzance. Il tenta en vain de reconquérir son royaume.

Alcuin (Albinus Flaccus), né à York vers 732, mort en 804. Envoyé en mission auprès du pape par l'archevêque d'York, il fut présenté à Charlemagne qui le prit à son service. Il dirigea brillamment l'école du palais impérial, forma de nombreux élèves, mais joua aussi un grand rôle dans le domaine religieux (lutte contre l'adoptianisme). Il se retira à Saint-Martin de Tours en 796.

ALPHONSE Ier le Catholique, roi des Asturies de 739 à 757. Gendre du roi Pélage Ier et successeur de son beau-frère Favilla, il reconquit sur les Maures le León et une partie de la Galice.

ALPHONSE II le Chaste, roi des Asturies de 791 à 835. Fils de Fruela Ier, il fut renversé l'année même de son avènement (783), mais remonta sur le trône en 791. Il combattit vigoureusement les Maures et fixa sa capitale à Oviedo. Il fut l'ami de Charlemagne.

ANGILBERT, né vers 740, mort en 814. D'une famille noble neustrienne, il fut chargé par Charlemagne d'importantes missions auprès du Saint-Siège. Il devint abbé laïc de Saint-Riquier. Il épousa Berthe, une des filles de Charlemagne, qui lui donna deux fils, Harnid et l'historien Nithard.

ASTOLF (ou Aistolf, ou Astolphe), roi des Lombards de 749 à 756, il prit aux Byzantins l'exarchat de Ravenne (752) et menaça Rome. Le pape Étienne II demanda l'aide de Pépin le Bref. Ce dernier contraignit Astolf à abandonner l'exarchat qui fut donné au pape et forma l'embryon des États pontificaux.

ASTURIES (rois des) PENDANT LA PÉRIODE 751-843 : Alphonse Ier (739-757), Fruela Ier (757-768), Aurélio (768-774), Silo (774-783), Mauregat (783-788), Bermude Ier (788-791), Alphonse II (791-835).

BENOÎT D'ANIANE (saint), né vers 750, mort en 821, fils du comte de Maguelonne, il fut élevé à la Cour de Pépin le Bref, puis embrassa l'état militaire. Il se convertit en 774 et fonda l'abbaye bénédictine d'Aniane qui devint le foyer de la réforme monastique. Louis le Pieux le chargea de réformer l'ensemble des couvents de l'Empire. Benoît d'Aniane joua un rôle prépondérant dans l'élaboration du capitulaire sur le monachisme occidental.

BERNARD D'ITALIE, fils de Pépin d'Italie, donc petit-fils de Charlemagne, il succéda à son père en 812. Lors du partage de l'Empire par Louis le Pieux en 817, Bernard fut frustré de son royaume que l'on attribua à Lothaire. Bernard tenta de soulever les Italiens et finit par se livrer à l'empereur qui lui fit crever les yeux. Il mourut des suites de son supplice, en 818.

BERNARD, DUC DE SEPTIMANIE, mort en 844. Fils de saint Guillaume, comte de Barcelone, il fut investi du duché de Septimanie en 820 par Louis le Pieux. L'impératrice Judith (seconde femme de Louis le Pieux) l'imposa comme premier « Ministre » contre Wala. Ce dernier l'accusa d'adultère avec Judith. Dépouillé de ses fonctions et de son duché, il porta néanmoins secours à l'empereur lorsque les fils de ce dernier se révoltèrent contre lui. Par la suite, il conspira contre le roi Pépin II d'Aquitaine qui le fit mettre à mort, en 844.

BERTHE, (ou Bertrade), dite au « grand pied », morte en 783. Fille de Carlbert, comte de Laon, elle épousa Pépin le Bref en 744 et fut mère de Charlemagne et de Carloman. Après la mort de Pépin, elle tenta de mener une politique personnelle et maria Charlemagne avec Désirée, fille de Didier, roi des Lombards.

BYZANCE (empereurs de) PENDANT LA PÉRIODE 751-843 : Constantin V (741-775), Léon IV (775-780), Constantin VI (780-797), Irène (797-802), Nicéphore Ier (802-811), Staurace (811), Michel Ier (811-813), Léon V (813-820), Michel II (820-829), Théophile (829-842), Michel III (842-867).

CALIFES ABBASSIDES PENDANT LA PÉRIODE 751-843 : As Saffach (750-754), al-Mansur (754-775), el Mahdî (775-785), el Hadi (785-786), Haroun al-Rachid (786-809), al-Mamoun (813-833).

CAROLINGIENS (ancêtres des) : Pépin le Vieux ou de Landen, mort en 640, Grimoald et son fils Childebert l'Adopté, morts en 656. Pépin le Vieux maria, vers 635, sa fille Begga à Anségise, fils de saint Arnoul, évêque de Metz. De cette union sortirent la dynastie des Pipinnides et celle des Carolingiens.

CHARLES MARTEL, né vers 688, mort en 741. Fils illégitime de Pépin de Herstal, il parvint à prendre le pouvoir en Austrasie en 714. Vainqueur des Neustriens en 724, il fut maire du palais pour l'ensemble des territoires francs. Il battit les Frisons et les Saxons, soumit la Thuringe et la Bavière et stoppa l'avance des Arabes à Poitiers en 732. Il amorça une étroite alliance avec le Saint-Siège, politique qui fut poursuivie et amplifiée par son fils Pépin le Bref et par son petit-fils Charlemagne. Prince des Francs, vice-roi, il s'abstint de donner un successeur au Mérovingien Thierry IV et régna seul de 737 à 741, préparant ainsi l'accession au trône de Pépin le Bref.

CONSTANTIN V, surnommé Copronyme (l'ordurier), empereur d'Orient de 741 à 775, fit la guerre au culte des images, comme son père Léon III et provoqua des soulèvements dont il faillit être victime.

CONSTANTIN VI, empereur d'Orient de 780 à 797. Il secoua la tutelle de sa mère (l'impératrice Irène), parvint à s'emparer du pouvoir en 790. Sa mère lui fit crever les yeux (797); il mourut dans l'indigence (800).

DIDIER (Desiderius), roi des Lombards de 757 à 774. Il donna sa fille Désiderate à Charlemagne dans le but d'obtenir sa neutralité dans les affaires d'Italie. Appelé par le pape Étienne II, Charlemagne envahit la Lombardie et, après avoir pris Pavie, détrôna Didier. Ce dernier fut enfermé dans le monastère de Corbie, où il mourut.

ÉGINHARD, né vers 770, mort en 840. Moine à l'abbaye de Fulda, il fut présenté entre 791 et 796 à Charlemagne qui le prit à son service. Éginhard vécut dans l'intimité de l'empereur jusqu'à la mort de celui-ci. Il fut ensuite précepteur du fils aîné de Louis le Pieux. Il se retira de la Cour en 830 et vécut dans le monastère qu'il avait fondé dans la région du Main inférieur. Il écrivit la *Vita Caroli* de 817 à 820.

ÉTIENNE II, d'origine romaine, pape de 752 à 757, il demanda l'aide de Pépin le Bref contre Astolf, roi des Lombards. Il vint en France et sacra Pépin ainsi que ses fils Charles et Carloman.

ÉTIENNE III, d'origine sicilienne, pape de 768 à 772, se signala par sa piété. Il fit condamner par un concile les antipapes Constantin II et Philippe.

ÉTIENNE IV, d'origine romaine, pape de 816 à 817, sacra Louis le Pieux.

EUGÈNE II, d'origine romaine, pape de 824 à 827, il apaisa les troubles de Rome avec l'aide de Louis le Pieux et de Lothaire Ier. Il tint un concile pour la réforme du clergé. Surnommé le Père des pauvres.

FULRAD, abbé de Saint-Denis, mort en 777. Pépin le Bref le chargea d'importantes négociations avec les papes Zacharie et Étienne II, ainsi qu'avec les rois des Lombards Astolf et Didier. Il obtint de grands privilèges pour son abbaye.

GRÉGOIRE IV, pape de 827 à 844, prit part à la querelle entre Louis le Pieux et ses fils, accompagna en France l'armée de Lothaire Ier et ne put empêcher la défection des troupes de l'empereur au Champ du Mensonge (833). Il fortifia le port d'Ostie contre les Sarrasins.

GRIFFON, VOIR GRIPON.

GRIMOALD, fils de Pépin de Landen, lui succéda comme maire du palais d'Austrasie sous le règne du Mérovingien Sigebert II, en 642. Il relégua, en 656, Dagobert II (fils de Sigebert II) dans un monastère irlandais et fit reconnaître pour roi son propre fils Childebert. Cette initiative prématurée provoqua une révolte des grands. Grimoald et Childebert furent livrés à Clovis II et mis à mort.

GRIMOALD Ier, duc de Bénévent, succéda à son père Arégise et régna de 788 à 806. Retenu comme otage à la Cour de Charlemagne, il fut renvoyé dans son duché à la mort d'Arégise et en chassa le prince Adalgise, fils de Didier, dernier roi des Lombards. Il épousa une princesse byzantine en 793 et, dès lors, refusa de se soumettre à Charlemagne. Son fils et successeur, Grimoald II, dut consentir à verser à Charlemagne un tribut de 20 000 sous d'or, tribut qui fut réduit à 7 000 sous d'or par Louis le Pieux.

GRIPON (ou Griffon), troisième fils de Charles Martel, fut exclu de l'héritage paternel par ses frères Pépin le Bref et Carloman en 741 et relégué dans un château. En 747, devenu seul maître du royaume des Francs, Pépin le Bref le rappela à la Cour. Néanmoins Griffon arma les Saxons contre lui, puis se réfugia auprès du duc Waïfre et contribua au soulèvement de l'Aquitaine. Il mourut en 752, probablement assassiné par des émissaires de Pépin le Bref.

HADRIEN IER (ou Adrien), pape de 772 à 795, il fut l'allié et l'ami de Charlemagne, dont il demanda l'aide contre le roi des Lombards, Didier. Le deuxième concile de Nicée eut lieu sous son pontificat (787).

HAROUN AL-RACHID, né en 765, mort en 809, calife abbasside de 786 à 809. Fils du calife al-Mahdî, il succéda à son frère al-Hadi et se distingua par de brillantes campagnes militaires en Perse, en Afrique et dans l'Empire byzantin. Il soumit en 807 le basiléus au tribut. Il entretint de bonnes relations avec Charlemagne et lui envoya de fastueux cadeaux. Il est le héros des *Mille et Une Nuits*. Son règne marque l'apogée des califes abbassides.

HILDEBALD fut archevêque de Cologne de 785 à 818, archichapelain et l'un des familiers les plus proches de

Charlemagne. Ce fut lui qui assista l'empereur à son lit de mort et lui administra les derniers sacrements.

HILDEGARDE, fille de Hildebrand, comte de Souabe, épousa Charlemagne en 772 et donna le jour à Charles, Pépin, Louis le Pieux, Rotrude, Berthe et Hildegarde, etc. Elle mourut à Thionville en 783.

IRÈNE, impératrice d'Orient de 797 à 802. Son époux, l'empereur Léon IV, lui laissa la tutelle de leur fils Constantin VI. Elle dut lui céder le pouvoir en 790, mais le détrôna et lui fit crever les yeux (797). Elle se fit alors reconnaître basiléus (empereur). Sa politique extérieure à l'égard des Arabes et des Slaves fut marquée par de graves échecs. Nicéphore, son trésorier, la renversa en 802. Elle avait rétabli le culte des images ; l'Église orientale la révère comme une sainte.

IRMINGARDE (ou Hermingarde) avait épousé Louis le Pieux en 798 ; elle fut la mère de Lothaire, Pépin et Louis, et de trois filles : Adélaïde, Alpaïde et Hildegarde. Elle mourut en 818.

JUDITH DE BAVIÈRE, seconde femme de Louis le Pieux qui l'épousa en 819. Elle était la fille de Welf, comte de Revensberg. Elle fut mère de Charles le Chauve et incita celui-ci à constituer un royaume au profit de son fils et au détriment de Pépin, Lothaire et Louis, fils du premier mariage de son époux. Ces princes se révoltèrent contre leur père. Judith, que l'on accusait d'adultère avec Bernard, duc de Septimanie, dut prendre le voile et fut reléguée au couvent Sainte-Radegonde de Poitiers en 829. L'année suivante, le pape la releva de ses vœux forcés et elle réintégra la Cour. En 833, lors de la seconde révolte des fils de Louis, elle fut emprisonnée pendant un an dans la forteresse de Tortone. Elle recouvra la liberté et reprit son influence. Elle procura même des renforts à Charles le Chauve en lutte contre Lothaire. Elle mourut en 843, l'année même du traité de Verdun dont elle était en partie responsable.

LÉON III, d'origine romaine, pape de 795 à 816. Victime d'un attentat perpétré par Pascal et Campulus, neveux de son prédécesseur (Hadrien Ier), il fut sauvé par l'intervention de Charlemagne, qu'il couronna empereur (800). On a de lui 13 lettres.

LÉON IV, le Khazar, empereur d'Orient de 775 à 780, il modéra la persécution iconoclaste sous l'influence de l'impératrice Irène, son épouse. Il est le père du malheureux Constantin VI.

LÉON V, l'Arménien, empereur d'Orient de 813 à 820. Excellent stratège, il remporta sur les Bulgares la brillante victoire de Mesembria (817). Il rouvrit la querelle des iconoclastes et périt assassiné la nuit de Noël 820 à l'instigation de Michel le Bègue.

LOMBARDIE (rois de) : Astolf (749-756) ; Didier (756-774).

MICHEL IER Rangabé, empereur d'Orient de 811 à 813. Gendre de Nicéphore Ier, il fut battu par les Bulgares et renversé par Léon V l'Arménien.

MICHEL II le Bègue, empereur d'Orient de 820 à 829. Soldat de fortune, il fit assassiner son bienfaiteur Léon V l'Arménien. Bien qu'il eût perdu la Crète et la Sicile prises par les Arabes, il fonda une éphémère dynastie : Théophile et Michel III l'Ivrogne, ses fils et petit-fils, lui succédèrent.

NICÉPHORE Ier le Logothète, empereur d'Orient de 802 à 811. Grand trésorier (logothète) de l'impératrice Irène, il la détrôna et l'exila. Il dut faire face à une situation intérieure difficile. Battu par Haroun al-Rachid, il dut payer tribut ; il fut tué au cours d'une bataille contre les Bulgares.

NITHARD, fils de la princesse Berthe (l'une des filles de Charlemagne) et du conseiller Angilbert, surnommé Homère par l'académie du palais, il naquit avant 790. Le comte, ou duc, Angilbert mourut abbé de Saint-Riquier en 814. Nithard lui succéda dans sa charge et défendit contre les Normands les côtes de la Seine à l'Escaut. Il servit fidèlement Louis le Débonnaire, puis Charles le Chauve qui lui demanda d'écrire « l'histoire des dissensions des fils de Louis le Débonnaire ». Ce petit-fils de Charlemagne s'y révèle l'historien le plus perspicace de son temps.

NOTKER le Bègue, moine de Saint-Gall, écrivit son *Traité des Faits et Gestes de Charles le Grand* entre 885 et 887, à la demande de l'empereur Charles le Gros.

OFFA, mort en 796. Roi de Murcie, il était le plus important des rois anglo-saxons; il étendit son autorité à l'Est-Anglie, au Kent et au Sussex, et fortifia sa frontière contre les Gallois. Il s'intitulait Roi des Anglais. En 796, il signa un traité de commerce avec Charlemagne. Protecteur de l'Église, il fonda plusieurs abbayes.

PAPES PENDANT LA PÉRIODE 751-843: Zacharie (741-752), Étienne II (752-757), Paul Ier (757-767), Constantin II (767-768), Philippe (768), Étienne III (768-772), Hadrien Ier (772-795), Léon III (795-816), Étienne IV (816-817), Pascal Ier (817-824), Eugène II (824-827), Grégoire IV (827-844).

PASCAL Ier (saint), pape de 817 à 824, il reçut la Corse et la Sardaigne de Louis le Pieux, couronna Lothaire empereur (823) et donna asile aux Grecs fuyant la persécution des iconoclastes.

PAUL WARNEFRIED, DIT PAUL DIACRE, né vers 740, à Cividale, il fut ordonné diacre à Aquilée (d'où son surnom) et devint secrétaire de Didier, dernier roi des Lombards. Il fut appelé à la Cour de Charlemagne, vécut ensuite à celle du duc de Bénévent, avant de se retirer au monastère du Mont-Cassin où il mourut en 801. On a de lui divers ouvrages historiques, parmi lesquels une *Histoire des Lombards* et une *Chronique du Mont-Cassin*.

PÉPIN LE VIEUX (ou de Landen), mort en 640. Issu d'une riche famille, il fut l'un des chefs de l'aristocratie austrasienne et devint maire du palais sous Clotaire II et Dagobert Ier.

PÉPIN le Jeune (ou de Herstal), mort en 714, petit-fils du précédent, devint maire du palais d'Austrasie vers 680. Il battit les Neustriens à Tertry (687) et réunit désormais les trois royaumes (Austrasie, Neustrie et Bourgogne) sous l'autorité fictive des Mérovingiens. Il prit le titre de duc et prince des Francs. Il combattit victorieusement les Frisons et les Alamans.

PÉPIN le Bref, né vers 714, mort en 768. Fils de Charles Martel, il partagea le pouvoir avec son frère aîné Carloman en 741 et, pour apaiser les troubles intérieurs, fit proclamer roi (fictif) le Mérovingien Childéric III (743). Carloman s'étant retiré dans un monastère, Pépin resta seul maire du palais, déposa Childéric III et fut sacré roi des Francs en 751 avec l'appui du pape. À la demande de celui-ci, il conduisit deux expéditions en Italie et enleva aux Lombards l'exarchat de Ravenne et la Pentapole. Il donna ces territoires au Saint-Siège et reçut le titre de patrice des Romains. Il combattit vigoureusement les Saxons, soumit Tassilon de Bavière, reconquit Narbonne et la Septimanie sur les Arabes et écrasa, entre 765 et 768, la révolte des Aquitains. Pépin le Bref est le vrai fondateur de la dynastie carolingienne. Sa politique est, quasi sur tous les points, l'ébauche de celle de Charlemagne.

PÉPIN le Bossu, fils naturel de Charlemagne et d'Himilitrude, il prit part à divers complots contre son père, fut battu, tonsuré et enfermé dans un couvent en 792. Il mourut au monastère de Prüm (diocèse de Trèves) en 811.

PÉPIN D'ITALIE, fils de Charlemagne et d'Hildegarde, d'abord prénommé Carloman, il fut, à quatre ans, couronné roi d'Italie sous le nom de Pépin par le pape Hadrien Ier. Il se distingua, sous les ordres de son père, dans la lutte contre les Avars : en 796, il parvint à s'emparer de leur Ring. Il combattit aussi le duc de Bénévent, Grimoald III. Pendant ses absences, Adalhard gouvernait en son nom. Lors du partage de l'Empire carolingien en 806, il reçut de Charlemagne l'Italie, l'Alémanie et la Bavière, mais il mourut en 810. Son fils Bernard lui succéda.

PÉPIN IER D'AQUITAINE, né en 803, mort en 838, roi d'Aquitaine de 817 à 838. Deuxième fils de Louis le Pieux, il reçut l'Aquitaine lors du partage de 817. Il prit part aux révoltes de ses frères contre Louis le Pieux, mais se réconcilia avec ces derniers en haine de Lothaire.

PÉPIN II D'AQUITAINE, né vers 823, mort après 864, roi d'Aquitaine de 838 à 852. Fils du précédent, il vit son royaume attribué à Charles le Chauve par Louis le Pieux. Allié à Lothaire contre Charles le Chauve, il fut battu à Fontenoy en 841, fut à nouveau dépouillé de l'Aquitaine par le traité de Verdun (843) mais parvint à s'y maintenir et obligea Charles le Chauve à le reconnaître. Charles s'empara de Toulouse en 849 et de Pépin en 852. Pépin s'évada et s'allia avec les Normands. Repris en 864, il fut enfermé dans un monastère, où il mourut.

PIERRE DE PISE, grammairien, enseignait à l'école de Pavie, lorsque Charlemagne s'empara de cette ville. Pierre de Pise le suivit en France en 776 et fut chargé par l'empereur d'enseigner la grammaire à l'école (ou à l'Académie) du palais. Le séjour en France de Pierre de Pise fut assez bref.

PIPINNIDES, issus, comme indiqué plus haut, du mariage de la fille de Pépin l'Ancien (ou de Landen) avec le fils d'Arnoul, évêque de Metz; cette Maison austrasienne conquit progressivement la Couronne de France: Pépin de Herstal (mort en 714) fut duc des Francs, Charles Martel (mort en 741) fut vice-roi, Pépin le Bref (mort en 768) évinça le dernier roi mérovingien et se fit couronner roi en 751. À sa mort, le royaume fut partagé entre ses fils Charles (le futur Charlemagne) et Carloman. Après la mort de Carloman, Charles rétablit l'unité du royaume (771) et fonda la dynastie carolingienne.

TASSILON III, né vers 742, mort vers 794, duc de Bavière de 749 à 788. Il régna d'abord sous la tutelle de sa mère, Hiltrude, sœur de Pépin le Bref. En 763, il tenta de se soustraire à la domination franque, à l'incitation de sa femme, fille de Didier, roi de Lombardie. Condamné à mort par la diète d'Ingelheim, il fut gracié, mais relégué dans un monastère. Avec lui prenait fin la dynastie ducale bavaroise des Agilolfinges.

THEGAN, mort en 845. Chorévêque (suppléant) de l'archevêque de Trèves, il écrivit une *Vita Ludovici imperatoris (Vie de l'empereur Louis)* du vivant de Louis le Pieux.

THÉODULFE (ou Théodulphe), mort en 821. D'origine italienne, il fut appelé à la Cour de Charlemagne vers 781, devint abbé de Fleury et évêque d'Orléans. Réputé pour son savoir, il fut l'un des premiers restaurateurs des lettres, s'appliqua à rétablir l'instruction et la discipline ecclésiastiques et fut chargé par l'empereur de réformer la justice en Aquitaine. Sous le règne de Louis le Pieux, il fut évincé de ses charges et relégué à Angers où il mourut.

WAÏFRE (ou Guaifre), duc d'Aquitaine, succéda à son père, Hunald, en 745. Il accorda asile à Griffon (voir ce nom). Il fut attaqué par Pépin le Bref et soutint une lutte héroïque pendant huit ans, avant de périr assassiné par ses propres serviteurs (768).

WALA, né vers 765, mort en 836. Cousin de Charlemagne, il remplit diverses fonctions au palais et fut chargé de plusieurs missions en Saxe. Il quitta la Cour à l'avènement de Louis le Pieux, se fit moine et fut élu abbé de Corbie, après la mort de son frère Adalhard. Il tenta de s'opposer à la politique de l'impératrice Judith et de Bernard, duc de Septimanie. Il encouragea les révoltes de Lothaire contre

Louis le Débonnaire. Exilé en Italie, il devint abbé de Bobbio.

WIDUKIND (ou Wittekind), mort après 785. Originaire de Westphalie, il fut le chef de la résistance saxonne à Charlemagne. Réfugié chez les Danois en 777, il revint en Saxe l'année suivante et suscita une nouvelle révolte. En 785, il dut se soumettre et recevoir le baptême à Attignies.

ZACHARIE (saint), pape de 741 à 752, d'origine grecque. Il fut consulté par Pépin le Bref sur l'opportunité de détrôner le dernier roi mérovingien Childéric III. Il commença la bibliothèque du Vatican.

BIBLIOGRAPHIE

AMANN (E.) – *L'Époque carolingienne*, in *Histoire de l'Église* publiée sous la direction de Flèche et Martin, T. VI, Paris, 1937.

ANNALES ROYALES (*Annales Regni Francorum*) –, publiées par Kurze in *Script. rer. germ.* (Hanovre, 1895) et par Teulet in *Œuvres complètes d'Éginhard* (Paris, 1840).

ASTRONOME (Anonyme, dit l') – *Vie de Louis le Pieux*, publiée par Guizot, in collection des Mémoires relatifs à l'Histoire de France, T. III, Paris, 1824.

BAUTIER (ROBERT-HENRI) – *La Campagne de Charlemagne en Espagne* (778), in *Bulletin de la soc. des Sciences, Lettres et Arts de Bayonne*, n° 135, 1979.

BAYET (C.), FISTER (C.) ET KLEINCLAUSZ (A.) – *Le Christianisme, les Barbares, Mérovingiens et Carolingiens*, T. II de l'*Histoire de France* de Lavisse, Paris, 1903.

BLOCH (MARC) – *Les Rois Thaumaturges*, Paris, 1924.

BONNAUD-DELAMARE (ROGER) – *L'Idée de paix à l'époque carolingienne*, Paris, 1939.

BORDONOVE (GEORGES) – *Les Rois qui ont fait la France*, notamment *Clovis et les Mérovingiens* (Paris, 1988; J'ai lu n° 6082) et *Hugues Capet* (Paris, 1986).

CALMETTE (JOSEPH) – *L'Effondrement d'un Empire et la Naissance d'une Europe*, Paris, 1914.

–. *Charlemagne*, 1945.

CATALOGUE DE L'EXPOSITION : CHARLEMAGNE, ŒUVRE, RAYONNEMENT ET SURVIVANCE, Aix-la-Chapelle, 1965.

CHANSON DE ROLAND (LA) –, publiée par P. Jonin, Paris, 1979.
CLERCQ (CARLO DE) – *La Législation religieuse franque de Clovis à Charlemagne*, Louvain-Paris, 1936.
DEVIOSSE (JEAN) – *Charles Martel*, Paris, 1978.
DHONDT (JEAN) – *Le Haut Moyen Âge (VIIIe-XIe s.)*, traduit par M. Rouche, Paris, 1976.
DUBY (GEORGES) – *L'Économie rurale et la Vie des campagnes dans l'Occident médiéval*, T.I. Paris, 1962.
–. *Guerriers et Paysans (VIIe-XIe s.)*, Paris, 1973.
ÉGINHARD – *Œuvres complètes*, publiées par A. Turlet pour la soc. d'*Histoire de France*, Paris, 1840, et par Guizot, in collection des Mémoires relatifs à l'Histoire de France, T. III, Paris, 1824.
FAVIER, voir WERNER.
FICHTENAU (HENRI) – *L'Empire carolingien*, traduit de l'allemand par A. Barbey et F. Vandou, Paris, 1958.
FOLZ (ROBERT) – *Le Souvenir et la Légende de Charlemagne dans l'Empire germanique médiéval*, Paris, 1950.
–. *Études sur le culte liturgique de Charlemagne dans les Églises de l'Empire*, Paris, 1951.
–. *L'Idée d'Empire d'Occident*, Paris, 1953.
–. *Le Couronnement impérial de Charlemagne, 25 décembre 800*, Paris, 1964.
FUSTEL DE COULANGES – *Histoire des Institutions politiques de l'ancienne France* (T. V et VI), Paris, 1888-1892.
GAILLARD (GABRIEL-HENRI) – *Histoire de Charlemagne* précédée de *Considérations sur la seconde race*, 4 vol., Paris, 1782.
GANSHOF (FRANÇOIS-LOUIS) – *Charlemagne*, in *Speculum*, XXIV, 1949.
–. *Éginhard biographe de Charlemagne*, Paris, 1951.
–. *Wat waren de Capitularia ?* Bruxelles, 1955.
–. *L'Église et le Pouvoir royal dans la monarchie*

franque sous Pépin III et Charlemagne, in *Settimane di studio sull'alto Medievo*, VII, Spolète, 1960.

–. *Qu'est-ce que la Féodalité ?* Bruxelles, 1944 et Paris, 1982.

LES GRANDES CHRONIQUES DE FRANCE (Primat), T. III, *Charlemagne*, publiées par J. Viard, Paris, 1923.

HALPHEN (LOUIS) – *Études critiques sur l'histoire de Charlemagne*, Paris, 1921.

–. *L'Idée d'État sous les Carolingiens*, in *Revue historique*, CLXXXV, Paris, 1939.

–. *Charlemagne et l'Empire carolingien*, Paris, 1949.

JAFFE (PHILIPPE) – *Monumenta Carolina*, T. IV, Bibliotheca rer. german., Berlin, 1867.

KLEINCLAUSZ (A.) – *L'Empire carolingien, ses origines et ses transformations*, Paris, 1902.

–. *Charlemagne*, Paris, 1934.

LATOUCHE (R.) – *Les Origines de l'économie occidentale*, Paris, 1956.

LAVISSE, voir BAYET.

LEVILLAIN (LÉON) – *Le Couronnement impérial de Charlemagne*, in *Revue d'histoire de l'Église de France*, XVIII, Paris, 1932.

–. *L'Avènement de la dynastie carolingienne et les Origines de l'État pontifical*, Paris, 1933.

LOT (F.), PFISTER (C.) ET GANSHOF (F.-L.) – *Destinées de l'Empire en Occident de 395 à 888*, in *Histoire générale*, publiée sous la direction de G. Glotz, T. I, Paris, 1941.

LOT (FERDINAND) – *Naissance de la France*, Paris, 1948.

LOUIS (R.) – *De l'Histoire à la Légende* (3 vol.), Auxerre, 1946-1947.

–. *L'Épopée française est carolingienne*, in Coloquios de Roncesvalles, Saragossa, 1956.

MENENDEZ PIDAL (R.) – *La Chanson de Roland et la tradition épique des Francs*, 1960.

MONNIER (FRANCIS) – *Alcuin et Charlemagne*, Paris, 1863.

MUSSET (LUCIEN) – *Les Invasions: le second assaut contre l'Europe chrétienne (VIIe-XIe s.)*, Paris, 1971.
MUSSOT-GOULARD (RENÉE) – *La France carolingienne (843-987)*, Paris, 1988.
NITHARD – *Histoire des dissensions des fils de Louis le Débonnaire*, publiée par Guizot, in collection des Mémoires relatifs à l'Histoire de France, T. III, Paris, 1824.
NOTKER DE SAINT-GALL – *Traité des Faits et Gestes de Charles le Grand, Roi des Francs, et Empereur*, publié par Guizot, in collection des Mémoires relatifs à l'Histoire de France, T. III, Paris, 1824.
PANGE (JEAN DE) – *Le Roi très Chrétien*, Paris, 1949.
PARIS (GASTON) – *Histoire poétique de Charlemagne*, Paris, 1865.
PERROY (ÉDOUARD) – *Le Monde carolingien*, Paris, 1974.
PIRENNE (HENRI) – *Mahomet et Charlemagne*, Paris, 1937.
PRIMAT, voir *Les Grandes Chroniques de France*.
RICHÉ (PIERRE) – *Éducation et Culture en Occident (VIe-VIIIe s.)*, Paris, 1962.
–. *La Vie quotidienne dans l'Empire carolingien*, Paris, 1973.
–. *Textes et Documents d'histoire du Moyen Âge (Ve-XIe s.)*, Paris, 1973.
–. *Le Renouveau culturel à la Cour de Pépin III*, in *Francia*, II, 1974.
–. *Les Écoles et l'enseignement dans l'Occident chrétien de la fin du Ve s. au milieu du XIe s.*, Paris, 1979.
–. *Les Carolingiens, une famille qui fit l'Europe*, Paris, 1983.
TESSIER (GEORGES) – *Charlemagne*, in *Le Mémorial des Siècles*, sous la direction de Gérard Walter, Paris, 1967.
THEGAN – *De la vie et des actions de Louis le Débonnaire*, publié par Guizot, in collection des

Mémoires relatifs à l'Histoire de France, T. III, Paris, 1824.
VAN DRIVAL (CHANOINE EUGÈNE) – *Histoire de Charlemagne*, Amiens, 1880.
WERNER (KARL FERDINAND) – *Les Origines*, in *Histoire de France*, sous la direction de Jean Favier, Paris, 1984.

TABLE DES MATIÈRES

6470

Composition Chesteroc International Graphics
Achevé d'imprimer en France (Manchecourt)
par Maury-Eurolivres
le 24 décembre 2002.
Dépôt légal décembre 2002. ISBN 2-290-32347-0

Éditions J'ai lu
84, rue de Grenelle, 75007 Paris
Diffusion France et étranger : Flammarion